2016
中国旅游职业教育
年度报告

全国旅游职业教育教学指导委员会◎主编

北京·旅游教育出版社

责任编辑:果凤双

图书在版编目(CIP)数据

2016中国旅游职业教育年度报告 / 全国旅游职业教育教学指导委员会主编. -- 北京 : 旅游教育出版社, 2017.10

ISBN 978-7-5637-3639-3

Ⅰ. ①2… Ⅱ. ①全… Ⅲ. ①旅游教育—职业教育—研究报告—中国—2016 Ⅳ. ①F592

中国版本图书馆CIP数据核字(2017)第243603号

2016中国旅游职业教育年度报告

全国旅游职业教育教学指导委员会　主编

出版单位	旅游教育出版社
地　　址	北京市朝阳区定福庄南里1号
邮　　编	100024
发行电话	(010)65778403 65728372 65767462(传真)
本社网址	www.tepcb.com
E-mail	tepfx@163.com
排版单位	北京旅教文化传播有限公司
印刷单位	北京京华虎彩印刷有限公司
经销单位	新华书店
开　　本	787毫米×1092毫米　1/16
印　　张	12.5
字　　数	238千字
版　　次	2017年10月第1版
印　　次	2017年10月第1次印刷
定　　价	49.00元

(图书如有装订差错请与发行部联系)

《2016中国旅游职业教育年度报告》编委会

序 言

2016年，是中国旅游业“十三五”开局之年，也是深入实施“515战略”的关键之年。2017年1月14日，全国旅游工作会议在长沙召开，李金早局长在工作报告中用“十二大突破”对2016年中国旅游业进行了全面总结和系统梳理。提出了积极实施“三步走”战略，建设世界旅游强国的发展战略和目标，明确提出了2017年中国旅游业的中心任务及15项重点行动。2016年的中国旅游职业教育乘着我国旅游业高速发展的东风，在体系构建、内涵提升、改革创新等方面进行了深入、有效的实践探索，取得了引人瞩目的成就。

为全面梳理新形势下我国旅游职业教育的发展状况，分析机遇与挑战，厘清现存问题与解决办法，受教育部、全国旅游职业教育教学指导委员会委托，山东旅游职业学院牵头，偕同浙江旅游职业学院、郑州旅游职业学院、云南旅游职业学院、四川省旅游学校等相关院校及多位业内专家共同完成《2016中国旅游职业教育年度报告》（以下简称《报告2016》）的撰写工作。

《报告2016》共分为综述与概览、区域发展、专家视野、创新实践四大板块。其中综述概览部分包括《中国旅游高等职业教育年度报告》《中国旅游中等职业教育年度报告》《中国旅游职业教育理论研究报告》《全国旅游职业教育教学指导委员会年度工作报告》四部分，全面反映了我国旅游职业教育发展现状；浙江、山东、河南、云南和山西五省的《旅游职业教育发展报告》构成了区域发展板块，分析了国内具有代表性省份的旅游职业教育发展情况，对其他省份的旅游职业教育发展具有一定借鉴意义；专家视野部分包括《酒店行业人才需求预测与旅游院校人才培养质量研究》《全域旅游背景下的产教协同育人路径变革》《旅游职业创新创业教育与服务地方产业发展》《中等职业学校“创新型”师资队伍建设的研究》《“创新创业+”的高职旅游人才培养研究与实践》5篇文章，专家们从不同角度对当前我国旅游职业教育热点问题进行了深入分析与解读；创新实践板块选取了在旅游人才培养方面具有引领作用的典型案例进行了深入剖析，主要包括《旅游应用型人才核心素质与国际化培养方式创新——以山东旅游职业学院为例》《高品质 强内涵 建“三精”品牌学校——沈阳市旅游学校品牌学校建设的探索和实践》《“开拓创新、特色立校”建设现代化旅游中职学校——记青岛旅游学校》《“万礼豪程”项目架设酒店产学研互通桥梁》4 篇文章，为职业院校的旅游人才培养提供了参考和借鉴。

《报告 2016》在完成过程中受到教育部、国家旅游局、旅游职业院校及各位专家、学者的大力支持，在此一并表示感谢！同时，邀请各位读者、专家对该报告提出宝贵的修改意见，以便我们在以后的年度报告中加以改进！

本书编委会

2017 年 8 月 10 日

目　录

综述概览

中国旅游高等职业教育年度报告

旅游高等职业教育是在中等教育的基础上，以培养既具有大学知识，又具有一定专业技术和技能的旅游服务技术型人才为主要目标的高等教育。2016 年为贯彻落实国家旅游局、教育部印发的《加快发展现代旅游职业教育的指导意见》（旅发［2015］241 号）文件精神，旅游高等职业院校不断优化专业结构、完善课程体系、建立教学标准、创新实习实训模式，向着适应旅游产业需求、产教深度融合、布局结构更加合理的现代旅游职业教育体系迈进。

一、全国旅游高等职业教育概况

据 2017 年 7 月 11 日国家旅游局人事司发布的“2016 年全国旅游教育培训统计”显示：2016 年全国开设旅游管理类本科专业的普通高等院校 604 所，开设旅游管理类高职高专专业的普通高等院校 1086 所，开设旅游类专业的中等职业学校 924 所。其中旅游管理类高职高专类院校较 2015 年增加 11 所。

2016 年招生的高职高专旅游管理类专业包括：旅游管理、酒店管理、会展策划与管理、导游、休闲服务与管理、景区开发与管理、旅行社经营与管理 7 个专业，全国共招生 11.6 万人。其中开设旅游管理专业的院校 864 所，全国共招生 5.6 万人；开设酒店管理专业的院校 668 所，全国共招生 4.5 万人；开设会展策划与管理专业的院校 166 所，全国共招生 7893 人；开设导游专业的院校 93 所，全国共招生 4046 人；开设休闲服务与管理专业的院校 49 所，全国共招生 1233 人；开设景区开发与管理专业的院校 45 所，全国共招生 1015 人；开设旅行社经营与管理专业的院校 31 所，全国共招生 795 人（见表 1、表 2）。

表 1　全国旅游高等职业院校数量及招生人数汇总表①

省份	院校数量（个）	招生数（人）	省份	院校数量（个）	招生数（人）
北京	21	1382	湖北	63	5428
天津	16	1485	湖南	44	4722
河北	53	3742	广东	73	8704
山西	34	2642	广西	43	4359

① 资料来源：国家旅游局发布的 2016 年全国旅游教育培训统计情况。

续表

省份	院校数量(个)	招生数(人)	省份	院校数量(个)	招生数(人)
内蒙古	31	1926	海南	11	2371
辽宁	33	3719	重庆	25	4089
吉林	19	1184	四川	60	6623
黑龙江	32	2472	贵州	22	2710
上海	19	2218	云南	27	2243
江苏	69	7935	西藏	2	234
浙江	29	7492	陕西	33	2386
安徽	57	6227	甘肃	11	1315
福建	33	2972	青海	7	510
江西	50	3544	宁夏	2	172
山东	69	9306	新疆	20	1872
河南	78	10 287			

表 2　全国旅游高等职业院校各专业招生数量汇总表①

专业	院校数量(个)	招生人数(人)
旅游管理专业	864	56 000
酒店管理专业	668	45 000
会展策划与管理专业	166	7893
导游专业	93	4046
休闲服务与管理专业	49	1233
景区开发与管理专业	45	1015
旅行社经营与管理	31	795

(一)院校数量与分布

1.招生人数分布不均

从院校数量来看,河南、广东、山东、江苏位列前四名,且差异不大(见图 1)。从招生人数来看,河南最多,突破 10 000 人,占比 8.8%;山东排在第二,人数是 9306,占比 8%;广东第三,为 8704 人,占比 7.5%;江苏第四,是 7935 人,占比 6.8%。以上 4 个省份共占全国总招生人数的 31%。

① 资料来源:国家旅游局发布的"2016 年全国旅游教育培训统计"情况。

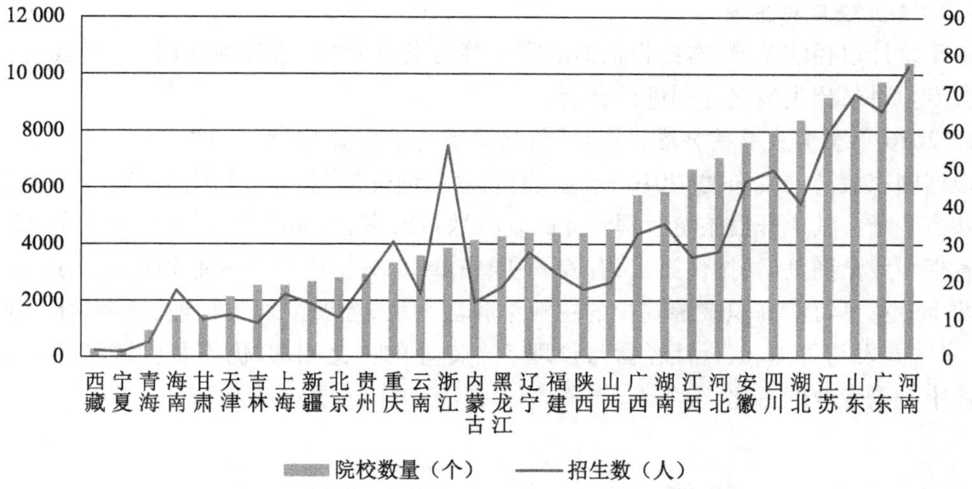

图 1　全国旅游高等职业院校数量及招生人数折线图①

2.院校数量与招生人数基本匹配

从院校数量和招生人数的配比来看，随着院校数量的增多，招生人数随之增加，但浙江是例外（图 1）。浙江省只有 29 所旅游高等职业院校，招生人数却近 8000 人，同等招生人数的江苏省，有 69 所旅游职业教育院校，是浙江省的一倍多。这说明浙江省的高等旅游职业教育资源较为集中。

3.院校数量区域分布差异明显

从区域分布来看，华东地区（包括上海、浙江、福建、安徽、江苏、山东）旅游高职院校数量最多，达 276 所，占 25.41%；其次，是华中地区（河南、湖南、湖北、江西），为 235 所，占 21.65%；华北（北京、天津、河北、山西、内蒙古）和西南（西藏、四川、云南、重庆、贵州）分列第三和第四，分别为 155 所，占 14.27% 和 136 所，占 12.52%；东北（吉林、黑龙江、辽宁）和西北（宁夏、新疆、陕西、青海、甘肃）地区居于末位，占比均不到 10%（见图 2）。

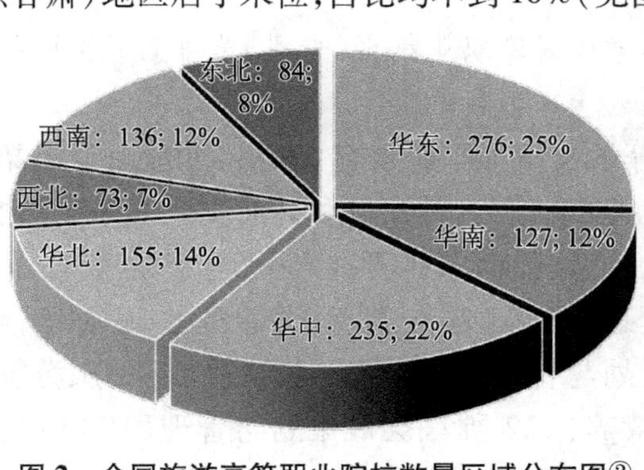

图 2　全国旅游高等职业院校数量区域分布图②

① 资料来源：国家旅游局发布的"2016 年全国旅游教育培训统计"情况。
② 资料来源：国家旅游局发布的"2016 年全国旅游教育培训统计"情况。

(二)专业设置与分布

由于统计口径的差异,本报告根据国家旅游局发布的“旅游教育培训统计”数据和教育部旅游专业目录招生情况分别进行分析。

1.“2016 年全国旅游教育培训统计”情况呈现的总体概况(见图 3)

根据国家旅游局发布的“2016 全国旅游教育培训统计”显示,全国高职高专旅游管理类专业共有 7 个。其中开设旅游管理专业的院校数量最多,为 864 所,占所有专业的 45.09%;酒店管理专业紧随其后,排位第二,有 668 所,占 34.86%。这两个专业相加占比近 80%,说明这两个专业是目前高职旅游院校的主流学科。相反,会展策划与管理、导游、休闲服务与管理、景区开发与管理、旅行社经营与管理 5 个专业的占比相加,仍不及旅游管理和酒店管理专业中一个专业的占比。

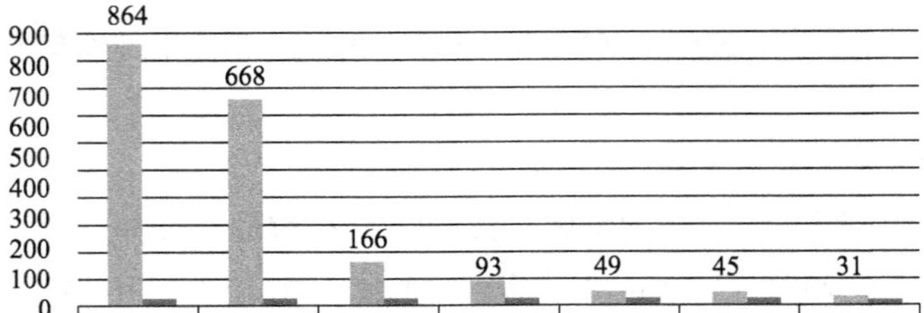

	旅游管理专业	酒店管理专业	会展策划与管理专业	导游专业	休闲服务与管理专业	景区开发与管理专业	旅行社经营与管理
■院校数量(所)	864	668	166	93	49	45	31
■院校数量占比	45.09%	34.86%	8.67%	4.85%	2.56%	2.35%	1.62%

■院校数量(所)　■院校数量占比

图 3　全国旅游高等职业院校专业分布图[①]

2.2016 年《普通高等学校高等职业教育(专科)专业目录》中的专业概况(见表 3、表 4、表 5)

从 2016 年普通高等学校高等职业教育(专科)专业目录的招生情况来看,高等旅游职业教育主要分为三大类:旅游类、餐饮类和会展类。其中旅游类细分专业最多,包括:旅游管理、导游、旅行社经营管理、景区开发与管理、酒店管理、休闲服务与管理 6 个专业;餐饮类包括:餐饮管理、烹调工艺与营养、营养配餐、中西面点工艺、西餐工艺 5 个专业;会展类包括:会展策划与管理一个专业。三大类别中,旅游管理(987 所)、酒店管理(725 所)、烹调工艺与营养(122 所)、会展策划与管理(193 所)是各个专业大类中招生较多的专业。

① 资料来源:国家旅游局发布的“2016 年全国旅游教育培训统计”情况。

表 3　2016 年普通高等学校高等职业教育(专科)旅游类专业目录①

专业	专业代码	专业名称	专业方向举例	主要对应职业类别	衔接中职专业举例	接续本科专业举例	开设院校数
6401 旅游类	640101	旅游管理	旅游电子商务	旅游及公共游览场所服务人员	旅游服务与管理	旅游管理	987 所
	640102	导游	中文导游	旅游及公共游览场所服务人员	旅游服务与管理	旅游管理	119 所
			国际导游				
	640103	旅行社经营管理	旅行社计调	旅游及公共游览场所服务人员	旅游服务与管理	旅游管理	28 所
			旅行社服务网点管理				
			旅行社外联				
	640104	景区开发与管理	景区服务管理	建筑工程技术人员	园林技术	旅游管理	49 所
			景区规划设计	旅游及公共游览场所服务人员	旅游服务与管理		
			景区活动策划管理		景区服务与管理		
	640105	酒店管理		住宿服务人员	高星级饭店运营与管理	旅游管理	725 所
				销售人员	旅游服务与管理	酒店管理	
				商务专业人员			
				健身和娱乐场所服务人员			
	640106	休闲服务与管理	SPA 管理	健身和娱乐场所服务人员	美容美体	旅游管理	43 所
			高尔夫俱乐部管理	保健服务人员	高星级饭店运营与管理	酒店管理	
				住宿服务人员			

① 《普通高等学校高等职业教育(专科)专业目录》2015 年及 2016 年增补专业。

表 4　2016 年普通高等学校高等职业教育（专科）餐饮类专业目录①

专业	专业代码	专业名称	专业方向举例	主要对应职业类别	衔接中职专业举例	接续本科专业举例	开设院校数
6402 餐饮类	640201	餐饮管理	餐厅管理	餐饮服务人员	高星级饭店运营与管理	酒店管理	53 所
			厨政管理		中餐烹饪与营养膳食	工商管理	
					西餐烹饪		
	640202	烹调工艺与营养	中餐烹调	餐饮服务人员	中餐烹饪与营养膳食	烹饪与营养教育	122 所
			西餐烹调		西餐烹饪	食品科学与工程	
	640203	营养配餐	食品制作	餐饮服务人员	中餐烹饪与营养膳食	烹饪与营养教育	7 所
						食品科学与工程	
	640204	中西面点工艺	中式面点	餐饮服务人员	中餐烹饪与营养膳食	烹饪与营养教育	16 所
			西式面点		西餐烹饪	食品科学与工程	
	640205	西餐工艺		餐饮服务人员	西餐烹饪	烹饪与营养教育	20 所
						食品科学	

表 5　2016 年普通高等学校高等职业教育（专科）会展类专业目录②

专业	专业代码	专业名称	专业方向举例	主要对应职业类别	衔接中职专业举例	接续本科专业举例	开设院校数
6403 会展类	640301	会展策划与管理	会展策划	会议及展览服务人员	会展服务与管理	会展经济与管理	193 所
			会展运营管理				
			会展营销				
			展示设计与管理				

① 《普通高等学校高等职业教育（专科）专业目录》2015 年及 2016 年增补专业。

② 《普通高等学校高等职业教育（专科）专业目录》2015 年及 2016 年增补专业。

3.抽样情况

(1)根据市场需求不断调整专业设置。如,重庆旅游职业学院专业设置主动对接旅游产业,设置了涵盖旅游行业食、住、行、游、购、娱六要素的15个专业。其中有中央财政支持的专业能力提升项目3个,重庆市确定的骨干建设专业2个,市级财政支持的专业能力提升和实训室建设项目5个,院级重点及特色专业6个,形成了以中央财政和市级财政支持建设专业为龙头,相关专业群共同发展,具有鲜明旅游特色的专业结构和发展格局。

云南旅游职业学院2016年新增了“工艺美术品设计(原旅游工艺品设计与制作)”“应用日语”“婚庆服务与管理”等5个专业。完成了“民族表演艺术”“测绘地理信息技术”“旅游管理”“应用外语(应用老挝语)”“电子商务”5个专业对应专业的申报材料、调研报告和人才培养方案的编制工作,待教育厅审查批准后2017年即可招生。

安徽旅游职业学院选择旅游管理、酒店管理、导游等5个专业作为特色专业投入资金加强建设,对外语系原有6个专业,通过停招或合并成为一个专业,2015年新增高铁乘务、空中乘务和数字媒体艺术3个专业,2016年新增了航空物流专业和会计专业。2017年计划增加社区管理与服务、无人机应用等专业。

(2)重视特色专业建设,优化专业格局。南京旅游职业学院,根据服务区域经济和行业产业发展的总体要求,围绕市场需求,构建了以重点专业建设为龙头、专业群为支撑、新专业为亮点的专业建设框架。2016年设置了21个专业(不含专业方向,按照最新专业目录),其中酒店管理专业、烹调工艺与营养专业为省级特色专业;烹调工艺与营养、旅行社经营管理为中央财政支持的重点专业;酒店管理专业为省级品牌专业,并同烹调工艺与营养、旅游管理、空中乘务专业为学院“省示范校建设”重点专业。

郑州商贸旅游职业学院,始终跟踪就业人才市场,明确市场的人才需求信息,果断调整专业的定位与口径,从技术性、职业性、市场性三个维度,逐步形成了以旅游、财经、土建、交通运输和艺术传媒五大类专业或专业群为支柱专业板块,专业板块的形成有利于专业结构的合理、专业质量的提高和专业建设的发展。

郑州旅游职业学院,积极推进教育教学改革,以课程改革为突破口,加大各专业课程的建设力度,2016年形成4个省级综合改革试点专业、3个市级示范专业、5个市级重点专业、4个院级特色专业。

山东旅游职业学院,为更好地适应旅游市场对人才的需求,结合食、住、行、游、购、娱旅游六大要素,不断开设并调整了专业和方向,现已基本形成了结构合理、覆盖面广的旅游相关专业和专业群,为旅游人才的培养奠定了基础。学院现有中央财政支持重点建设专业2个,国家级重点专业3个,省级重点专业5个,省级特色专业6个(见表6)。

表 6　山东旅游职业学院特色专业情况汇总表①

专业名称	中央财政重点建设专业	国家级重点专业	名校建设省级财政支持重点建设专业	省级特色专业	省级重点专业
酒店管理	√	√	√	√	
旅行社经营管理			√	√	√
旅游英语			√	√	√
航空服务			√	√	√
烹饪工艺与营养	√	√	√	√	
导游			√		√
民航安全技术管理					√
公共营养		√		√	

（三）在校生规模、招生及就业情况

1.招生情况

（1）区域招生情况。2016 年高职高专旅游管理类专业，全国共招生 11.6 万人。其中招生人数最多的是华东地区，36 150 人，占 31.09%；其次，为华中地区，23 981 人，占比为 20.63%；华南和西南招生人数接近，均在 15 000 人以上，占比 13% 以上。这 4 个区域相加占全国总招生人数的 80%（见表 2、表 7、图 4）。

表 7　全国旅游高职院校 2016 年招生情况一览表②

区域	省份	招生人数	区域	省份	招生人数
华东（36 150 人）	上海	2218	西北（6255 人）	宁夏	172
	浙江	7492		新疆	1872
	福建	2972		陕西	2386
	安徽	6227		青海	510
	江苏	7935		甘肃	1315
	山东	9306	西南（15 899 人）	西藏	234
华中（23 981 人）	河南	10 287		四川	6623
	湖南	4722		云南	2243
	湖北	5428		重庆	4089
	江西	3544		贵州	2710

① 调研组根据调研情况整理。

② 资料来源：国家旅游局发布的“2016 年全国旅游教育培训统计”情况。

续表

区域	省份	招生人数	区域	省份	招生人数
华北(11 177 人)	北京	1382	东北(7375 人)	吉林	1184
	天津	1485		黑龙江	2472
	河北	3742		辽宁	3719
	山西	2642	华南(15 434 人)	广西	4359
	内蒙古	1926		广东	8704
				海南	2371

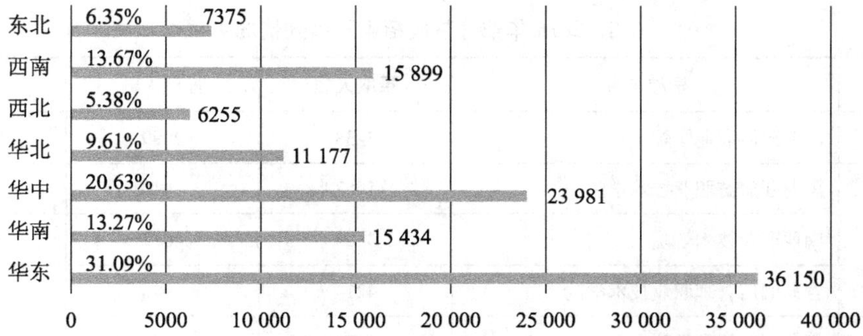

图 4　全国旅游高等职业院校区域招生人数及其占比分布图①

(2)专业招生情况。全国范围内开设旅游管理专业的院校全国共招生 56 000 人;开设酒店管理专业的院校全国共招生 45 000 人;开设会展策划与管理专业的院校全国共招生 7893人;开设导游专业的院校全国共招生 4046 人;开设休闲服务与管理专业的院校全国共招生 1233 人;开设景区开发与管理专业的院校全国共招生 1015 人;开设旅行社经营与管理专业的院校全国共招生 795 人。其中,旅游管理专业招生 56 000 人,占比 48.28%;酒店管理专业招生 45 000 人,占 38.80%;其他专业占比均在 10%以下(见表 2、图 5)。

(3)抽样情况。从抽样数据来看,2016 年全国旅游高职院校招生情况良好,学生报到率均在 83%以上,调研组就河北旅游职业学院、黑龙江旅游职业技术学院、江西旅游商贸职业学院、柳州职业技术学院、闽西职业技术学院、南京旅游职业学院、青岛酒店管理职业技术学院、青岛职业技术学院、三峡旅游职业技术学院、山东旅游职业学院、陕西旅游烹饪职业学院、山西旅游职业学院、上海旅游高等专科学校、太原旅游职业学院、天津青年职业学院、云南旅游职业学院、长沙商贸旅游职业学院、浙江舟山群岛新区旅游与健康职业学院、郑州旅游职业学院等 19 所学院的情况进行了较为详细的梳理,请见表 8。

① 资料来源:国家旅游局发布的"2016 年全国旅游教育培训统计"情况。

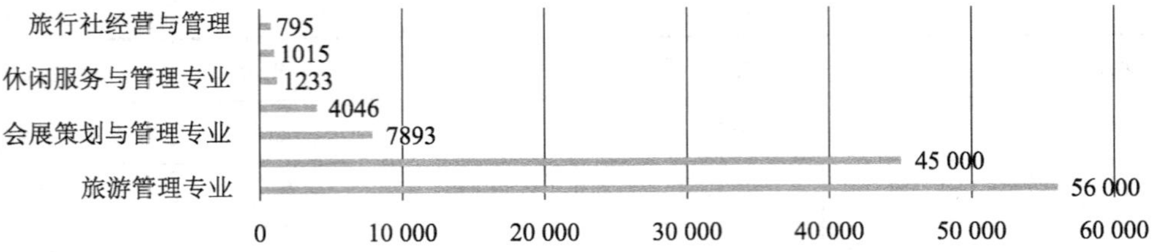

	旅游管理专业	酒店管理专业	会展策划与管理专业	导游专业	休闲服务与管理专业	景区开发与管理专业	旅行社经营与管理
■招生人数占比	48.28%	38.80%	6.81%	3.49%	1.06%	0.86%	0.69%
■招生人数（人）	56 000	45 000	7893	4046	1233	1015	795

图 5　全国旅游高等职业院校按专业招生人数①

表 8　2016 年部分院校招生及报到情况②

序号	学校名称	录取人数	报到人数	报到率
01	河北旅游职业学院	2438	2099	86.10%
02	黑龙江旅游职业技术学院	1657	1410	85.09%
03	陕西职业技术学院	4805	4012	83.50%
04	青岛酒店管理职业技术学院	4214	3946	93.64%
05	青岛职业技术学院	4370	4100	93.82%
06	山东旅游职业学院	2537	2351	92.66%
07	山西旅游职业学院	1999	1830	91.55%
08	上海旅游高等专科学校	1350	1243	92.07%
09	天津青年职业学院	1969	1790	91.91%
10	长沙商贸旅游职业学院	3117	2985	89.50%
11	郑州旅游职业学院	2925	2476	84.65%

2.在校生规模

在校生规模与招生情况一致，即华东地区人数最多，华中地区其次，华南和西南紧随其后。从专业角度来看，旅游管理和酒店管理两个专业人数居前两位，其他专业各有不同。如，上海旅游高等专科学校全日制在校专科生总数为 3572 人，其中酒店管理专业 1079 人，占学生总数的 30%；其次为旅游管理（旅行社）和旅游英语专业；休闲服务与管理、应用西班牙语专业人数较少；青岛酒店管理职业技术学院在校生总数为 12 830 人；山东旅游职业学院

① 资料来源：国家旅游局发布的“2016 年全国旅游教育培训统计”情况。
② 调研组根据调研情况和 2017 年《高等职业教育质量年度报告》数据整理。

有全日制高职在校生 6564 人；云南旅游职业学院全日制在校生 5620 人；浙江旅游职业学院在校生 10 878 人；南京旅游职业学院全日制高职在校生 5482 人；重庆旅游职业学院全日制高职在校生 3071 人；河北旅游职业学院在校生人数共 6411 人；黑龙江旅游职业学院高职在校生 3946 人；陕西旅游职业学院全日制在校生 6168 人；太原旅游职业学院全日制在校学生 5378 人；郑州旅游职业学院 2016 学年全日制普通高职在校生 7814 人。

3.就业情况

来自麦可思的调查显示①，高职毕业生在校期间基本素养持续提升。各项素养中，“人生的乐观态度”“积极努力、追求上进”“乐于助人、参与公益”等素养提升比例连续 3 年增长。毕业生就业现状满意度同样持续提升，创新能力满足度稳定在高位，反映出高职学生的自信心逐年增强。《2016 中国高等职业教育质量年度报告》显示，毕业生就业率稳中有升，2016 届高职毕业生半年后就业率为 91.5%，相比 2012 届提升 1.1 个百分点。不过各省份高职院校初次就业率差异明显，有 14 个省份初次就业率中位数超过 95%，但山西和吉林两省初次就业率中位数低于 90%。

2016 届高职毕业生毕业半年后，平均月收入 3599 元，连续 5 年稳定增长，与 2012 届相比，提高了 31.8%。毕业生就业满意度连续提升。2016 届毕业生就业满意度达 63%，比 2012 届提升了 12 个百分点。在大学生就业面临挑战的形势下，高职就业现状满意度持续上升实属不易（见图 6）。2016 届高职毕业生毕业半年后自主创业比例与 2015 届持平，为 3.9%。2013 届高职毕业生毕业 3 年内自主创业的比例为 8.0%，与毕业半年后自主创业比例相比，增长了 2.4 倍。

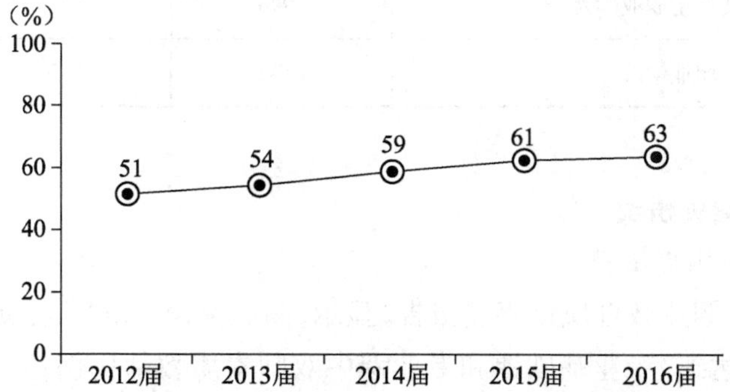

图 6　2012—2016 届高职毕业生半年后就业现状满意度（100%）②

就旅游高职院校来讲，整体就业情况良好，抽样平均就业率在 90%以上，个别院校就业率甚至达到 100%（见表 9）。就业对口率较高，如，郑州旅游职业学院对口率是 90.68%；南京旅游职业学院酒店管理、旅游管理、烹饪工艺与营养、空中乘务、旅游英语等品牌专业的对口就业率继续保持较高水平；陕西旅游烹饪职业学院对口就业率达到 98%以上，就业率和就业质量稳步提高。

① 资料来源：《2016 中国高等职业教育质量年度报告》。
② 资料来源：《2016 中国高等职业教育质量年度报告》。

表 9　2016 年部分旅游高职院校就业情况统计①

序号	学校名称	毕业生总数	初次就业人数	初次就业率
01	河北旅游职业学院	1741	1674	96.15%
02	黑龙江旅游职业技术学院	1336	1313	98.28%
03	江西旅游商贸职业学院	4369	3718	85.10%
04	南京旅游职业学院	—	—	94.13%
05	青岛酒店管理职业技术学院	4155	4064	97.81%
06	青岛职业技术学院	3091	3060	99.00%
07	三峡旅游职业技术学院	—	—	93.19%
08	山东旅游职业学院	2063	2060	99.90%
09	陕西旅游烹饪职业学院	426	426	100.00%
10	山西旅游职业学院	—	—	93.60%
11	上海旅游高等专科学校	972	891	91.67%
12	云南旅游职业学院	617	537	87.03%
13	长沙商贸旅游职业学院	1996	1835	91.93%
14	郑州旅游职业学院	2542	2350	90.68%

（四）师资队伍建设情况

1.“双师”型教师比例提升

《2016 中国高等职业教育质量年度报告》显示，高职院校“双师”素质专任教师比例进一步提升，356 所院校达到“专业基础课和专业课中双师素质教师比例达 70%以上”的优秀标准，比上年增加 27 所。其中，国家级及省级示范（骨干）院校 240 所，行业、企业类院校 134 所。这表明，示范（骨干）院校建设项目有力地拉动了师资队伍水平，行业、企业类院校较好地发挥了行业企业办学优势，师资队伍优势明显。

如，山西旅游职业学院双师素质专任教师比例，由 2015 年的 59.13%上升至 67.18%；黑龙江旅游职业技术学院双师素质专任教师比例维稳在 87.32%；山东旅游职业学院校内双师素质教师 238 人，占校内教师数量的 78.55%；青岛酒店管理职业技术学院校内专任教师中，275 人为“双师”型教师，占专任教师比例的 87.03%，；云南旅游职业学院校内专任教师中，具有双师素质的教师 106 人，占 71.14%；上海旅游高等专科学校双师素质教师比例为

① 资料来源：调研组根据调研情况和 2016 年《高等职业教育质量年度报告》数据整理。

44.38%；江西旅游商贸职业学院2016年打造“双师型”结构教学团队10个；河北旅游职业学院双师素质教师306人，占专职教师51.67%①。”

2.年龄结构、学历结构、职称结构趋向合理

2012—2016年，全国高职院校高级职称专任教师由89 139人增至118 452人；拥有博士学位的专任教师由4253名增至7294名。一批教学水平高、服务能力强的优秀教师脱颖而出，在入选国家“万人计划”的98名教学名师中，高职院校占15名②。

以青岛酒店管理职业技术学院为例，35岁以下教师中，校内专任教师174人，占专任教师的55.06 %；36~45岁教师中，校内专任教师110人，占专任教师的34.81 %；46~60岁教师中，校内专任教师32人，占专任教师的10.13%。在校内专任教师中，具有高级职称的94人，中级职称165人；校内兼课教师中，具有高级职称的25人，中级职称52人；校外兼职教师中具有高级职称的12人，中级职称47人；校外兼课教师中，具有高级职称的15人，中级职称60人。其中，具有高级职务教师占专任教师比例为29.75 %。校内专任教师中，17人具有博士学位，263人具有硕士学位，拥有硕士或以上学位的专任教师占总数比例达到91.8%，比去年的91%进一步提升。另外，具有研究生学历或硕士及以上学位的教师与青年教师的比例为95%。

再如，山东旅游职业学院，现有校内专任教师242人，校内兼课教师61人，校外兼职、兼课教师141人，生师比为17.57：1。其中校内双师素质教师238人，占校内教师数量的78.55%。学院242名专任教师中，具有高级职称教师49人，中级职称教师152人，；具有博士、硕士研究生学历或学位的教师163名，占67.36%。专任青年教师171人，具有研究生学历或硕士及以上学位的139人。拥有省级教学团队4个；院级教学团队7个；院级学科带头人5人；院级专业带头人36人；山东省教学名师1人；百川名师4人。

通过以上抽样数据可以看出，旅游高职院校的师资队伍是一支年轻的、充满活力的教师队伍，年龄结构、专业技术职务结构分布合理，其青年师资队伍的整体学历层次较高。

3.师资数量不足制约专业发展

师资队伍仍然是影响人才培养质量的瓶颈问题，教师缺编严重，有200多所院校专任教师到编率不足80%，部分院校生师比超过30：1，难以有效保障专业教学质量③。如，部分院校生师比超过20：1，个别院校竟然达到40：1，专任教师“年教学工作量”超过500学时，影响了企业实践的开展和专业素质的提升。

调研中，不少旅游高职院校反映：“学校师资队伍建设仍有待加强，目前专业领军人才相对匮乏，引进人才的效率需进一步提高，人才引进与自主培养的关系需进一步理顺。高水平学科建设有待完善，国家级和省级重点重大项目有待进一步突破，教师专业优势有待进一步发扬。”④

① 调研组根据调研情况统计得出。

② 资料来源：《2017中国高等职业教育质量年度报告》。

③ 资料来源：《2017中国高等职业教育质量年度报告》。

④ 资料来源：《2017中国高等职业教育质量年度报告》。

（五）科研及服务社会情况

1.科研情况

2016 年各旅游高职院校继续以产、学、研合作为载体，有多项教学科研与重大建设项目获得立项或正在建设过程中。如，青岛酒店管理职业技术学院，2016 年与省、市、区各级政府部门合作，开展了《奋斗的青春最美丽青年文艺技能大赛策划执行方案》《青岛市中心血站无偿献血宣传招募推广策划》《中国国际蓝色旅游博览会现状调研与策划方案课题》等重大横向科研课题研究，本年度共承担省市级以上纵向课题 11 项，获得发明专利 9 项；省市级以上成果 17 项，组织学院基金课题 24 项，院级科研成果 27 项。山西旅游职业学院，2016 年共发表论文 42 篇，主编、参编公开出版教材与著作 16 部。云南旅游职业学院完成了 8 个云南省教育厅科学研究基金一般课题的研究工作；5 个云南旅游规划研究课题的研究工作；4 个院级课题，完成云南省教育厅委托编写的省级统编教材 1 本，在各类刊物上公开发表学术论文 30 多篇。

另外，部分教师论文、科研成果在国（境）外高校刊发，较好地提升了学院的科研水平和国际知名度，为国际化旅游人才培养提供了重要保障。

2.服务社会情况

今年的“高职质量年报”再次发布高职院校服务贡献 50 强榜单，地级市院校入选数量明显增加，达 24 所，比上一年度增长 50%。这些院校不仅重视专业布局对接地方产业，注重服务城乡经济社会发展，而且能够主动拓宽服务功能，在当地传统技艺和文化传承等方面发挥重要作用，具有不可替代性。其中浙江旅游职业学院、河北旅游职业学院、云南旅游职业学院、青岛酒店管理职业技术学院作为旅游类高职院校的典型代表入选。

（1）通过提供培训，服务行业企业。如，青岛酒店管理职业技术学院，依托学院国家职业鉴定九所和国家邮政局快递职业鉴定中心等，本年度开展职业技能鉴定 8435 人次。其中承担学院内部培训 2719 人次，各类社会培训 5716 人次。上海高等专科学校，作为国家旅游局、世界金钥匙饭店联盟（中国区）培训基地，积极开展旅游专门人才培训，共举办各类班次 43 次，培训人员 2100 多人次。2016 年，浙江旅游职业学院承办浙江省农办委托的农村实用人才和新型职业农民高级培训项目共计 7 个：农家乐特色村创建点负责人培训班、省级农家乐经营户培训班、省级农家乐示范村负责人研修班、省级农家乐特色村负责人提升班、省级农家乐示范点提高班、省级农家乐示范点负责人研修班、星级农家乐业主培训班，有 600 人次参与培训。

（2）通过技能大赛，服务当地经济。承办技能大赛对于承办学校、承办校的师生、承办方当地的业内企业甚至承办地的旅游经济，都能产生积极的效用。如，浙江旅游职业学院、山东旅游职业学院等院校，近年来多次承办国家级或省级的各项技能大赛，2016 年赛事规模和赛事人数又创新高。这不仅锻炼和提高了学校大赛组委会的组织水平，同时，业内企业的观摩交流有利于促进当地旅游企业的产品开发和创新。技能大赛像指挥棒一样，引领职业教育的发展。

（3）通过横向课题、企业咨询等提供社会服务。如，上海高等专科学校与黄山旅游景区、携程旅行网等共建校园智慧旅游体验示范区，开展有关智慧旅游的产、学、研一体化工作等，为企业发展提供智力支持。与西藏、海南、湖南等省市旅游局合作，为西藏珠峰东坡—嘎玛沟生态旅游区做规划，帮助珠峰北坡大本营景区编制 AAAAA 景区申报书，为湖南省开发灾情检测系统，帮助海南省三沙市进行旅游规划等。

（六）实习实训基本情况

企业参与职业教育，在确保高职院校教学内容、培养规格、人才供给适应产业发展需求等方面发挥着不可替代的作用。企业年报显示，超过 85%的企业在高等职业教育发展中有人力资源投入，增强了优秀兼职教师的供给；超过 70%的企业在高职院校发展中有资金投入，主要用于发放学生实习津贴、师傅带教津贴及培训、课程开发和科研等；超过 80%的企业在高职院校投入实践教学资源，建立实践教学场所，设立学生实习和教师实践岗位；近两成的企业与高职院校共建二级学院或教学与实训机构，发挥办学主体作用；超过 85%的企业与学校合作开发专业课程与培训课程①。

据调研，旅游类高职院校都十分重视与企业的合作。2016 年合作继续深化，趋于融合发展。如，南京旅游职业学院，在 2016 年的教学改革中组建苏宁班，学生有机会获得企业的专项奖学金奖励，能够参与苏宁的企业文化活动，并获得与国际品牌酒店的高管近距离交流分享的机会。对于“苏宁班”的优秀学生，毕业后将直接进入“苏宁酒店潜力人才计划”。另外联合江苏卓越计算机系统有限公司，校企共同出资，互聘人员，联合打造国内一流、技术领先的基于“互联网+”的酒店经营管理虚拟仿真实训平台。与广州市问途信息技术有限公司共同出资，严格按照实战环境联合打造酒店在线营销实训室。

随着校企合作模式的成熟，旅游高职院校也在不断优化其合作伙伴，如，山东旅游职业学院，2016 年将校外实训基地优化调整为 159 家，基本实现了所有专业都有与之对口的稳定校外实践基地的要求，同时国内外实践基地数量与质量稳步提升，基地接收学生数较去年增加 38 人，实习实训项目 445 个。

校企合作是高职院校培养学生必不可少的环节，对于实践性较强的旅游学科来讲更是如此。因此，校企合作需要不断探索和创新其模式与内容，以期更加符合旅游高职院校培养学生的目标和办学宗旨。

二、经验与不足

（一）取得的主要成果

1.国际合作影响力逐渐增强

目前，相当数量的国内院校积极参与国际合作交流，影响力逐渐增强，合作路径、形式也越来越多元化，主要包括：一是积极开展与国外教育机构、科研机构的合作与交流，包括组织参与国际会议、比赛，师资交流培训等。例如，黑龙江旅游职业学院，2016 年承办国家商务部援外培训项目——“2016 年发展中国家生态旅游开发与管理研修班”，共有来自埃塞俄比亚、多美尼加、汤加、巴勒斯坦、南非、加纳、阿富汗、墨西哥、巴拿马、厄瓜多尔、牙买加、孟加拉国等 12 个国家的 31 名学员参加培训，促进了对外交流与合作。二是稳步推进中外合作

① 资料来源：《2016 中国高等职业教育质量年度报告》。

办学,大力引进优质教育资源,例如,南京旅游职业学院与澳大利亚威廉安格里斯学院合办的酒店管理专业项目, 2016 年新招收学生 28 名,共有在读学生 101 人。2016 年该项目毕业生就业率达 94%,用人单位好评率达 100%。三是大力发展交换生、留学生教育和短期出国研修、游学、实践项目。例如,郑州旅游职业学院,2016 年共有赴美国奥兰多迪士尼总部实习项目 58 人,参加美国皇家加勒比国际邮轮项目 83 人,美国互惠项目 42 人,参加日本赴日研修项目 89 人,参加丽星邮轮项目 16 人,并与韩国湖原大学、济州观光大学开展了 2 批交换生互派活动,国际化办学成效卓著。四是积极引进国际通用课程标准、认证资质和证书。例如,安徽旅游职业学院引进了英国国家高等教育文凭专、本、硕连读(3+1+1)项目,学生首先在安徽旅游职业学院学习 3 年,获取 BTEC(HND)证书;符合条件的学生可直升英联邦国家高校同类专业攻读本科 1 年,获取国外大学学士学位,再续读 1 年获得中国政府认可的硕士学位。

2017 年 7 月,麦可思根据各高职院校 2016 年"国际影响表"①发布了"2016 高等职业院校国际影响力 50 强榜单",令人欣喜的是,河北旅游职业学院、青岛酒店管理职业技术学院、浙江旅游职业学院、云南旅游职业学院等一些旅游类高职院校荣登此榜单。

2."立德树人"育人成效逐步显现

2016 年 12 月 7 日,全国高校思想政治工作会议在北京召开。习近平总书记发表重要讲话,要求高校坚持把"立德树人"作为中心环节,实现全程育人、全方位育人。作为培育"大国工匠"后备军的重要阵地,如何将思想政治素质、职业素养和技术技能培养融合起来,成为高等职业教育立德树人的一个重要课题。随着旅游职业院校积极顺应这种新的形势和任务,改革课程体系、教学模式、教育方式,不断强化对学生价值观、社会公德、职业精神、职业道德的培育塑造,立德树人在学生基本素养培育环节的成效逐步显现,高等职业院校学生逐步展现出自信自强的良好品格。2016 年抽样的部分高职院校数据显示,毕业生就业率、月收入、专业相关度、就业满意度、工作稳定性、自主创业比例和创业存活率等指标稳中有升(见表 10)。

表 10　部分旅游高职院校 2015、2016 年毕业生就业率(%)及月收入(元)②

序号	院校名称	2015 年		2016 年	
		就业率%	月收入:元	就业率%	月收入:元
1	郑州旅游职业学院	96.2	2950	96.32	3500
2	安徽旅游职业学院	89.47	4350	94.34	4800
3	太原旅游职业学院	90.96	2130	91.65	2730

① "国际影响表":设置全日制国(境)外留学生人数、非全日制国(境)外人员培训量、在校生服务"走出去"企业国(境)外实习时间、专任教师服务"走出去"企业国(境)外指导时间、在国(境)外组织担任职务的专任教师人数、开发国(境)外认可的行业或专业教学标准数、国(境)外技能大赛获奖数量等 7 项指标,展示院校的国际影响力水平。

② 资料来源:课题组根据抽样数据整理。

续表

序号	院校名称	2015 年		2016 年	
		就业率%	月收入:元	就业率%	月收入:元
4	云南旅游职业学院	99.79	2076.92	97.08	2142
5	河北旅游职业学院	97.28	2780	96.15	2840
6	浙江旅游职业学院	97.32	3586.98	99.09	3956.43
7	黑龙江旅游职业学院	99.83	3029.41	98.28	3180
8	江西旅游商贸职业学院	91.57	3158	90.77	3266
9	南京旅游职业学院	98.87	2850	98.54	2950
10	青岛酒店管理职业技术学院	97.57	2260	99.46	2317
11	三峡旅游职业学院	92.07	2605.56	93.09	2828.64
12	山西旅游职业学院	92	2573	93.4	2843
13	太原旅游职业学院	90.96	2130	91.65	2730
14	上海旅游高等专科学校	96.31	2750.77	91.67	2224.45
15	郑州商贸旅游职业学院	86.78	3412	96.01	3618
16	长沙商贸旅游职业技术学院	90.88	3080	91.93	3100

3."以赛促教、以赛促学"氛围日益浓厚

截至2016年,全国职业院校技能大赛(旅游服务类)已连续成功举办5届,全国旅游院校服务技能大赛已成功举办8届。几年来,服务技能大赛不仅为各参赛院校磨炼、储备了一批精干的教师队伍,而且带动了学生的整体服务技能水平,推动了院校教学改革和创新的进程,形成了"以赛促教、以赛促学、以赛促改、以赛促创"的良好氛围。

目前,技能大赛已经形成了教师以赛促教,学生以赛促学两条鲜明的主线,形成了从赛前到赛后的良性循环。教师为了准备大赛,赛前需要积极与行业接轨,研究比赛标准,摒弃落后技术方法,大胆创新,从而提升了自身专业化水平;赛后需要及时总结成果,以便在今后的教学和科研中加以应用。学生为了准备比赛,则需要不断学习知识,锻炼技能,总结提高,从而提升了自身的职业能力,增加了就业砝码。因此,越来越多的院校开始重视服务技能大赛对提升院校的对外影响力、提高学生综合培养质量的重要作用,一批优秀的赛项成果转化也为提升旅游职业教育的整体水平做出了贡献。例如,在旅游行业指导委员会的指导下,已出版《固本培元 · 卓越引领——教育部全国职业院校技能大赛高职组西餐宴会服务赛项成果展示2015》《餐饮奇葩 未来之星——教育部全国职业院校技能大赛高职组中餐主题宴会设计成果选集2015》和《导览华夏 星耀舞台——教育部全国职业院校技能大赛高职组导游服务赛项成果展示2015》等多部成果,为旅游职业院校的专业教学提供了大量的优质素材和案例。

4.人才培养模式日趋成熟

目前，旅游职业院校的校内基础设施、实践教学设施日臻完善，经过30余年的探索与发展，旅游职业教育人才培养模式不断进步，日益成熟。仅2016年，通过知网检索到的关于“旅游专业人才培养模式”相关的学术论文就多达2380篇，创近年来新高。在国内旅游职业教育界，各家旅游高职院校均具有自身特色的人才培养模式。例如，南京旅游职业学院积极筹建“创新创业学院”，以创业社团为依托，积极组织开展学生创新创业大赛，探索创新创业型人才培养模式。河北旅游职业学院与数十家知名企业开展了订单班、冠名班、校中店等多种形式的合作办学，2016年合作企业接受毕业生比率为70.48%。三峡旅游职业学院烹调工艺与营养专业，于2016年申报成为“现代学徒制”试点，积极推行“工学结合、课证融通、赛训融合”的人才培养模式。浙江旅游职业学院积极探索“混合所有制”办学，千岛湖校区与澳大利亚威廉·安格理斯学院合作，举办全省高职院校第四所非独立法人的中外合作办学机构——“中澳国际酒店管理学院”也在此挂牌，成为推进旅游教育教学改革和人才培养的试验田。目前，工匠精神培育、创新创业教育、现代学徒制试点、行业企业精英(大师)进课堂、以赛促教等成为新的热点，引领职业院校培养模式进入创新阶段，越来越多的人才培养模式日趋稳定成熟，为我国旅游业贡献了大批优秀人才。

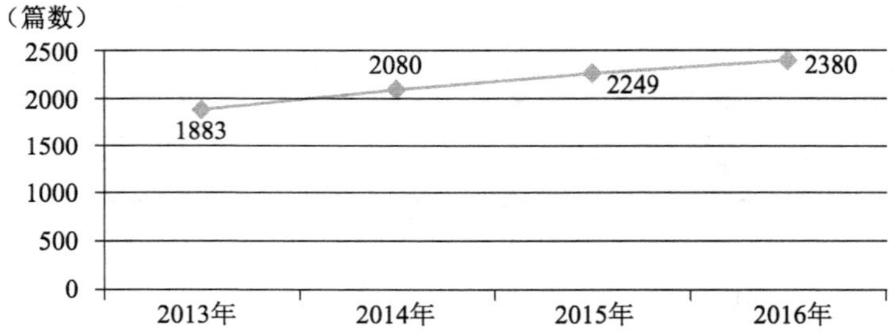

图7　旅游人才培养学术论文篇数

(二)存在的主要问题

1.资金及师资所限，致旅游职业教育专业化水平参差不齐

根据中国高职高专教育网各省份上传的各院校“高等职业教育质量年度报告”显示，1298所高职院校中共有19所独立建制的旅游高职院校(见表11)双师素质专任教师比例平均值为60.55%，教师专业化水平较好。相反，一些院校的旅游专业专任教师的双师型教师比例仅有不到20%，年平均企业实践天数不足10天。师资的专业化程度不高、实践能力不强大大制约了旅游职业教育的专业化水平。

表11　19所独立建制的旅游高职院校

序号	院校名称	所在省份
1	安徽旅游职业学院	安徽
2	河北旅游职业学院	河北

续表

序号	院校名称	所在省份
3	黑龙江旅游职业学院	黑龙江
4	江西旅游商贸职业学院	江西
5	南京旅游职业学院	江苏
6	山东旅游职业学院	山东
7	青岛酒店管理职业技术学院	山东
8	上海旅游高等专科学校	上海
9	浙江旅游职业学院	浙江
10	浙江舟山群岛新区旅游与健康职业学院	浙江
11	云南旅游职业学院	云南
12	郑州旅游职业学院	河南
13	郑州商贸旅游职业学院	河南
14	重庆旅游职业学院	重庆
15	太原旅游职业学院	山西
16	山西旅游职业学院	山西
17	三峡旅游职业技术学院	湖北
18	长沙商贸旅游职业技术学院	湖南
19	三亚航空旅游职业学院	海南

目前，广东、天津等省市创新推动政策落地，江苏、湖南等省高职院校部分享受普通高校“同等待遇”，在政府引导下以诊断和改进为抓手，高职院校质量保障主体意识逐步强化。但是，与之相对的，高职“生均财政拨款”水平落地情况差异很大。中央财政对高职改革发展的专项调控和引导力度减弱，高等教育的政策“盲区”日趋明显，轰轰烈烈的大学“双一流”建设和高职缺乏“央财专项”形成鲜明对比。

由于经费投入不足，师资匮乏等原因，我国旅游职业教育呈现出了专业化水平参差不齐的现象。与一些优秀的旅游高职院校资金充足、师资力量雄厚、基础设施完善相比，一些院校和地区的旅游专业还处在弱势地位。一些院校的内涵建设成为薄弱环节，缺乏专业与课程建设标准的约束力，缺乏学历证书与职业资格证书相对应的职业资格框架；经费投入不足仍制约着整体质量提升，特别是一些地级市所属院校办学经费严重不足；迫切需要借鉴高校“双一流”建设经验，设计实施有效促进高职教育内涵建设的中央财政新专项。

2.成熟模式不多，创新创业教育难有较大突破

1991 年，“东京创业创新教育国际会议”从广义上把“创业创新教育”界定为：培养最具

开创性个性的人，包括首创精神、冒险精神、创业能力、独立工作能力，以及技术、社交和管理技能的培养。早在 2010 年，教育部在《关于大力推进高等学校创新创业教育和大学生自主创业工作的意见》中就指出："在高等学校开展创新创业教育，积极鼓励高校学生自主创业，是教育系统深入学习实践科学发展观，服务于创新型国家建设的重大战略举措；是深化高等教育教学改革，培养学生创新精神和实践能力的重要途径；是落实以创业带动就业，促进高校毕业生充分就业的重要措施。"

然而，数年过去了，我国旅游高职教育界的创新创业教育，可以说还处在较为粗浅的阶段，真正发展成熟、极具推广的模式并不多。主要问题包括：思想观念及重视度不足，缺乏相应投入；缺乏相应的课程体系、课程设计、教材编著和师资培养；缺乏有效的实践环节和相应的实践设施；仅仅依靠单一的一门或几门选修课程、创业社团等进行粗浅的尝试，缺乏与行业企业联合系统培育等。

3.深度与广度不足，致产、学、研合作流于形式

"产、学、研"即产业、学校、科研机构等相互配合，发挥各自优势，形成强大的研究、开发、生产一体化的先进系统，并在运行过程中体现出综合优势。目前，我国旅游产、学、研合作尚不平衡，存在合作方式单一，合作深度、广度不足的问题。很多院校与企业签订的合作协议，多数停留在学生实习实训方面，有些院校虽然与企业进行了共同开发课程，商定人才培养方案、共建实训基地等合作，但对于长效的双师型教师培养、人才培养模式创新、横向课题开发、管理项目咨询委托、助推区域旅游经济发展等方面几乎没有涉足，还有较大发展空间。甚至一些院校由于教师专业水平低，科研及管理项目咨询能力不足，难以成为企业理想的合作伙伴，从而丧失了更多锻炼、提升师资水平的机会。另一方面，大部分企业仍停留在由于需要"廉价人力"这一初衷，而被动与学校合作，缺乏主动性和积极性。

4.缺乏统筹管理，信息化建设水平有待提高

随着社会信息技术的飞速发展，信息化的浪潮已席卷整个教育领域，以信息化带动教育现代化，已成为教育跨越式发展的必由之路，由信息技术革命引起的教育变革，正在对教育的各个方面产生巨大而深远的影响。然而，目前高职院校的信息化建设水平仍有待提高，主要问题包括：

第一，缺乏统筹、科学的长期规划。职业教育信息化是一个复杂课题，对于从教人员是全新的挑战。它不仅是教学手段、教学设备的创新，还是教学理念、教学体系、教学观点和教学思想的创新，没有了教育信息化，就没有教育的再提高，也就没有教育现代化。从内涵视角看，职业教育的信息化是以交互性、共享性、开放性、智能性为特点；从外延视角看，它是以智能化、网络化、数字化和多媒体化等为特点。教育信息化建设重在"设施建设、政策支持、长期服务"，需要总体考虑。

第二，传统观念阻碍，数字化教学水平不高。传统教学模式有教师的督促、随时沟通、情感交流，是按照教学大纲按部就班地完成教学活动。这种教学模式有计划、有步骤，体现秩序性，但在一定程度上也框定了学生的思维框架。学生的创新能力没有得到最大发挥。现在，学生们已经人手一部智能化手机，可是智能化手机的应用也仅限于微信、QQ、购物、看视频，用于学习的极为有限。针对"95 后""00 后"的学生，通过传统的教学模式进行教学已经

吸引不了他们，课堂上走神、埋头看手机的学生大有人在，教学效果可想而知。作为移动学习终端，智能手机的优势非常突出，但是现在这些优势还没有被充分利用。

第三，难以统一管理，尚未通盘考虑全院信息化建设。职业院校的信息化建设过程中，一些院校各部门开发建设自己的应用系统，缺少一个专门机构对全院的信息系统统一规划，系统零散，生命周期短，降低了系统的使用效率。教务系统、设备资产系统、项目预算系统、校园一卡通系统分散孤立，仅仅是系统的用户名密码就有多套，给系统的使用人员增添了难度。针对这一现象，职业院校应该建设一个专职的信息化部门，或者全院信息化建设的任务由某一个部门统一管理。学院在进行信息化建设时，统一布局，科学管理，分步实施，把这些功能分散的系统集中到一个独立平台，整体构建和应用一体化数字化教学与管理综合环境。每个高职院校的教师计算机水平参差不齐，所以要有专门的机构进行支持和指导，能够协助解决教师在信息化建设中所遇到的各种难题，对系统建设给予合理化的建议，保证各系统统一和健康地运行。

三、对策与建议

（一）持续提升职业教育师资专业化水平

旅游经济新常态对旅游高职教育提出的改革要求，最终必须通过人才培养才能得以实现。这就需要针对社会经济领域的变化，积极转变职业教育教师专业化发展的路径，从而充分发挥教师“母体智力资源”[①]的优势，不断提高职业教育的质量，逐步消除人才供给的结构性矛盾。

1.构建多元化的职业教育教师专业素质和经验积累机制

在旅游经济新常态下，旅游产业结构快速调整、旅游经济结构不均衡等均会导致产业间、行业间和企业间生产力的多样化和技术水平的差异化，从而使得旅游产业领域的变革异常活跃。因此，为了应对这些特点以及对职业教育教师专业化发展的多样化需求，必须跳出传统思维，建设多元化的职业教育教师的培养和培训体系，不能再仅仅依托独立而自成体系的师范教育或者职业师范教育，而应该在法治体系和市场机制下，通过与高校、科研院所、企业等开展横向联合，建立以合同或契约为基础的多元化的职业教育教师专业素质和经验积累机制，从而应对产业结构快速调整、经济结构不均衡和国际合作战略对职业教育教师多向度的专业素质。

2.建设多种模式的职业教育教师培训基地

首先，要盘活区域内旅游职业教育体系内的实训资源，尽可能在现行的行政管理体制内，将各职业院校现有的实训资源集中起来，建立区域性共享式公共实训基地。除服务于职业教育学生的实训之外，还可以作为政府主导型的、集约化的、综合性的职业教育教师专业素质培训基地，从而可以从多维度提升教师的实践教学能力和生产性的实践技能。其次，要积极吸纳社会资源，与国内外的企业、院校、科研院所和培训机构等合作，多层次地建设授权许可的职业教育教师专项素质培训基地，有针对性地对教师的单项专业素质进行培训。

---

① 周元才，闫智勇.高职院校师资队伍建设三重困境之质辩[J].职教论坛，2011(30)：9-12.

（二）建立旅游职业创新创业教育新模式

创新是知识经济时代的一个显著标志。习近平总书记提出："抓创新就是抓发展，谋创新就是谋未来。不创新就要落后，创新慢了也要落后。"因此，培养创新型人才，关键在于创新创业教育。旅游高等职业教育形式的存在，是产业性和教育特点的结合，主要面向旅游企业服务一线培养技术型和高层次技能型人才，对于毕业生就业满意度具有明显的带动作用。因此旅游创新创业教育体系建设是发挥高职教育社会功能的重要方式。所以，如何构建合理的创新教育模式，完善创新人才培养机制，成为旅游职业教育需要关注的一个焦点。

为了培养学生的创新精神，同时缓解大学生就业难的问题，日前国务院办公厅印发了《关于深化高等学校创新创业教育改革的实施意见》，全面部署深化高校创新创业教育改革工作。意见提出，当前主要任务和措施是："完善人才培养质量标准，创新人才培养机制，健全创新创业教育课程体系，改革教学方法和考核方式，强化创新创业实践，改革教学和学籍管理制度，加强教师创新创业教育教学能力建设，改进学生创业指导服务，完善创新创业资金支持和政策保障体系。"

当前，创新创业教育的理念在旅游高职教育院校已经达成共识。学校注重创新创业教育在旅游高职教育中的重要性，但是支持学生创业资金投入不足、配套政策不完善。在专项资金投入方面，分布不均，两极分化严重。在鼓励学生创业方面，只有少部分高职院校已经配套出台了相关创业政策，仍有很多高职院校不支持或不关注学生创业，在一定程度上遏制了学生的创新创业积极性。在学分转换方面，大部分院校不允许创新创业教育学分转换，有的尚未实行创新创业教育的学分管理，相应地对学生的激励作用有限。这些问题的存在，都在呼吁真正适应创新创业教育新模式的出现。

在旅游高职教育体系建设过程中，如何贯彻落实党中央、国务院关于推进创业创新的决策部署，如何完善创业服务体系，降低创业门槛，拓宽大学生创业融资渠道，如何建设旅游创新创业课程体系，把旅游创业创新课程纳入国民教育体系和学分制管理，鼓励在校生参与创业过程等，都将成为旅游职业创新创业教育新模式需要解决的问题。

（三）开展广泛、深入校地、校企合作模式的再创新

构建"产、学、研一体化"现代职业教育体系，根据经济社会和旅游产业转型升级对人才的需求，旅游职业院校要遵循旅游职业教育规律，按照工学结合、校企合作的要求，创新人才培养模式，构建产教深度融合的现代职业教育机制。建设学校与企业"人才共育、机构共管、基地共建、契约共守、资源共用、利益共享"的新的合作模式，探索和完善基于提高校企合作质量的旅游高职教育人才培养校企合作的新路径。

1.由政府主导，建设校企合作信息共享的网络平台

政府有关部门可以协调合作，委托第三方机构或指定政府自己的机构，担负建设、维护、更新校企合作信息交流和共享网站的任务。通过搭建信息交流网络平台，组织开展各旅游高职院校在专业设置、专业培养目标、课程改革、教学计划、质量考核标准等方面的交流活动，促进各旅游高职院校在师资、招生、就业、教学、科研等方面的有效合作；实现学校资源和企业资源共享，建立新型的校企合作实训基地，开展以项目为纽带的校企合作，探索职业院校人才培养和企业人力资源运作的新模式，满足职业院校毕业生就业需求和企业用人需求。

同时网站也应包含对校企合作参与各方有约束力的政策文本、工作流程等。职业院校和企业均可在网站上获取合适的信息。这样校企合作就成为政府方面切实介入组织指导的行为,而不是学校(甚至是教师个人)或企业的个别行为。

2.强化顶层设计,完善或出台对校企合作具有强大推动力的政策

教育行政部门应与劳动、人事、税务、财政等部门通力合作,设计、出台能够大力激励企业参与校企合作的政策。比如,税收优惠、经费补贴、优秀员工的优先招聘权等。针对民营企业参与校企合作积极性不高的现状,可以在调研的基础上制定有针对性的激励措施。同时,政府还应完善、修订某些与实际情况切合度不高的政策。

3.形成职业教育教师队伍融合机制

运用政府资助、学习培训、企业实践等平台,建设好专职专业教师、企业兼职教师两支队伍,通过校企互动机制实现队伍融合。试行"校企互动、岗位互换"。在合作平台内根据需要试行校、企"一对一"岗位互换。学校教师从学科和专业优势出发,深入企业顶岗实践;企业选派业务骨干到学校任教,实行阶段性岗位身份互换。推行企业兼职教师资助计划。通过建立"特岗计划"聘请行业专家和企业的管理、技术骨干和高技能人才到学校担任兼职教师,通过在职业学校建设"技能大师工作室",为其创造深度参与专业建设与人才培养的条件。

(四)着力提升旅游职业教育信息化建设水平

2015年9月,国家旅游局下发《关于实施"旅游+互联网"行动计划的通知》(征求意见稿)(以下简称《通知》)。《通知》指出,旅游与互联网的深度融合发展已经成为不可阻挡的时代潮流。到2020年,旅游业各领域与互联网达到全面融合,互联网成为我国旅游业创新发展的主要动力和重要支撑;在线旅游投资占全国旅游直接投资的15%,在线旅游消费支出占国民旅游消费支出的20%。云端、大数据、大平台成为当今旅游发展的高频词。

在"旅游+互联网"的时代背景下,教育将迎来人类历史上第四次教育大变革,"全面满足每个人的学习需求成为这次教育变革的核心要义",①但在教育实践领域,"学校的教育实践和新技术的驱动之间极度不协调",②表现在学习理念的"统一学习"与"用户化",学习资源的"单一化"与"多样化",学习环境的"封闭化"与"开放化"等。作为与经济社会联系最为紧密的教育类型,职业教育面临的挑战尤为突出。

旅游高职教育作为与旅游行业发展联系最为密切的职业教育类型,如何提高教育信息化建设是新一轮教育改革对旅游高职教育提出的新挑战。"互联网+旅游高职教育"信息化教育模式的探索,将基于通过主体间的"互联互通",在管理层面共享人才培养相关的数据与信息,消除"信息孤岛",在教学层面校企协作共建共享教学资源并在"泛在终端发布",消除"资源孤岛"的基础上,通过大数据技术汇集来自用人企业的就业反馈信息、行业协会的产业与技术信息,以及来自职业院校的人才培养状态信息。"互联网+旅游高职教育"的信息化教育模式将大大提升旅游高职教育的信息和资源共享效率、提升人才培养质量。加快旅游高职教育的信息化建设水平已成为适应当今时代需求的必然选择。

---

① 刘云生.论"互联网+"下的教育大变革[J].教育发展研究,2015(20):10-16.

② [美]阿兰·柯林斯,理查德·哈尔弗森著,陈家刚,程佳铭译.技术时代重新思考教育[M].上海:华东师范大学出版社,2015:52.

四、展望与结语

（一）培育能跨界、擅专业的综合性旅游人才成为旅游高职教育供给侧结构性改革的重任

旅游业跨界金融、旅游业跨界文化产业、旅游业跨界信息产业、旅游业跨界乡村建设和农业发展等一系列与“旅游跨界”相关的词语，频繁出现在 2016 年的旅游业发展动态中，旅游跨界无疑将成为旅游业寻求创新的一种方式。以“互联网+旅游”为例，随着在线旅游日益普及化及“互联网+”旅游业的迅猛发展，新型商业模式和旅游消费模式必将带动旅游产业结构的优化升级与劳动力结构的调整，既有旅游专业知识，又懂电子商务的复合型人才将成为旅游企业的首选。因此，旅游高职教育人才供给，应主动适应技术进步和生产方式变革的需求，增强高职教育供给结构对产业结构需求变化的适应性和灵活性，提高供给体系质量与效率。在人才培养过程中，要以培养复合型人才为中心，不但要注重学生业务素质和技能的培养，而且要注重人文素质、道德素质的培养。不但要注重旅游服务技能的“硬实力”，还要注重服务未来发展的人文素养等“软实力”的提升，两者并重，相得益彰。

（二）新技术、新方法、新形势带来的冲击将成为高职旅游教学改革的主流

在“互联网+”建构的社会新常态下，工业化与信息化加速融合，传统产业向“智能制造”转型升级，进而形成基于消费需求的动态感知的生产模式和依赖互联网大众协作的由标准化生产向个性制造转变的生产组织形式。

产业智能化生产时代的以个性化和创新化为特征的市场需求更加难以预测，生产技术高度灵活，“持续创新与柔性制造”高调表现，智能化生产带来了工作过程去分工化、人才结构去分层化和高移化、技能操作高端化、工作方式研究化、服务生产一体化及技术创新的个体化。这些变化将改变从业者的工作状态与知能结构，将专业和技术人员置于更加突出的地位，更加强调员工个体的综合生产能力与知识创新潜力的挖掘。旅游高职教育为社会经济服务，需要感知时代的巨大变化，并在变化中寻找策略，以具有精湛技艺、创新能力、工匠精神特点的高技能人才作为培养目标。这一目标的确定，决定了职业教育人才培养模式变革的必要性与紧迫性。

（三）产教融合发展空间与潜力凸显

旅游职业教育与产业发展密切相关。首先，产业结构的变化是高职专业建设的依据。高职的专业设置必须符合产业发展方向，高职的重点专业建设、特色专业建设、传统专业的改造等，都必须紧随产业结构的升级、经济结构的变化、区域市场需求的变化及时调整和变更，同时要加深和拓宽高职教育培训的广度和深度，让其满足区域经济中新兴、高端行业的需求。有效服从和服务于新兴产业和高端产业。其次，产业人才需求是高职教育发展的内生动力。产业经济增长速度较快，企业投资规模扩张，人才需求就旺盛，毕业生就业率就会升高，反之，则会降低，产业经济人才需求是高职毕业生的就业保障，是高职教育发展的内生动力。通过以上分析，可见产业发展对高职教育的发展有着至关重要的影响作用。

《国家中长期教育改革和发展规划纲要 2010—2020 年）》提出，坚持产教融合发展，走开放融合、改革创新的中国特色现代职业教育体系建设道路，推动职业教育融入经济社会发展和改革开放的全过程。党的十八届三中全会强调：“加快现代职业教育体系建设，深化产教融合、校企合作，培养高素质劳动者和技能型人才。”国务院《关于加快发展现代职业教育的决定》明确提出“加快现代职业教育体系建设，深化产教融合、校企合作，培养数以亿计的高素质劳动者和技术技能人才”。到 2020 年，形成适应发展需求、产教深度融合、中职高职衔接、职业教育与普通教育相互沟通，体现终身教育理念，具有中国特色、世界水平的现代职业教育体系。”[①]建设以产教深度融合为导向的现代职业教育体系已经成为我国职业教育改革发展的根本目标。只有推动产教融合，加速大学以主动融入为特征的改革进程，为“中国制造”提供强有力的人才和技术支撑，才能培养未来人才。

（四）旅游职业教育与区域经济发展的协同性将继续增强

经济基础决定高职教育的水平，经济结构决定高职教育的专业和内容。高职教育总的培养目标，就是以就业为导向，为地方经济发展培养生产、管理、服务一线的高技能型人才。因此，与普通教育相比，地方经济与职业教育的关系更为密切。高职院校的专业设置、人才培养规格要求适应地方经济发展的需求，也需要高职院校科学预测当地人才需求，才能成为服务一方经济的主力军。

高职教育社会服务的内容主要包括技术服务、科研服务及文化服务。旅游高职教育通过向区域内旅游行业、企业输送生产、服务、管理第一线需要的实用人才，促进知识技术转化为旅游生产力，促进旅游新技术的创新、推广和服务，传播和辐射先进文化，从而实现社会服务功能。随着旅游高职教育改革的不断深入和推进，其人才培养过程更多地吸收企业参与，人才培养质量逐渐能与区域内企业需求顺利对接。在今后的发展过程中，旅游高职教育与区域经济的黏合度将会更高，旅游高职教育是实现旅游高职人才培养目标的载体和有效途径，是区域经济发展需求与教学工作紧密结合的纽带。旅游高职教育必须基于动态分析和把握区域旅游经济发展变化的趋势，根据区域旅游经济结构、产业结构和劳动力结构，进行既能适应区域旅游经济发展规律又符合教育规律的专业建设，设置与区域旅游经济社会发展、企业需求相匹配的重点专业、特色专业和新兴专业，使旅游高职教育的人才培养模式、人才培养目标、社会服务功能充分满足区域经济发展需要，使旅游高职教育培养的综合技术型人才成为区域旅游经济发展的主力军，成为区域旅游经济产业结构优化的中流砥柱，成为区域旅游经济发展不可或缺的智力支持。

回顾过去，2016 年的中国旅游高等职业教育发生了深刻变革，取得了长足的进展。展望未来，在国家大力发展旅游业和职业教育的大背景下，通过所有有关院校和全体业界同人的共同努力，中国旅游高等职业教育一定会抓住难得的机遇，正确应对挑战，取得更加辉煌的成就。

（本报告由山东旅游职业学院课题组完成，作者：刘海玲、刘正华、刘萍）

① 庄西真.了不起的“工匠精神”[J].职教论坛，2016(10)：1.

中国旅游中等职业教育年度报告

根据教育部发布的《中国职业教育发展情况介绍》称:目前全国职业院校共开设近千个专业、近10万个专业点。中职毕业生就业率连续10年保持在95%以上,高职毕业生半年后就业率超过90%。职业院校毕业生成为支撑中小企业集聚发展、区域产业迈向中高端的生力军。与此相应的是,我国旅游中等职业教育也快速发展,培养了大批技术技能型人才和管理服务型人才,为提高旅游从业人员素质、推动旅游经济发展和促进旅游就业做出了重要贡献。但同时也要看到,当前旅游中等职业教育与旅游业发展要求还有一定差距,专业布局和结构不尽合理,校企合作不够深入,国际化水平不高,办学保障有待加强,质量有待提高。因此,推动旅游中职教育持续、稳定发展任重而道远。

一、总体情况

(一)发展背景

近年来,伴随着我国旅游业的快速发展,中国旅游中职教育也迎来了发展的春天。国务院在2016年12月7日印发的第70号文《"十三五"旅游业发展规划》中明确指出:要"将旅游人才队伍建设纳入地方重点人才支持计划",要"加强对旅游职业教育改革发展的统筹指导和综合保障,加快建立适应旅游产业发展需求、产教深度融合、中高职有机衔接、布局结构更加合理的现代旅游职业教育体系"。由此可以看出,国家已经认识到旅游职业教育的重大作用,其中的旅游中职教育也正扮演着重要的角色。旅游中职学校开设的旅游相关专业,对我国旅游业的发展贡献了积极的力量,为旅游市场培养和输送了大批的优秀人才。但同时,旅游中职教育教学还存在一些不足之处,主要表现在:专业培养目标模糊,与旅游市场衔接不足;实践教学重视不够,效果有待提高;师资水平有待提高,"双师型"教师数量有限;资金投入不足等。旅游中职教育界也普遍认识到存在的问题,正不断地抓住发展的契机。很多旅游中职学校正积极地改变教育理念,改善教学环境,努力提升自身的教学水平,提高教育质量,努力为社会提供更多的合格旅游人才。

(二)发展现状

1.总体规模

2016年,全国开设旅游类专业的中等职业学校924所,比上年度增加135所,相对于之前的回落,有较大涨幅,与2014年基本持平(见图1)。

2016 年，中职旅游类相关专业全国共招生 10.4 万人，毕业 8 万人，在校 23.2 万人。数据较上年度有回升，招生比 2015 年增加了 1.1 万人，在校生规模比 2015 年增加 0.6 万人(见图 2)。

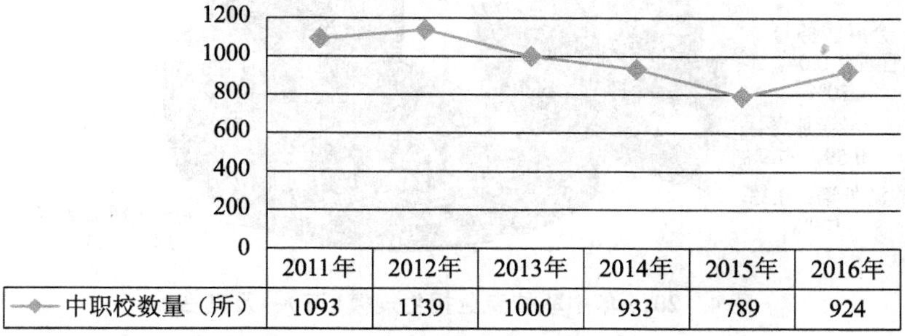

图 1　2011—2016 旅游中职校数量(所)

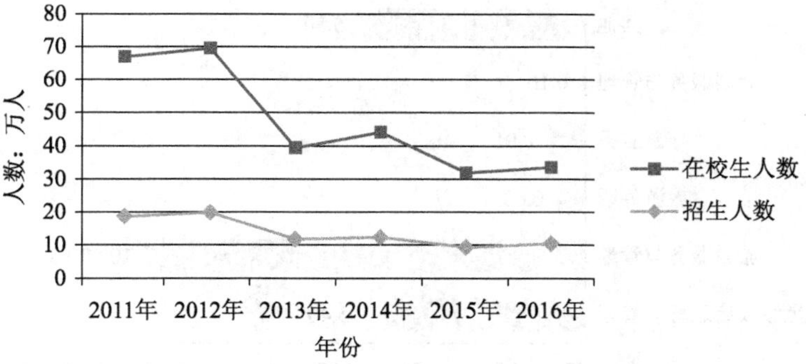

图 2　2011—2016 旅游中职校招生及在校生规模(万人)

2.专业分布

2016 年，高星级饭店运营与管理专业全国共招生 2.0 万人，毕业 1.7 万人，在校 5.4 万人。旅游服务与管理专业全国共招生 4.6 万人，毕业 3.4 万人，在校 10.6 万人。旅游外语专业全国共招生 3279 人，毕业 3832 人，在校 6778 人。导游服务专业全国共招生 5886 人，毕业 5700 人，在校 9120 人。会展服务与管理专业全国共招生 440 人，毕业 387 人，在校 1003 人。其他旅游类专业全国共招生 2.8 万人，毕业 1.8 万人，在校 5.5 万人。总体而言，各专业占比情况与 2015 相比没有太大变化(见图 3、图 4)。

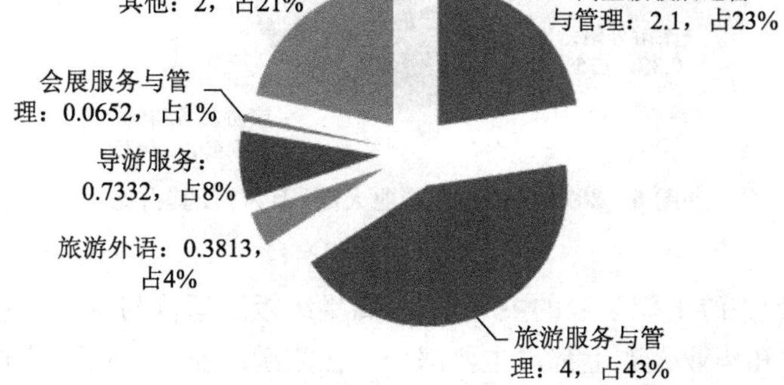

图 3　2015 年中职校专业招生规模(万人)及其占比

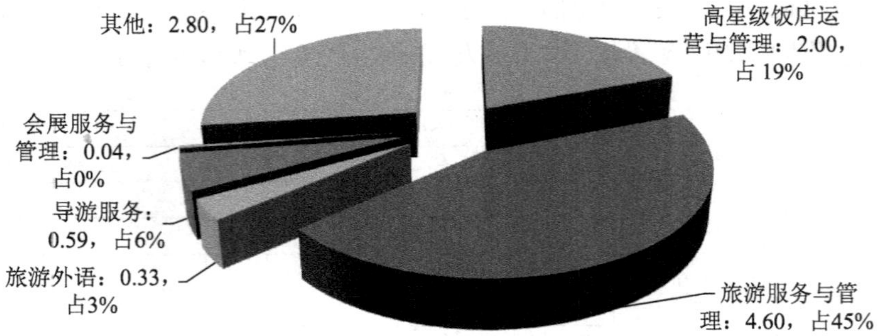

图 4　2016 年中职校专业招生规模（万人）及其占比

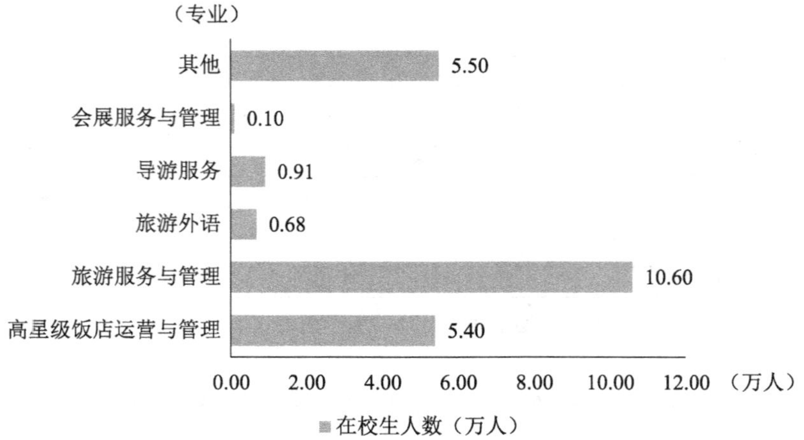

图 5　2016 年各专业在校生人数

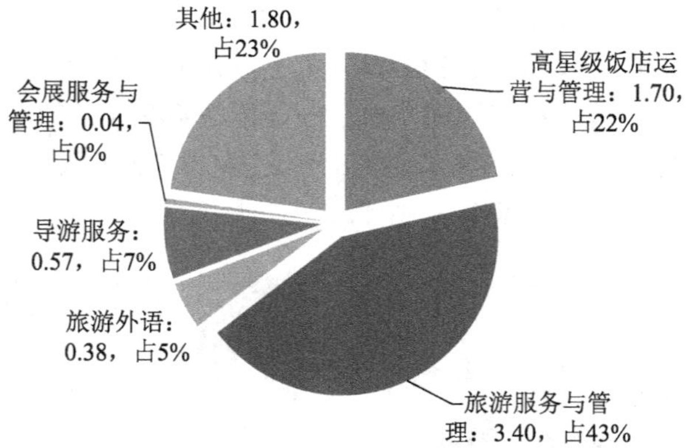

图 6　2016 年各专业毕业人数（万人）及其占比

可以看出，作为旅游中职学校的主干专业，高星级饭店运营与管理专业和旅游服务与管理专业在招生人数和毕业人数上都占主要部分。在旅游产业“扩内需、稳增长、增就业、减贫困、惠民生”中发挥了独特作用上，旅游中等职业教育做出了积极的贡献。

3.生源质量

十多年前,旅游中职学校和旅游相关专业还是“香饽饽”,所以“招生难”问题还不是那么显著。近些年来,由于中职学校招生体制、政策的影响和家长、学生观念的变化,以及旅游行业就业环境的影响,旅游中职学校生源质量下滑是不争的事实。旅游中职学生大面积地厌学、弃学、旷课、退学等现象屡见不鲜。主要体现在:一是生源思想品德较差。相当部分家庭父母感情不和,教养不当,学生入学前的行为习惯、学习动机、个性心理等方面存在不少缺点。这些不良因素直接影响了校风、班风、学风。二是行为习惯较差。旅游中职生大多为十五六岁的年龄,在家里受到娇惯,兴趣广泛,同时又个性张扬、逆反,这些都影响到生源的质量。三是学习积极性不高。旅游中职学生大多在中学时学习成绩不好,升学无望。在入校前就对不及格、受批评习以为常,迫于家长的压力和自身实际情况的压力,而选择旅游中职学校就读,以达到就业的目的。因此,他们缺乏学习信心,学习积极性普遍不高,但同时,他们思维比较活跃,愿意接受新鲜事物。

4.过程质量

当前,随着职业教育和旅游业的发展,旅游中职教育的办学理念、师资力量、财政投入、教材、专业设置、教学实践与实践实训等方面虽然有了改观,但是在这些方面仍然存在诸多问题,严重制约了旅游中职教育质量的进一步提高。表现在:一是办学理念陈旧。一些旅游中职学校仍停留在重当前功利,轻长远利益的急功近利的发展观上,重数量轻质量、重视经济效益轻社会效益、重理论轻实践,造成培养人才与社会、行业需要相脱节的情况,影响了旅游中职教育的质量。二是师资力量薄弱。生师比差较大,引进人才较困难,教师素质水平有待提高,“双师型”的教师数量偏低,实践能力有待加强;高素质人才相对较缺乏,本科以上学历的教师比重不高,研究生学历的教师更少。三是投入不足,尤其是财政投入不足。这直接导致专业设施配备无法适应新技术发展的需求,学习条件差,不能满足学生实验、实践的需要,专业建设步履缓慢,从而影响到旅游中职学校的长远发展。四是教材建设未能与时俱进,滞后于旅游产业发展。五是专业设置不合理。一些旅游中职学校不考虑自身实际,盲目开设一些所谓热门专业,造成教育资源的浪费。一些学校仍然保留已不能适应新形势、新时代培养人才要求的传统旧专业,缺乏相应吸引力。六是教学实验、实训条件落后,影响到旅游中职生的专业技能和实践能力的提高。以上存在的问题都需要在教育教学过程中予以克服、改善和提高。

5.结果质量

2016年,旅游中职教育能按照教育规律办学,适应学生素质、技能提高的要求,以促进就业、服务旅游产业发展为宗旨,在理论学习、专业学习、实习实训、校园文化与社团活动、校园安全、毕业生就业等方面总体保持较好的水平。旅游中职学校能够科学确定人才培养规格和专业培养目标,制订专业培养方案,重构课程体系和确定课程标准,遵循学生的认知规律及职业成长规律,真正形成融合学生人文素养、专业知识、职业技能、职业态度和职业素养的培养体系。其中包含通过校内实训、校外实训和顶岗实习递进式的系统的专业实践教学体系,积极进行现代学徒制试点,实现高技能人才培养。同时,旅游中职学校能够与旅游企事业紧密结合,设计旅游企事业发展所需要的课程,通过课程中的项目任务锻炼学生的职业能力和学习、工作迁移能力，切实为产业发展和社会需要服务。正是如此，总体来看，全国旅游中职学校毕业生受到用人单位的好评，并保持较高的就业水平，大多数专业就业率在 90% 以上。

6.服务社会质量

旅游中职教育以服务旅游产业发展为宗旨，以培养较高素质的技术技能人才为目标，以促进就业为导向，注重学校的品质、内涵、特色、创新发展，突出创新驱动，着力培养学生综合职业能力和就业竞争力，在服务社会质量上得到稳步提高。一是学校与旅游行业、企业积极开展订单式人才培养，为企业培训和输送了大批技能型人才，成为旅游行业人才培养、培训基地。二是旅游中职学校高度重视技术应用与智力服务工作。旅游专业师资和实训基地对社会各界开放，开展对旅游行业的管理、技术服务和送培下乡，提升服务社会民生和区域经济发展的能力。积极开展为旅游企事业单位服务工作和产学研工作，为农村劳动力转移培训、旅游企事业单位在职员工培训和旅游管理、服务水平提升培训等做出积极的贡献。三是积极发挥职业技能鉴定的服务功能，为本地区酒店业、餐饮业等提供职业技能鉴定，为旅游企业培训合格员工。旅游中职学校还充分发挥自身特色，积极开展对口支援帮扶工作，利用自身教学资源和智力优势，为贫困地区旅游业发展服务，以增强当地脱贫致富的自我“造血”功能。

二、面临的主要问题及对策

（一）产教融合发展受到制约

教育部颁发的《关于深化职业教育教学改革全面提高人才培养质量的若干意见》，突出强调要坚持产教融合，并设专章提出推进产教融合的具体工作要求。当前旅游中等职业教育产教融合、校企合作中还存在着政府主导职能不强、行业指导能力薄弱、企业主体作用缺失、学校育人机制不完善等瓶颈问题。在产教融合方面，旅游中职教育目标、教育理念、课程设置、教育方法等方面存在与旅游产业发展不相适应的情况。旅游中等职业学校人才目标的定位上普遍存在偏高和偏杂的现象，既要处理好培养目标定位为一线服务岗位和基层管理人员与培养管理人才之间的关系，又要处理好管理型人才和技能型人才培养之间的关系。在课程设置上，既要增强旅游产业性课程的设置比重，增加特色专业技能课，使学生能够一专多能，以适应产业发展，拓宽毕业生就业范围，又要引导旅游中职学校“紧贴市场、紧贴产业、紧贴职业科学合理设置专业，围绕区域产业转型升级，努力形成与区域产业分布形态相适应的专业布局”，同时在课程建设层面强调“对接最新职业标准、行业标准和岗位规范，紧贴岗位实际工作过程，调整课程结构，更新课程内容，深化多种模式的课程改革”。这将进一步提高旅游中职学校人才培养工作的针对性，增强其服务旅游产业发展和地方经济的能力。

（二）服务地方经济急需突破

为保证旅游中职学校的教育教学质量，要培育和建立与产业发展相匹配的区域性品牌专业，以结合本区域旅游产业发展实际，形成主次分明、优势突出的专业集群，以达到每个专业对接区域旅游产业相应环节，从而带动区域经济发展。但应看到，目前，由于旅游中职学校办学时间普遍不长，而且因社会评价、政府投入等多方面因素影响，虽然在服务地方经济社会和旅游产业发展上发挥了积极作用，但与国家对旅游中职学校办学功能的预期及区域发展对旅游中职学校的要求相比，仍然有较大差距。旅游中职教育适应区域经济发展的趋势，既要把握现在，又要把目光投向未来，使办学与市场需求相衔接，切实发挥旅游中职教育服务地方经济的功能。学校要转变办学观念，主动出击，与旅游企事业单位建立广泛和深入的联系，根据他们的需求及预测分析确定专业设置、培养目标和教学内容，与用人单位签订培养合同，实行“订单教育”，按照旅游企事业单位的要求进行教育、培训，形成稳定的校企关系和就业渠道。同时，旅游中等职业教育要积极融入市场，建设品牌专业，全面提高教育教学质量和办学水平，培养面向市场的高素质劳动者和专门人才，增强服务区域经济建设和社会发展的能力。

（三）毕业生行业内稳定率有待提升

由于中职旅游教育的学生毕业后大多投身于旅游行业从事实践工作，容易出现低端旅游人才泛滥，中高端旅游人才匮乏的尴尬局面。社会上的偏见和歧视也影响到中职教育的学生在行业内就业的热情。在社会的人才观念中，轻视职业教育和服务行业的心态仍然存在，学历崇拜、轻视技能在很多单位的招聘中并不鲜见。一些人不愿意从事“劳力者”的职业。一些地方政府更关注普通教育或高职教育。所有这些，都导致了旅游中职毕业生社会地位较低，中等职业教育的吸引力不强。再加上旅游中职毕业生在旅游企事业单位中的竞争力不强，以致升迁不易，导致旅游人才纷纷跳槽或转行，形成旅游中职教育资源的巨大浪费。这种现状直接影响到毕业生在旅游行业内的就业难以稳定，并形成恶性循环。

（四）创新创业教育任重道远

早在 2008 年，国家教育部就下发了《关于进一步深化中等职业教育教学改革的若干意见》，要求中职学校在职业生涯教育和职业指导中加强创业教育，突出对学生创业精神、创业意识和创业实践能力的培养。至此，中职学生的创新创业教育在社会上引起了广泛的关注。据相关调查显示，学历并没有成为中国百姓创业的门槛，不同学历的人都有着创业的愿望。值得注意的是，学历越高创业意愿反而越低，本科及以上学历的受访者有创业意愿的只占 18.3%，中学及中专学历的受访者是创业愿望最强的群体，有创业意愿的达到 41%。因此，中职生的创业教育不应该成为被遗忘的角落。中职学校必须有所作为。与普通中学生相比，中职生是有专业的。他们有专业意识，知道自己的未来会与专业为伴、靠专业谋生。因此，围绕专业开展的各种学习和活动，是他们愿意接受的。但是，目前旅游中职教育在创新创业教育建设水平上还相对落后。现阶段，旅游中职教育模式仍存在“重理论、轻实践，重课堂、轻课外”的倾向。实训课程与企业实践接轨不紧密，一旦到了工作岗位，一些工作内容都得从头学起。学校虽有校企合作模式，但合作模式并不健全，学生的实践岗位操作能力还有待提高，这不利于学生进行岗位创新、技术创业。另外，旅游中职学校大多数还没有开设创新创业课程。即使有个别学校开设了，却缺乏有效结合旅游专业的现状和特色开展有效、有机的教学。对于学生来说，不只是要学习课程，更重要的是该课程对学生毕业后创新创业所具有的使用性和实效性，真正做到创新创业课程与专业、学科、实践等方面的有效结合。

三、未来的发展趋势

（一）专业建设进入结构优化期

随着旅游产业的快速发展，行业对高素质技能型人才的需求日益旺盛。因此，要适应形势的需要，调整优化旅游中职学校专业结构，培养和旅游企业接轨的人才；要结合产业发展、旅游企业需要灵活设置中等职业学校专业，形成结构优化、布局合理、覆盖面广、特色鲜明的专业体系，增强旅游中等职业教育服务产业化、信息化、城镇化和农村现代化的能力；要确定和强化旅游中职教育的重点专业，推动学校专业布局结构调整优化，选择一批基础条件好、特色鲜明、就业质量高、在产学结合等方面优势突出的旅游中职教育专业进行重点建设。针对地方经济发展方向和趋势，及时调整旅游中职教育专业结构和专业课程，采取“中、长、短”相结合的办法，吸引学生选择，满足学生的个性特长需求。

（二）办学类型进入日益丰富期

在当今教育市场中，中等职业教育学校的办学类型日益丰富。按中等职业学校的性质可以分为普通中专学校、成人中专学校、职业高中学校等；按其举办主体分为中央部门、地方部门（教育部门、非教育部门）、民办等类型；按其培养目标可以分为技术型、就业型、“成人托儿型”和升学型；按招收学生的地域可划分为城镇型、农村型；从学生的经济状况可划分为小康型、温饱型、贫困型。从不同的角度可以有不同的划分，再将这些类型组合，就形成自己的办学类型。同理，旅游中职学校也存在不同的类型，例如，烹饪职业学校属于技能型，而旅游中职学校的办学类型则不同。其相应的在专业设置、培养目标、课程设置、教学组织等方面存在较大的差异。

（三）实践教学进入加速成熟期

目前，中等旅游职业教育的定位仍趋向于主要培养学生成为技术型、服务型的员工和基层管理者。培养的学生是否能够适应社会、满足旅游产业发展的需求是衡量旅游中职教育的一种标准，因此，实践教学备受重视。不能搞好实践教学，学生在校期间不能掌握专业的一两项关键技能，就很难满足旅游企业对各岗位职业技能的要求，在这种新的形势下，提高学生的职业技能就是提高就业竞争能力的保障。要提高旅游中职学生的职业技能，关键就是提高实践教学质量，在实践教学管理、实践教学基地建设、提高实践动手能力、加强实践课教学质量的评估等方面进行努力。

（四）行业指导进入逐渐强化期

旅游中职教育的一个明显的发展趋势，是行业指导不断得到强化，各种行业指导组织机构如雨后春笋。如，全国旅游职业教育教学指导委员会下辖十余个分委员会，积极地指导各项工作，取得了良好成效。职业教育的功能定位，决定了它必须密切联系行业企业，实行产教结合、校企合作的办学模式。行业是连接教育与产业的桥梁和纽带，在促进产教结合，密切教育与产业的联系，确保职业教育发展规划、教育内容、培养规格、人才供给适应产业发展实际需求等方面发挥着不可替代的作用。构建我国现代旅游职业教育体系，离不开旅游职业教育教学指导委员会（以下简称“旅游行指委”）的指导。旅游行指委对调动旅游行业、企业积极性，推进产教结合起到了积极的推动作用，取得了显著成效。近些年来，旅游行指委领导相关机构，紧紧围绕旅游职业教育中心工作，团结带领旅游行业、企业、职业院校、科研单位及有关专家，积极发挥研究咨询和指导服务作用，大力推进政府主导、行业指导、企业参与的办学机制建设，在加强自身建设、推进教育教学改革、推动产教融合等方面不断探索和实践，为推动我国旅游职业教育科学发展做出了积极贡献。因此，加强旅游行业指导，是推进旅游中职教育办学机制改革的关键环节，是提高旅游职业教育，服务经济发展方式，转变能力的必然要求。

（五）信息化建设进入成效初显期

为贯彻落实教育部《关于加快推进职业教育信息化发展的意见》（教职成〔2012〕5 号）文件精神，近些年来，全国旅游中等职业教育信息化建设工作取得了明显成效，学校校园网建设不断完善、使用效果不断提高，互联网接入率持续增加，数字化教育教学资源日益丰富，教学与管理的信息化应用逐步拓展，对旅游职业教育攻坚工作和中等旅游职业学校的改革发展起到了积极作用。各级教育行政部门、各旅游中等职业学校要继续增强加快旅游中等职业教育信息化建设工作的紧迫感和责任感，深化对教育信息化重要性的认识，转变思想观念，把信息化建设作为旅游职业教育基础能力建设的重要任务，加快信息化基础设施建设，推进数字化教育教学资源开发与应用，引导网络学习空间建设，提高中等职业教育信息化管理水平，提升中等职业学校教师的信息技术应用能力，提高中等职业学校学生信息技术应用水平，建立健全促进信息化建设的体制机制，形成推动信息化建设的工作环境。

四、结语

旅游业的高速发展离不开旅游职业教育的发展，同时，旅游业的大发展为旅游职业教育的发展提供了难得的机遇。而只有真正顺应旅游业发展潮流、市场行情的旅游中职教育，才能培养符合市场需求的、综合职业能力较高的旅游业服务、管理人才。因此，提高旅游中职教育的质量和水平，不断挖掘旅游中职教育自身的潜力，走富有特色的办学之路，立足于服务地方经济，立足于培养旅游业的合格从业人才，立足于不断进取、改革、创新，是旅游中职教育发展的方向。

（本报告由四川省旅游学校课题组完成，作者：刘延超、张宏敏）

中国旅游职业教育理论研究年度报告

2016 年,是全面完成“十三五”规划的开局之年,也是中国旅游职业教育蓬勃发展的重要一年。在这一年里,旅游职业教育理论创新的力度和服务教育改革发展的水平显著提高,相关教育科研的新成果不断涌现。本报告尝试从不同的角度对 2016 年中国旅游职业教育理论研究的总体情况进行分析,既包含论文和项目的分析,也有对研究热点的分析,并根据旅游业的发展对中国旅游职业教育研究进行展望。

一、研究综述

2016 年,旅游职业教育的理论体系不断完善,科研成果也日渐丰富。本部分将通过文献检索等多种方式,对 2016 年的论文和项目进行分析,力图多层次、多角度、较全面地呈现 2016 年中国旅游职业教育科学研究的全貌。

(一)研究论文分析

本研究以较为权威的中国知网数据库为主要搜索平台,以“旅游、酒店、景区、导游、旅行社、会展”等词语作为主题,以“职业”为关键词作为作者单位或以“职业教育”为关键词开展模糊搜索。结果显示:2016 年,中国旅游职业教育理论研究相关文章总计 5780 篇,具体分类见表 1。

表 1　2016 年中国旅游职业教育论文统计

主题	总量	期刊	硕博	会议	报纸
旅游	3623	3502	86	22	13
酒店	898	868	20	8	2
景区	435	422	12	1	0
导游	348	332	9	3	4
旅行社	156	149	6	1	0
会展	208	204	0	2	2
休闲服务	112	57	47	4	4
总计	5780	5534	180	41	25

数据来源:课题组根据知网数据整理。

1.研究成果分析

(1)研究对象分析。在对中国知网中旅游职业教育研究相关文章进行分析后发现,以“旅游(或旅游管理、酒店、景区、导游、旅行社、会展)+高职(高等职业)”,“旅游+中职(中等职业)”为主题进行模糊搜索,结果显示:相关论文为2586篇。其中中职教育为527篇,占论文总数的20.4%;其次高职教育类的文章为2054篇,占比79.4%;再次是高职本科(3-2贯通)一共为5篇,占比为0.2%(见图1)。

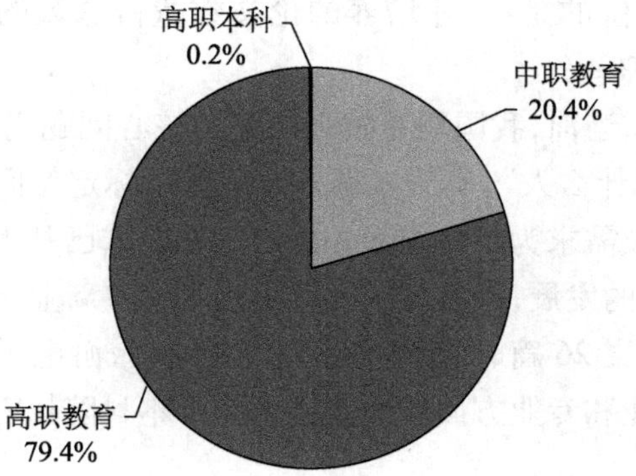

图1　旅游职业教育研究对象分析

(资料来源:课题组搜集整理)

从分析数据可以看出,在当前对旅游职业教育的科学研究中,高职教育是研究的焦点和重点,而由于目前设置高职本科(包括3+2贯通)的院校相对较少,在此方面的职业教育研究还是略为薄弱,中职教育随着规模的萎缩,加上培养目标更加注重技能而相对应的研究也有所减少。

(2)研究专业分析。在分专业的研究中,在知网中按照“旅游管理+高职(中职或高职本科)”主题搜索有文章458篇、酒店(饭店)管理专业526篇,导游专业237篇,景区专业54篇,旅行社专业60篇,会展专业73篇,休闲服务与管理(包括高尔夫和SPA)21篇(见图2)。

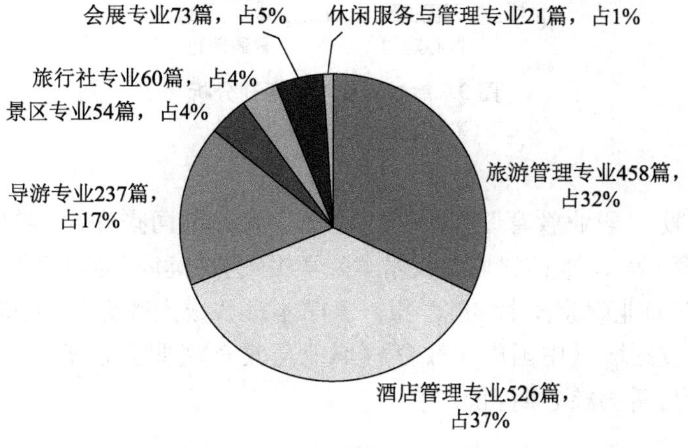

图2　旅游职业教育研究专业分析

(资料来源:课题组搜集整理)

从分析结果中可以看出，针对旅游职业教育的研究仍多数集中在三大老牌专业——旅游管理、酒店管理和导游专业上；旅行社专业因为和导游专业在一定程度上存在着交叉，因此数量相对较少；景区专业和会展专业齐头并进，还需不断发展；休闲服务与管理专业作为近年来的新兴专业，其研究也取得了一定程度的突破。

(3)研究方向分析。在对旅游职业教育相关文章进行进一步分析后可以发现，这些文章多围绕人才培养、教学模式、教学方法、评价体系、师资建设、校企合作和学生职业素养等几方面展开。其中排在前三位的是：人才培养的论文数量占总数的 10.9%；教学模式占比为 10.7%；校企合作占比为 6%。

从这个结果可以看出，当前，我国职业教育研究的核心问题仍然是“培养什么人”和“如何培养人”的问题。“培养什么人”，实质就是人才培养目标定位问题，虽然不同学校的具体要求不尽相同，但基于企业需求为导向的人才需求培养模式已基本成为共识。

近年来随着全域旅游的发展，旅游相关行业出现了一些新业态，与此相关的研究也日渐增多，如，邮轮乘务发表论文 26 篇、民宿发表论文 28 篇、旅游电子商务 32 篇等。但可以看出，旅游职业教育对于行业和专业方面的研究还落后于本科院校，这也与不同阶段学校的培养目标有关。

2.旅游相关专业学术期刊分析

通过在国家新闻出版总局网站上以“旅游”为关键词查询，可以发现目前我国正式出版的旅游专业相关期刊有《中国国家旅游》《旅游论坛》《旅游世界》等 26 本。其中北大中文核心期刊有《旅游学刊》《旅游科学》两本，且均为 CSSCI 中文社会科学引文索引来源期刊。

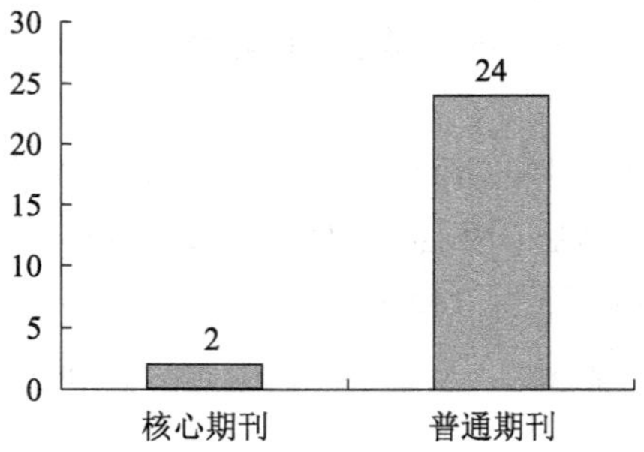

图 3　旅游专业学术期刊分析

（资料来源：课题组搜集整理）

再分别以“职教”“职业教育”“职业技术教育”为关键词查询，得到相关期刊《职教论坛》《职业技术教育》等 21 本；以“职业技术学院学报”为关键词，得到相关期刊《四川职业技术学院学报》《山东商业职业技术学院学报》等 47 本；以“成人教育”为关键词查询，结果为 7 本。其中仅有《职教论坛》《中国成人教育》《职业与教育》《职业技术教育》《中国职业技术教育》和《成人教育》等为核心期刊。

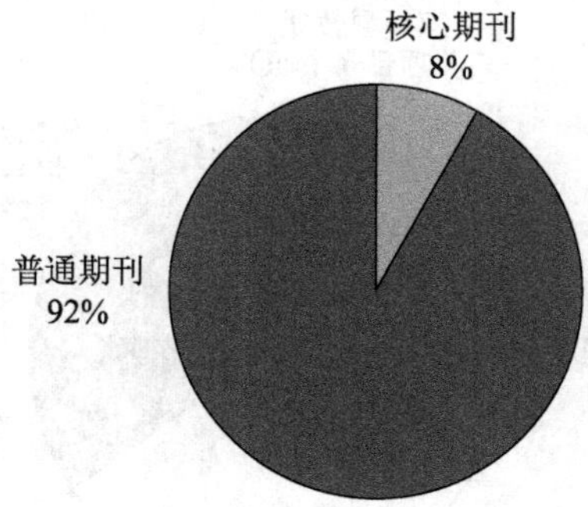

图4　职教相关学术期刊分析

（资料来源：课题组搜集整理）

通过对桂林旅游学院（桂林旅游高等专科学校）、上海师范大学旅游学院（上海旅游专科学校）、浙江旅游职业学院、山东旅游职业学院、南京旅游职业学院、山西旅游职业学院、太原旅游职业学院、河北旅游职业学院和郑州旅游职业学院共9所旅游类院校为样本进行相关论文统计。

结果显示：9所院校2016年共发表期刊类论文1135篇，其中数量上排前三位的是：浙江旅游职业学院（260篇），郑州旅游职业学院（225篇）和桂林旅游学院（172篇）。9所院校2016年共发表中文核心期刊（EI或CSSCI）共302篇，排前三位的是：郑州旅游职业学院（138篇），浙江旅游职业学院（43篇）和河北旅游职业学院（36篇）。这说明2016年旅游类相关院校发表学术期刊数量有所增加，但其中大多数均为普通期刊，核心期刊的数量有待增加。

（二）研究项目分析

项目组在查阅了教育部、全国哲学社会科学规划办公室、国家旅游局等相关网站基础上，搜集、整理研究项目的数据，并尝试进行分析。

1.项目类型分析

（1）国家社科基金项目及青年项目。2016年国家社科基金项目立项共2858项，青年项目共立项1061项。其中涉及旅游业的有44项，比2015年增加了15项，共涵盖了应用经济学、管理学、民族问题研究、体育学等学科。遗憾的是，高职院校没有项目立项，在旅游领域的研究中，本科院校仍处于领头地位，高职院校存在巨大的上升空间。桂林旅游学院2项国家社科基金成为传统旅游类院校的代表。

（2）国家旅游局“万名旅游英才计划”。2016年国家旅游局“万名旅游英才计划”共立项863项，分别是：“研究型英才培养项目”201项、“创新创业型英才培养项目”98项、“实践服务型英才培养项目”288项、“双师型教师培养项目（高职）”198项、“双师型教师培养项目（中职）”76项。

国家旅游局“万名旅游英才计划”既有研究型项目，又有应用型项目，还有学生研究项目的参与，将会对我国旅游业的理论研究和产业发展起到推动作用。

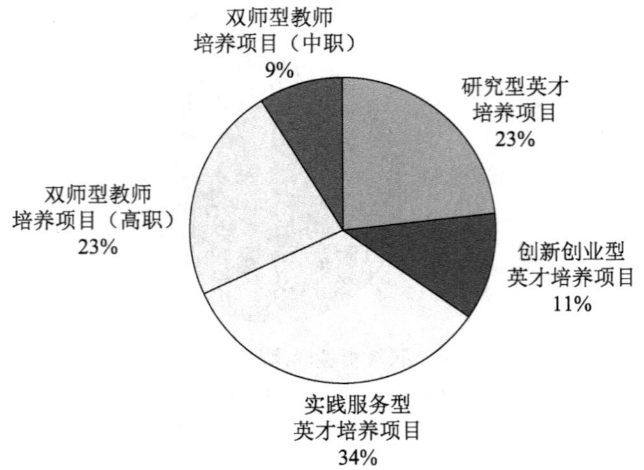

图 5　2016 国家旅游局“万名旅游英才计划”①

（3）国家旅游局科研立项。2016 年国家旅游局科研立项课题共计 28 项。其中重点项目 8 项、面上项目 20 项。立项的依托单位以南开大学、中山大学和中国旅游研究院等传统本科院校和研究院为主。山东旅游职业学院魏凯主持的《全域化视角下县域旅游模式创新发展研究——以山东省沂南县为例》作为唯一来源于职业院校的重点课题立项，其余均为本科院校和研究院，说明在旅游研究前沿领域中，本科院校仍然具有无可比拟的优势。

2.研究方向分析

（1）国家社科基金项目和国家社科基金青年项目中，旅游类研究项目一共立项 44 项，大多围绕机制研究、基础理论研究、途径研究等开展，覆盖面以全国或区域为主，较少有对某一具体现象或某一城市的研究。

（2）国家旅游局的项目更加注重对新业态和旅游教育的研究。“万名旅游英才计划”中，“研究型英才培养项目”侧重于理论研究；“双师型教师培养项目”主要对某一课程进行开发、建设研究，这一项目的研究以高职院校居多，这样既服务了旅游产业的发展，又锻炼了学生为其将来进入工作岗位奠定了良好的基础。

二、研究热点分析

（一）研究热点分析

1.研究论文热点分析

（1）人才培养方面。学者们对人才培养的研究主要集中在人才培养模式及其构建研究、人才培养模式的国际化比较及人才质量提升等几个方面。

在人才培养模式及其构建方面，谷静在《以供给侧改革推进江苏旅游人才培养的质量提升》②认为，作为供给方的职业教育，在经济的供给侧改革中承担着为行业、企业培养适应旅

① 资料来源：中华人民共和国国家旅游局。

② 谷静. 以供给侧改革推进江苏旅游人才培养的质量提升[J]. 中国商论，2016(21).

游产业发展需求的高素质技能型和管理服务型人才的重任。面对当前旅游院校供给侧对需求侧变化的适应性调整明显滞后的现状,需要在适度扩大总需求的同时,加速推进供给侧的结构性改革,用改革的办法矫正供需结构错配,促进人才流动和优化专业配置,以达到更高水平的供需平衡,实施创新的、有效的、精准的教育供给,为区域旅游经济的发展提供人才保障。还有不少学者分别就构建"淡旺交替、工学结合"式,"现代学徒制"式,"订单式","学生主体、任务驱动",PPE(philosophic practitioner education)等人才培养模式进行了分析和探索。

在人才培养模式的国际化方面,陈欣胡在《高职国际化旅游人才培养对策研究》①中从培养目标、培养途径和保障机制三个方面提出了培养国际化旅游人才的对策。曹艳芬在《全球视野下高职酒店管理专业国际化人才培养路径研究》②中认为可以从国际化的培养目标、国际化的课程设置、国际化的师资队伍、国际化的教学环境和国际化的交流合作5个途径进行人才培养。

在人才质量提升方面,有学者提出了基于"职业技能大赛"平台,注重学生技能培养,坚持以就业为导向的方针,进行人才培养方案的改革和课程优化。还有许多学者提出,从"智慧化旅游""校园文化""能力本位"等方面进行旅游人才培养。

(2)课程建设方面。学者们对于旅游职业教育课程建设方面的研究,主要体现在课程体系设计、课程改革及中高职课程衔接等方面。

在课程体系方面,方磊③介绍了在就业岗位能力要求分析的基础上,对专业能力与知识进行分解与重构,按照"整合、分解、增加、合并、压缩"的思路对课程结构进行优化,同时调整开课计划,对部分内容交错的课程采取"专题讲座"的方式开设,以适应学生的个性发展和市场变化。

在课程改革方面,曹华、盛南海、杨永丰等认为,旅游职业课程应注重人才培养的"三性":深化课程改革,提升课程有效性;改革实践教学,强化专业与教学技能培养等。崔莹提出,旅游应用型人才培养模式的具体路径应以岗位设置和能力分析为基础,构建人才培养的课程体系,采取灵活的教学方式与手段,并构建岗位驱动的实践教学模式。

在课程衔接方面,张红英、沈苏林和丁宗胜在《中高职衔接课程体系的构建与实践——以旅游管理专业为例》④一文中指出,实现中高职衔接的落脚点,要按旅游企业调研、岗位及任务分析、人才培养规格和课程体系框架的顺序,结合层次化、模块化的要求,构建以基础素能、核心素能和拓展素能三大模块为中心的中高职衔接课程体系。还有学者提出:对口中高职院校一体化设计、统筹制定对口专业中高职理论知识和技能训练课程衔接贯通教学体系,以避免中高职课程的重复,从而体现课程之间的层次性与递进性。

(3)教学方法方面。在教学方法方面,孙静在《参与式教学方法在高职旅游专业教学中

---

① 陈欣,胡坚达. 高职国际化旅游人才培养对策研究[J]. 中国大学教学,2016(07).

② 曹艳芬. 全球视野下高职酒店管理专业国际化人才培养路径研究[J]. 湖北经济学院学报,2016(10).

③ 方磊.岗位群视角下旅游管理专业课程体系的优化[J]. 职业技术教育,2016(02).

④ 张红英,沈苏林,丁宗胜.中高职衔接课程体系的构建与实践——以旅游管理专业为例[J]. 大学教育,2016(04).

的应用》①中认为,参与式教学能够把学生当作课堂的主人,使学生切实体会到主动学习的乐趣和与老师、同学共同探求知识的幸福感。许芳认为,在大数据背景下,高职旅游教学方法应该更加借助新的数据手段,进行多维度的设计。

李晓琴在《案例教学在旅游规划与开发课程教学中的应用》②中提出,“旅游规划与开发”课程教学应着力构建以“真项目、真环境、真实践、真体验”为核心的“四位一体”的案例教学模式,以更好地适应“旅游规划与开发”课程教学改革的方向和具体要求。

王少华在《高职院校微课资源运用模式建构与反思》③中认为,借助基于微课资源的教学模式改善传统教学,可提高学习者的理论和实践能力。他还从整合资源、创设真实情景、开展协作交流、实施多元评价等方面提出了建议。也有学者提出了微课“上课、辅导、教研与微课制作”一体化的移动教学平台的观点,认为微课促进了课堂教学的变化,从补充、融合到突破,将带来教师“教”的革命的观点。

还有学者就如何加强学生实践教学和具体考核方法等方面展开探讨,试图探求一种能够适应新形势下提高人才培养质量的途径。

(4)实习就业方面。专业实习作为旅游相关专业实践教学的重要组成部分,具有教学不可替代的作用,承担着培养学生在真实工作岗位条件下的业务技能和职业素养,是学生将理论知识和专业技能与实际应用相结合的实践过程。

在实习方面,甄丽君在《旅游管理专业实习质量提升研究》④中提出了旅游专业实习的TQM(Total Quality Management)理论并构建实习质量评价体系,“TQM”的管理特点是全员参与、多样化管理、全程管理、全方位管理等。运用这一有效的工具,结合高职旅游管理专业的管理实际,有利于实现对实习质量的有效提升。

在实习和就业的衔接方面,于海燕以酒店管理为例,在《高职学生酒店实习对其就业倾向的影响分析》⑤一文中,运用定量分析法探讨了高职酒店管理专业学生酒店实习,对其择业倾向的影响因素。研究结果发现:实习前的择业意向、实习酒店的工作条件、实习生心理三个因素与实习生在酒店业择业意向呈正相关,并进一步探讨了学生就业择业意向的回归模型,据此提出提高实习意愿、改革实习方式、增加普通服务类课程的管理建议。

在就业方面 ,徐秀玉、张春霞等在《高职旅游管理专业学生就业倾向分析》⑥中,通过问卷调查,综合采用卡方检验、交叉列联表分析、因子分析等定量方法,对高职旅游管理专业学生的就业倾向特征进行系统分析。结果显示:高职旅游管理专业学生选择旅游行业工作的比例较低,大部分学生对旅游行业就业的发展前景持保守态度;性别、地域来源与高职旅游管理专业的学生选择旅游行业就业和对旅游行业就业前景认知关联性不强。并根据高职旅游管理专业学生就业倾向特征提出,从学校、个人、企业三个方面强化学生就业的对策。

---

① 孙静.参与式教学方法在高职旅游专业教学中的应用[J]. 旅游纵览(下半月),2016(09).
② 李晓琴.案例教学在《旅游规划与开发》课程教学中的应用[J]. 教育理论与实践,2016(12).
③ 王少华. 高职院校微课资源运用模式建构与反思[J]. 中国职业技术教育,2016(26).
④ 甄丽君.旅游管理专业实习质量提升研究[J].湖南城市学院学报(自然科学版),2016(02).
⑤ 于海燕.高职学生酒店实习对其就业倾向的影响分析[J].天津职业大学学报,2016(02).
⑥ 徐秀玉,张春霞. 高职旅游管理专业学生就业倾向分析[J].职业教育研究,2016(01).

还有学者就职业规划与就业指导课程方面,提出应构建科学、合理、凸显专业特色的课程体系,以进一步促进学生的实习和就业。

(5)其他内容。除上述内容外,还有部分学者就校企合作、教师队伍建设等问题进行了研究。

王东红通过对新疆高职院校旅游教育的校企合作进行调研,从政府、学校、行业和企业四个方面,探寻制约校企深层次合作的瓶颈,并在此基础上探讨"政校行企"四方联动合作运行机制。孟玮以山东旅游职业学院日语教学为例,提出加强校企间的合作,坚持让企业参与学校教学的全过程,坚定校企双向合作的教育教学思路,是提高高职日语人才培养的重要途径。

有学者认为现代高职教育体系中,"双师型"的建设尤为重要,主要为中外合作办学、建立跨学科团队、参与技能大赛、校企深度合作等,是提升专业教师跨学科复合能力的有效途径。还有学者认为,兼职教师作为我国高职院校教师队伍中不可或缺的部分,现状却不容乐观。认为教师队伍不稳定、教学质量不高,并在相关法律法规及提供经费保障、政府加强对校企合作的鼓励和引导、制定优劳优酬的考核评价体系、建立良好的沟通机制等方面提出建议。

2.研究项目热点分析

(1)旅游新业态。全域旅游背景下,"旅游+"新业态也呈现蓬勃发展,如"旅游+民宿业""旅游+休闲农业""旅游+修学""旅游+养生医疗""旅游+休闲运动""旅游+自驾""旅游+小镇(综合体)",等等,相应新业态的学术研究也随之有了较快的发展,很好地响应了行业产业趋势。

在民宿研究方面,郭文进在《有关我国乡村旅游产业发展中的民宿现状研究》①中指出,随着我国乡村旅游的发展,传统接待设施建设,如农家乐、小宾馆及招待所等存在的缺陷越发突出,而民宿作为一种独具特色的接待形式,其能够通过家庭经营的方式,为旅客提供更加舒适、温馨的服务。方敏、徐云松和章艺在《基于旅游地意象的临安市民宿发展研究》②中通过网络评价研究临安旅游地意象,运用质性研究的文本分析法,得出游客对临安旅游地意象的感知,进而对临安民宿市场定位、基本原则、发展布局、保障体系等方面提出建议。

在旅游修学方面,伍静在《苏州古典园林研学旅游基地建设探析》③中以得天独厚的苏州古典园林为实验对象,从研学基地的建设意义、基本元素、产品设计等方面提出意见和建议,为苏州古典园林在文旅融合背景下的发展提出了新的思路。杨懿在《大别山地区研学旅游发展探究》也提出借助大别山被安徽省旅游局批准为首批省级研学旅行基地名单的契机,充分开发研学旅游,以促进当地经济发展。

在旅游养生方面,吴晓亮从分析海南的温泉、茶文化和养生旅游经济的基础情况入手,分析两者融合的背景及可行性,最终探讨将温泉、茶产品价值与养生旅游经济相结合的具体实施思路。杨亮以岭南道教发源地——罗浮山为案例,分析其道教文化特质、演变及养生旅

① 郭文进. 有关我国乡村旅游产业发展中的民宿现状研究[J]. 旅游纵览(下半月),2016(02).

② 方敏,徐云松,章艺. 基于旅游地意象的临安市民宿发展研究[J].中南林业科技大学学报,2016(02).

③ 伍静. 苏州古典园林研学旅游基地建设探析[J]. 现代商业,2016(27).

游发展现状,提出道教文化与养生旅游融合发展的措施。

在旅游特色小镇方面,乔海燕在《基于地域文化特征的嘉兴旅游特色小镇建设》①中认为,特色小镇应具备产业定位明确、文化内涵丰富、旅游功能完善、社区特征鲜明的特点,并以嘉兴新塍镇为例,提出应在深入挖掘传统历史文化资源的基础上,树立“以文活镇”的观念,挖掘、融合历史文化,从而打造具有地域文化特征的休闲养生“慢生活”旅游特色小镇。

(2)旅游教育教学研究。2016 年,国家旅游局启动“万名旅游英才”项目,“研究型英才培养项目”和“创新创业型英才培养项目”还是以传统的本科院校为主。而“实践服务型英才培养项目”和“双师型教师培养项目”更多的是职业院校的身影。

“实践服务型英才培养项目”由专业教师指导,学生作为成员组成的团队,主要采取志愿服务、调查统计和宣传教育等形式,既锻炼了团队成员将理论知识和工作实践相结合的能力,也很好地发挥了职业院校服务社会的作用。

“双师型教师培养项目”基本上围绕着“人才培养模式”“综合实训”“顶岗实习”“课程改革”和“队伍建设”等方面展开,研究内容具体,实效性强,为“双师型师资”提供了理论的支持和实践的支撑。

三、研究展望

(一)关注旅游产业新业态,优化人才培养模式

作为现代服务业的重要组成部分,在中国旅游产业规模逐步扩大、产业结构不断优化、产业能级不断提升的同时,各种新型业态也相应地开始大量涌现。商务旅游业、会奖旅游业、文化娱乐旅游业、修学旅游业、邮轮旅游业、营地旅游业、租车旅游业和医疗旅游业等众多新兴旅游业态都已经有相当的发展。除此之外,伴随着背包旅游、换房旅游、分时度假、科技旅游、军事旅游、智慧旅游等众多新型旅游形式的出现而发展起来的产业形态也在逐步显现。

人才是产业经济发展的重要支持力量。旅游职业院校人才培养必须适应市场、企业发展的需求,根据目前旅游业发展和相关新业态的需求,培养以实践型、技术型、社会型人才为教育教学目标的职业教育合作发展之路。这就需要相关学者在宏观上关注行业需求和产业发展,进行人才需求分析,从而优化人才培养模式。

(二)关注国外职业教育,实现多层次合作发展

职业教育国际化,一直以来是职业教育发展高度关注与深入探索的课题,旅游职业教育也不例外。旅游职业教育和培训的国际化是旅游职业教育发展的必由之路,既是对行业市场人才高要求的回应,也是国外优质旅游资源引入的必要。

目前的旅游职业教育国际化研究集中在国外不同培养模式的概括总结、国外实习等层面,在培养目标上还需明确细化,在联合办学、师资互访、学生互换、校企合作和共享课堂等方面还需要深度挖掘,进一步探索旅游教育国际化“多层次、全方位、整合型”的全新路径,在国际化旅游专业人才职业能力内涵、人才培养方案、模块化课程体系和实践教学方面还需优

① 乔海燕. 基于地域文化特征的嘉兴旅游特色小镇建设[J]. 城市学刊,2016(03).

化实践教学体系,从而开展全方位的国际合作,利用国际、国内两个市场,建立多方参与的国际旅游教育平台。

（三）重视校企多层次合作,提升实习就业能力

在旅游业高速发展、现代酒店规模化扩展的大好机遇下,一方面,是蓬勃发展的旅游新业态对于各级各类旅游人才的严重缺乏;另一方面,是旅游相关专业的人才流失现象却仍然十分严重。重要原因之一,是培养人才的职业素养、职业能力和职业知识等方面和企业存在一定程度上的错位,无法为学生就业后的职业生涯提供可持续的动力支持。

校企合作是一种以市场需求为导向,并为市场服务的旅游人才培养模式,是实现职业教育高技能人才培养的有效途径。未来中国的旅游职业教育仍需高度加强与重视校企合作,共同参与人才培养研究。从校企共同制定人才需求目标、共同制定人才培养规格、共同制定人才评价标准,共同制定课程体系等方面,全面探讨高等职业教育旅游类专业校企合作模式。从发展规划、办学经费、人才培养方案、招生与就业、实习教学、教学团队建设等方面进行了具体的实践和探索,以期为旅游职业教育校企合作提供合理的借鉴。

（四）拓展旅游教育研究方法,提高科研理论水平

纵览我国的旅游职业教育研究,大多数学者采用思辨的研究方法,对于旅游产业和旅游教育方面的某一问题进行具体性描述、分析原因,然后提出相应的对策。更多的是一种经验的总结和概括,而较少从经济学、心理学、管理学等不同学科视角,运用不同的理论模型来进行研究,研究视角有待拓展。另一方面,研究过程中,也较少运用定量的实证研究,缺乏具体的数据支撑。这些都说明旅游职业教育相关学者还有很大的进步空间,在未来的研究过程中,进行有现实指导意义的更高水平的创新性研究。

（本报告由山东旅游职业学院课题组完成,作者:孙健)

全国旅游职业教育教学指导委员会
年度工作报告

旅游业发展新形势下，国家出台的一系列文件、纲要对旅游人才培养提出了新的要求并指明了培养方向，全国旅游职业教育教学指导委员会（以下简称“旅游行指委”）致力于旅游职业教育改革与发展，根据2016年旅游业发展新动态，紧紧围绕新方针、新政策，在国家旅游局和教育部的领导下开展了一系列工作，取得了令人欣喜的成绩。现将有关工作总结如下。

一、把握工作方向，认真领会、贯彻落实相关文件精神

（一）参加2016年行业指导委员会秘书长工作研讨会

为积极响应《国务院关于加快发展现代职业教育的决定》，提升旅游行指委工作水平、工作效率和自身能力建设水平，加强与全国各地行指委之间的交流与学习，2016年4月19—20日旅游行指委秘书长韩玉灵及秘书处工作人员赴长沙参加了由教育部行指委办公室主办的2016年行业指导委员会秘书长工作研讨会。会议期间，就《行（教）指委章程》《教育部行指委办公室工作制度》两个文件的框架和内容设置提出了建设性意见，并与参会人员分享了旅游行指委近年来的工作心得与体会。

（二）参加2016年全国旅游工作会议

为紧跟国家政策的步伐，学习十八届五中全会和中央经济工作会议精神，了解全国旅游业发展情况，根据国家旅游局的安排，旅游行指委秘书长韩玉灵受邀参加了由国家旅游局组织召开的“2016年全国旅游工作会议”。会上，听取了国家旅游局局长李金早的工作报告及相关省市的经验介绍，并就“十三五”旅游发展思路、旅游人才培养有关方针政策提出了看法和见解，与参会专家交流了促进旅游业发展的经验和做法，积极为中国旅游业、中国旅游职业教育的改革发展建言献策。

（三）参加教育部组织的各项专项工作会议

根据“515战略”旅游人才发展和教育部《高等职业教育创新发展行动计划（2015—2018年）》的有关规定，旅游行指委秘书处认真落实相关工作，积极参加了教育部举办的各项工作会议，如，教育部项目研讨会、评审会；全国职业院校技能大赛筹备会、总结会等。认真学习会议精神，有效落实有关工作，并以简报、新闻等形式传达给旅游行指委委员。

二、举办职业技能大赛，搭建旅游职教风采展示平台

（一）成功举办4个旅游服务类赛项

2016年全国职业院校技能大赛旅游服务类赛项，由教育部、国家旅游局、江苏省人民政府、山东省人民政府、浙江省人民政府等32个部委联合主办。旅游行指委取得中职组酒店服务赛项、高职组西餐宴会服务赛项、中餐主题宴会设计赛项、导游服务赛项4个赛项的举办权，分别由苏州旅游与财经高等职业技术学校、南京旅游职业学院、山东旅游职业学院及漳州职业技术学院4所高校承办。经过前期多次召开专家研讨会和相关部署会议，于5月份顺利举办。共有来自全国各省、自治区、直辖市、新疆生产建设兵团及计划单列市的上百所院校共546名选手参加竞赛。本届旅游服务类技能大赛硕果累累，4个赛项共产生一等奖56名，二等奖108名，三等奖163名。

2016年全国职业院校技能大赛在办赛理念、运作机制上均有较大的转变和突破，旅游服务类赛项执委会因势利导引领大赛积极创新。中职组酒店服务赛项首次制作了比赛分项目的技能教学视频，进一步引领并规范该专业教学标准。高职组中餐主题宴会赛项首次采取团队竞赛形式，更加注重对队员间团队精神和集体协作能力的考察。高职组导游服务赛项依据教育部大赛办广泛遴选承办校、向无国赛省份倾斜的精神，落户非旅游类院校。旅游赛项执委会克服困难、积极协调，进行了首次非旅游类院校承办旅游类赛项的探索，积累了经验教训，为今后赛项的承办积累了经验。

本届大赛与国务院开展的“弘扬工匠精神 打造技能强国”全国职业教育活动周同期举行，大赛贯彻习近平总书记关于“工匠精神”的指示，通过比赛激励学生专注钻研高水准技能，真正实现以赛促教、以赛促学。这势必会有力推动旅游教育改革创新，有效提高旅游院校人才培养质量，为中国旅游业的科学发展提供强有力的人才保障和智力支撑。

（二）召开赛项筹备研讨会暨相关工作研讨会

在全国职业院校技能大赛改革不断深化、体制不断完善的背景下，为总结已办旅游服务类国赛的经验教训，办好“十三五”期间的国赛，促进旅游职业教育发展。旅游行指委于2016年9月7—9日在南京召开旅游服务类赛项研讨会，组织业界、学界专家对旅游服务类国赛赛项进行总结和筹划。同时，根据工作计划，旅游行指委全力配合国家旅游局开展部际合作，促进旅游职业教育发展的相关工作，在赛项研讨会期间，套开会议，对委托旅游行指委委员起草的相关工作方案展开讨论，完善内容，初步确定方案。

三、实施万名旅游英才计划，响应旅游人才培养战略

“万名旅游英才计划”项目，是国家旅游局人才建设的重大工程，是“515战略”“十三五”旅游发展规划中的重要组成部分。旅游行指委自承担该项工作起，认真研读有关文件精神，有条不紊地部署和实施有关工作，及时总结工作经验，为旅游行业培养高层次旅游人才贡献力量。

（一）组织遴选“2016年万名旅游英才计划”项目

2016年国家旅游局共资助建设“万名旅游英才计划”项目6类。其中“创新创业型英才

培养项目”“实践服务型英才培养项目”和“双师型教师培养项目” 的项目执行办公室设立在旅游行指委。旅游行指委秘书处负责项目的具体实施,承担名额分配、组织申报、审核评议、中期检查、成果验收等工作。

在吸取 2015 年工作经验的基础上,2016 年“万名旅游英才计划”项目院校遴选工作于 3—4 月顺利开展,经综合考虑有关院校旅游管理类专业招生规模、办学水平和地区平衡等因素,择优遴选院校并分配项目名额,共有 40 所本科院校、46 所高职院校及 31 所中职院校获得项目资助名额。

5 月,旅游行指委秘书处组织旅游行业专家进行了项目评审,专家组提出:从总体情况看,今年申报的质量较去年提升较多,申报人员态度端正,行文规范,逻辑思维清晰;学生项目的团队结构趋于合理;大多数项目的主题切实可行,申报内容充分翔实,基本达到了国家旅游局的文件要求。但仍有少数项目的申报人员资格不达标,项目选题存在逻辑结构不合理、预期成果宽泛、缺乏验收点、经费使用不合理、同一院校的申报项目出现严重雷同等问题。最终 85 项中职“双师型教师培养项目”,198 项高职“双师型教师培养项目”,295 项高职“实践服务型英才培养项目”,100 项本科“创新创业型英才培养项目”获准立项。

(二)组织中期评审“2015 年万名旅游英才计划”项目

2016 年 4 月底,旅游行指委秘书处着手启动 2015 年“万名旅游英才计划”项目中期审核材料回收工作,并于 5 月 5 日至 7 日在北京外事学校实习酒店召开了 2016 年度“万名旅游英才计划”项目初审会暨 2015 年度“万名旅游英才计划”项目中期审核会,来自全国各地的 32 位旅游高校专家、企业专家担任了评审工作。

针对 2015 年“万名旅游英才计划”中期材料提交情况,专家指出:大多数院校严格按照前期计划有条不紊地实施项目,在各自院校配套经费的支持下,中期成果显著,且内容翔实。更有一些项目负责人在经费使用困难的情况下,自费完成预期目标。但仍有一些院校及项目负责人对“万名旅游英才计划”的认识不到位,仅仅提交简要的中期成果报告书,并无佐证材料及预期成果,有的院校甚至出现雷同项目成果及实践照片提交的情况。评审专家总结了目前材料中出现的问题,据此提出了修改意见和下一步的工作安排,为保障项目顺利结项奠定基础。

四、组织申报和发布项目,丰富旅游职教研究成果

科研成果的数量和质量,是衡量职业教育发展水平的重要指标。旅游行指委自成立以来,积极促进旅游职业教育发展研究,经过多年的努力沉淀,已取得了可观的成绩。

(一)顺利完成 5 个 2015 年教育部科研项目

2015 年,旅游行指委获教育部批准的科研项目共 5 个,第一类为行业指导职业院校专业改革与实践项目,共获 2 项立项:“导游专业技能顶岗实习项目”“酒店管理专业企业生产实际教学案例库”;第二类项目共获 3 项立项:“酒店行业人才需求和专业设置指导报告”“中高职衔接旅游管理专业教学标准”和“中高职衔接酒店管理专业教学标准”。分别委托浙江旅游职业学院、南京旅游职业学院、上海旅游高等专科学校、郑州旅游职业学院牵头实施项目研究。

旅游行指委于2016年1月召开了2015年教育部科研项目开题内审会，邀请了来自全国各地旅游类院校的专家，对5个项目的申报内容和开题报告进行评审，提出了中肯可行的建议，为后续研究计划的设计和开展打下坚实的基础，并于7月召开了结项内审会，以保障项目高质量高效率完成。

旅游行指委秘书处工作人员及委托单位项目负责人还积极参加了教育部组织的各项会议，如，“2015年行业指导职业院校专业改革与实践项目研讨会”“行业人才需求与专业设置指导报告”和“《中高职衔接专业教学标准》制订工作启动会”“行业人才需求与专业设置指导报告”和“‘中高职衔接专业教学标准’内审反馈会”等。项目负责人在会上积极听取专家意见、咨询相关问题，按要求完成本项目的研究工作，为后续研究的开展积累了丰富的经验和资源。

经教育部组织专家评审，目前“导游专业技能顶岗实习项目”“酒店管理专业企业生产实际教学案例库”已获准结项。“酒店行业人才需求和专业设置指导报告”“中高职衔接旅游管理专业教学标准”和“中高职衔接酒店管理专业教学标准”正在结项审批中。

（二）组织申报2016年教育部科研项目

专业教学标准，是高等职业学校进行教学基本建设、专业建设和教学实施的基本标准，是保证教育教学质量和人才培养规格的纲领性文件。“高等职业教育专业教学标准开发规程研究”课题研究，是专业教学标准研制的前期基础性工作。教育部行指委办公室根据“高等职业教育专业教学标准开发规程研究”的需要，按照《普通高等学校高等职业教育（专科）专业目录（2015年）》的专业大类划分共设19个子课题，旅游行指委负责“高等职业院校旅游大类专业教学标准开发规程研究”子课题，委托委员单位上海旅游高等专科学校进行研究。

课题从3月底启动到6月底顺利结题，历时3个月。在此期间，旅游行指委积极支持承接单位的各项工作，尽可能提供其所需的数据和资源，充分发挥自身优势，努力推进项目高效开展，最终顺利完成该课题。

（三）组织撰写《2015年中国旅游职业教育年度报告》

为紧跟中国旅游业的前进步伐，客观细致地分析国内旅游职业教育发展的现状，把握中国旅游职业教育的发展趋势，旅游行指委已经连续3年出版《中国旅游职业教育年度报告》，并取得了业内较好的反响。为维持良好的书本质量，提高工作效率，旅游行指委与《报告》牵头院校山东旅游职业学院于3月10日组织相关院校召开了撰写工作研讨会。会议详细阐述了《报告》的编写提纲和各院校的分工安排，并对主要内容与注意事项做出重点说明。与会代表就可能遇到的困难和问题展开讨论并达成一致意见。本次会议的召开，明确了各院校的分工，为参与《报告》撰写工作的教师答疑解惑，为该工作的有效进行奠定了良好的基础。《报告》的出版将为中国旅游职业教育发展研究提供重要参考，也将成为中国旅游职业教育发展历程上的宝贵历史资料。

（四）完成旅游行指委2015年项目结项和2016年项目立项工作

旅游行指委于2016年7月2日至3日在北京第二外国语学院召开2016年旅游行指委项目初审暨2015年旅游行指委项目结项评审会，邀请了来自全国的18位旅游职业教育领域专家,对项目进行审核,并提出指导意见。旅游行指委2015年发布了旅游职业教育研究的相关科研项目,共有8个项目获准立项,此次会议评审专家在听取各项目负责人项目情况汇报的基础上,准予6个项目结项,2个项目延期结项。2016年旅游行指委共收到73份科研项目申报材料,共有9个项目通过评审准予立项。

旅游行指委一直坚持将提升职业院校教师的科研能力作为重点工作之一,将旅游职业教育课题作为重点研究领域,以探索高效务实的职业教育方法作为出发点,以推进中国旅游职业教育领域师生共同发展作为最终目标。

五、举办骨干教师培训班,提升师资教育教学能力

优秀的师资队伍是打造高素质人才的关键。旅游职业人才的培养需要与时俱进、开拓进取的旅游"园丁"。这是有效落实国家旅游人才发展战略的重要举措。在国家旅游局的指导和支持下,旅游行指委根据行业发展最新动态,每年组织不同层次的教师培训班,及时为工作前线的优秀教师"充电",不断提升旅游职业教育教学能力。

(一)举办一期中职骨干教师培训班

受国家旅游局专项资金支持,2016年中等职业学校骨干教师培训班依托中职高星级饭店运营与管理专业骨干专业分委会举办,由广东省旅游职业技术学校承办。来自全国20多个省的89位学员参加了中职"高星级饭店运营与管理专业"骨干教师培训班,突破了学院的50名学员计划。学员主要来自全国各中等职业学校专业带头人、骨干教师或教研室主任。培训班组织学员开展课堂教学设计、进行实地调研等活动,邀请专家解读全国旅游服务类专业规划与专业人才培养模式、专业顶岗实习标准等,并组织学员对教育部现代学徒制试点项目基地考察、对南沙大酒店实地调研,帮助学员提升专业教学能力并对接企业操作实务,理解专业教学与旅游企业实际营运管理工作两者的相互关系,提升教师的教育教学水平,规范旅游专业教学标准。

(二)举办两期高职骨干教师培训班

2016年旅游类高等职业学校专业骨干教师国家级培训班共举办2期,依托高职酒店管理专业分委会秘书处所在单位南京旅游职业学院承办酒店管理专业骨干教师培训班,依托旅游管理专业分委员会秘书处所在单位郑州旅游职业学院承办旅游管理专业骨干教师培训班。2期培训班共接纳了来自全国各旅游类高等院校的120名学员。骨干教师培训班采用"专家讲座+互动教学+案例教学+现场教学"四位一体的培训模式,通过设计理论与实践紧密结合的课程,采用先进的教学方法,为酒店管理和旅游管理专业教师提供了师资队伍建设、旅游人才培养的分享交流平台。高职骨干教师培训班向各院校专业教师宣贯新修订的高职专业目录,并结合教材改革发展趋势进行授课,紧密配合即将开展的规划教材编写工作。学员们纷纷表示受益匪浅,骨干教师培训班的成功举办也为我国旅游行业人才培养提供了良好借鉴,将有助于推动高职院校旅游类专业教育教学质量与水平的提升。

六、举办产教融合分论坛,为旅游教育改革提供智力支持

为深入贯彻《国务院关于加快发展现代职业教育的决定》和《教育部关于深化职业教育

教学改革全面提高人才培养质量的若干意见》文件精神，加快推进产教融合、协同育人，在“高校实践教学改革与人才培养模式创新系列活动暨第48届全国高教仪器设备展示会”（简称“系列活动暨展示会”）期间，中国高等教育学会首次按照主管部长的要求，增加了全国各行业职业教育教学指导委员会在成都联合举办“高等职业院校产教融合协同育人发展峰会”（简称“高职峰会”）内容。全国旅游行指委入选为首批举办产教融合论坛的行指委，于2016年10月18—20日在成都职业技术学院的协助下成功举办以“产教融合——供给侧改革与旅游教育创新发展”为主题的旅游教育分论坛。学界业界专家群策群力，为旅游教育的创新发展提供了新理念、新思路、新对策。

七、协助开展导游“云课堂”研修培训，发挥行业指导作用

根据国家旅游局《关于组织实施导游“云课堂”研修培训的通知》（旅办发〔2016〕273号），为提升导游综合素质和职业能力，国家旅游局组织开展导游“云课堂”研修培训，委托旅游行指委组织有关院校导游专业师生登录“云课堂”研修培训平台参加学习。培训课程主要针对导游带团过程中遇到的实际问题，采取案例分析的方式，设置“大家讲坛”“名导课堂”“文明旅游”和“美丽中国魅力导游”等4个主要模块。旅游行指委面向全国各院校旅游专业师生发布《关于组织参加国家旅游局导游“云课堂”研修培训的通知》（旅指委〔2016〕24号），各院校积极响应，咨询课程相关事宜，踊跃报名参与该课程学习。

八、召开援疆旅游人才培训工作会，为落实计划建立有效联系

为推进国家西部大开发战略，贯彻落实国家关于援疆人才工作的指示精神，分享现代旅游业的职业教育理念与思路，旅游行指委秘书处于2016年3月1日在北京第二外国语学院组织召开了2016年援疆旅游人才培训工作会。新疆维吾尔自治区旅游局副局长刘默然、新疆旅游培训中心主任钱欣、旅游行指委秘书长韩玉灵及来自全国各省市的10余位旅游教育专家、旅游行指委委员出席本次会议。

援疆旅游人才培养计划的对口院校大多为旅游行指委委员单位，第一批次培训计划的班次安排主要设置旅游行政主管领导班、景区高层班、旅游局长班、乡村旅游专题班、乡村旅游管理（师资）班、旅行社高层班、旅游管理干部班、酒店中层（师资）班8类培训班，共12个班次，分别委托北京市委党校、海南省旅游学校、浙江旅游职业学院、四川省旅游学校、南京旅游职业学院、山东旅游职业学院和广东省旅游职业技术学校7所院校承办。

与会专家讨论了改进援疆旅游人才培养计划的具体内容，会议为新疆维吾尔自治区旅游局与全国旅游教育专家建立了有效联系，为培养计划的具体落实铺平了道路。

九、完善组织机制建设，提高工作运行效率

（一）新一届委员精诚合作积极响应有关工作

2015年旅游行指委完成了新一届选举、换届工作。2016年是新一届旅游行指委正式加入并开展工作的第一年。新一届旅游行指委委员结构更加科学合理，选拔了来自全国各地中、高职旅游院校的科研专家、骨干教师担任委员，同时聘请知名旅游企业的中高层主管人

员担任委员。将全国从事旅游职业院校师资力量与行业内人才精英凝聚起来,形成强大的专家队伍,为充分发挥行业主管部门主导职业教育、培养符合行业发展的人才奠定了基础。同时,面对老委员工作调动、退休等情况,旅游行指委经请示主任委员进行了妥善的安排和处理,并向教育部备案。新一届旅游行指委委员工作热情高、积极开展相关工作,全体委员精诚合作,使得旅游行指委在这一年取得了可喜的成绩。

(二)初步完成中、高职旅游类专业分委会组建工作

除此之外,为更好地发挥骨干旅游院校在我国旅游职业教育教学改革中的领军作用,推进行业进步与发展。旅游行指委自 2015 年起开始组建中、高职专业分委员会的相关工作。经过一年多的筹备遴选,于 2016 年 7 月,12 个中、高职分委会的组建工作基本完成。根据教育部新发布的中、高职旅游类专业目录,依托前期牵头修订专业目录的院校,共成立 5 个中职旅游类专业分委会和 7 个高职旅游类专业分委会。在旅游行指委的指导下,专业分委会主要负责带领本领域的专家进行本专业的专业设置、课程建设、师资培训、教材建设与专业建设相关的工作研究、咨询、指导和服务,促进专业发展建设。

(三)逐步建设完善旅游行指委网站和微信群

互联网是当今社会最具发展潜力和影响力的新兴大众媒体,也是社会各界获取信息的主要途径。为了更好地宣传旅游行指委、与委员单位建立有效联系、服务全国各院校,全国旅游职业教育教学指导委员会网站实时发布新闻、工作简报和有关通知,并收集出版作品,扩大影响,进一步提高网站的宣传、通知功能,提高工作效率。

为加强委员之间的沟通联系,向委员及时传达旅游行指委工作近况和计划,旅游行指委秘书处建立全国旅游职业教育教学指导委员会微信群,方便委员及时分享交流有关工作。

(四)旅游行指委秘书处合理分工提高效率

旅游行指委秘书处现有秘书长 1 人,助理 4 人,定期召开工作会议,部署工作计划、总结工作经验,助理们各司其职、分工协作,按照值班表轮流值班,日常工作更有计划性,提高了工作效率,并及时向主任委员、国家旅游局汇报工作,积极搭建联系教育部、国家旅游局、各委员单位及全国旅游类院校的桥梁,做好上传下达的工作。

十、旅游行指委 2017 年工作展望

在教育部、国家旅游局的持续支持和领导下,在国家旅游局副局长、旅游行指委主任委员魏洪涛的带领下,在旅游行指委全体委员、相关院校、相关企业的大力支持下,经过一年不懈努力和经验积累,高效保质执行年度计划,完成了一系列工作,取得了令人欣喜的成绩。事物是不断发展进步的,在分享成果的同时,也在积极探索旅游行指委有待改进的空间,以及阻碍进步的各种因素。例如,当前旅游行指委委员并没有分布在全国所有省份,还有一些西部省份暂无委员,现有部分委员的作用也未得到最大化的发挥;在专业化分工越来越精细的今天,各专业分委会还需要进一步发挥作用;由于没有稳定的经费来源,旅游行指委在构思一些工作计划时总是有所顾虑。对于这些困难,我们正在积极思考解决的对策。例如,中、高职专业分委会成立后,将充分考虑分委会委员的地域分布,力求在全国范围资源内共享,也将分解有关工作任务,进一步发挥分委会在专业建设方面的作用。相信在教育部、国

家旅游局的领导和支持下,这些问题都会迎刃而解。

接下来的一年,旅游行指委将紧紧把握"十三五"旅游发展规划中对旅游职业人才发展的新方向,不断加强自身组织结构和运行机制建设,完善各项制度,充分发挥行业指导、专家智库等各项功能,继续服务于旅游职业教育事业。旅游行指委将进行中国旅游职业教育教材建设、中国旅游职业教育校企合作评比及中国旅游职业教育基地建设等工作,此外,中职专业目录修订工作即将启动,高职专业教学标准修订工作也正在有序安排。2017 年旅游行指委还将完成 3 个赛项的举办,并继续配合国家旅游局完成"万名旅游英才计划"项目的验收和发布。网站建设方面也将继续完善栏目,完善网站各方面信息,并加强制度建设,明确网站信息发布、审核的职责分工和审查程序。

新的一年,在国家政策的大力支持及上级主管部门的科学领导下,旅游行指委将紧紧围绕国家发展现代职业教育的新方针、新政策,结合我国旅游行业发展需要,从职能出发,服务行业,加强自身建设,进一步发挥专家指导作用,与各位委员携手,不遗余力地为推进旅游职业教育改革创新贡献力量。

(本报告作者:全国旅游职业教育教学指导委员会秘书处)

区域发展

浙江省旅游职业教育发展研究报告

本报告主要从中高职旅游职业教育发展的规模、专业建设、教育教学改革项目等方面进行了简要梳理，为了解当前浙江中高职旅游职业教育基本状况提供参考。本报告还对浙江省旅游类专业现代学徒制试点的现状、职业教育经费保障制度以及近10年职业教育教学改革理念的发展演变进行了简要梳理，在此基础上对旅游职业教育发展、旅游类教育教学改革提出了一些反思，以供学界参考。

一、旅游高职教育概况

（一）旅游高职教育规模

1.院校数量及分布

2016年，浙江省共有31所院校（含招收高职专业的本科院校）招收旅游大类专业①（以下简称“旅游高职院校”），具体见表1：

表1　浙江省旅游高职院校名单

学校名称	所在地域	办学性质
杭州科技职业技术学院	杭州	公办
杭州万向职业技术学院	杭州	民办
杭州职业技术学院	杭州	公办
浙江长征职业技术学院	杭州	民办
浙江交通职业技术学院	杭州	公办
浙江金融职业学院	杭州	公办
浙江经济职业技术学院	杭州	公办
浙江经贸职业技术学院	杭州	公办

① 《普通高等学校高等职业教育专科（专业）目录（2016年）》（以下简称“专业目录”）中旅游大类包括6401旅游类、6402餐饮类、6403会展类。

续表

学校名称	所在地域	办学性质
浙江旅游职业学院	杭州	公办
浙江商业职业技术学院	杭州	公办
浙江特殊教育职业学院	杭州	公办
浙江育英职业技术学院	杭州	民办
宁波城市职业技术学院	宁波	公办
宁波职业技术学院	宁波	公办
浙江纺织服装职业技术学院	宁波	公办
浙江工商职业技术学院	宁波	公办
温州职业技术学院	温州	公办
浙江东方职业技术学院	温州	民办
浙江工贸职业技术学院	温州	公办
嘉兴职业技术学院	嘉兴	公办
湖州职业技术学院	湖州	公办
绍兴文理学院	绍兴	公办
浙江农业商贸职业学院	绍兴	公办
浙江广厦建设职业技术学院	金华	民办
义乌工商职业技术学院	金华	公办
浙江横店影视职业学院	金华	民办
金华职业技术学院	金华	公办
浙江国际海运职业技术学院	舟山	公办
浙江舟山群岛新区旅游与健康职业学院	舟山	公办
台州科技职业学院	台州	公办
丽水职业技术学院	丽水	公办

由上表可知，就地域分布来看，杭州市旅游高职院校数量最多，为 12 所，其次，宁波和金华，各有 4 所，温州 3 所，绍兴和舟山各 2 所，衢州市无旅游高职院校，其他各 1 所。特别值得一提的是金华，该地有 2 所民办高职院校，分别为位于东阳市的浙江广厦建设职业技术学院和浙江横店影视职业学院，两校旅游类专业的开办与当地较为发达的影视旅游业有关，而义乌工商职业技术学院旅游类专业可能与当地较为发达的购物旅游有关。

2.专业开设及分布

从专业布局来看，全省开设旅游大类专业的高职院校中，开设酒店管理和旅游管理两个专业的院校数量最多，分别有21所和17所，分别占全省高职院校数的43.75%和35.42%。[①]其中，新增休闲服务与管理专业的院校数量最多，较2015年增加了3所院校。

表2　浙江省旅游高职院校专业数量区域分布汇总表

序号	学院名称	所属地域	旅游大类专业数
1	浙江旅游职业学院	杭州	11
2	浙江商业职业技术学院	杭州	5
3	浙江农业商贸职业学院	绍兴	4
4	义乌工商职业技术学院	金华	4
5	宁波城市职业技术学院	宁波	4
6	杭州科技职业技术学院	杭州	3
7	金华职业技术学院	金华	3
8	浙江舟山群岛新区旅游与健康职业学院	舟山	3
9	湖州职业技术学院	湖州	2
10	浙江长征职业技术学院	杭州	2
11	浙江经贸职业技术学院	杭州	2
12	浙江育英职业技术学院	杭州	2
13	浙江工商职业技术学院	宁波	2
14	浙江工贸职业技术学院	温州	2
15	嘉兴职业技术学院	嘉兴	2
16	浙江广厦建设职业技术学院	金华	2
17	台州科技职业学院	台州	2
18	浙江纺织服装职业技术学院	宁波	1
19	浙江国际海运职业技术学院	舟山	1
20	杭州万向职业技术学院	杭州	1
21	杭州职业技术学院	杭州	1
22	浙江交通职业技术学院	杭州	1
23	浙江金融职业学院	杭州	1
24	浙江经济职业技术学院	杭州	1

① 2016年全省招生高职院校数为48。

续表

序号	学院名称	所属地域	旅游大类专业数
25	浙江特殊教育职业学院	杭州	1
26	宁波职业技术学院	宁波	1
27	温州职业技术学院	温州	1
28	浙江东方职业技术学院	温州	1
29	绍兴文理学院	绍兴	1
30	浙江横店影视职业学院	金华	1
31	丽水职业技术学院	丽水	1

数据来源:2016 年教育部高职高专招生专业备案结果。

从表 2 可知,浙江旅游职业学院旅游大类招生专业最多,为 11 个,是省内唯一旅游大类专业基本齐全的高职院校①。其次,浙江商业职业技术学院有 5 个旅游大类专业招生;另外,4 个专业的有 3 所高职院校;3 个专业的院校有 3 所;2 个专业的有 9 所,其余院校都为 1 个专业;1 个专业的院校其专业大多为旅游管理。

3.高职院校招生数量

各院校招生信息汇总统计结果显示,2016 年 31 所旅游高职院校招生共计 75 460 人,旅游大类专业招生共计 8611 人,占比 11.41%(详见表 3)。

表 3 浙江省旅游高职院校招生人数汇总表

学院名称	所在地区	办学性质	招生数(人)	旅游大类招生数(人)
杭州科技职业技术学院	杭州	公办	2447	310
杭州万向职业技术学院	杭州	民办	1950	95
杭州职业技术学院	杭州	公办	2050	40
浙江长征职业技术学院	杭州	民办	3878	126
浙江交通职业技术学院	杭州	公办	1729	90
浙江金融职业学院	杭州	公办	3300	60
浙江经济职业技术学院	杭州	公办	2430	139
浙江经贸职业技术学院	杭州	公办	3580	319
浙江旅游职业学院	杭州	公办	4318	3074
浙江商业职业技术学院	杭州	公办	2135	308
浙江特殊教育职业学院	杭州	公办	386	55

① 旅游大类一共 12 个专业,浙江旅游职业学院有"营养配餐"一个专业没有招生。

续表

学院名称	所在地区	办学性质	招生数(人)	旅游大类招生数(人)
浙江育英职业技术学院	杭州	民办	1155	552
汇总			29 358	5168
宁波城市职业技术学院	宁波	公办	2125	271
宁波职业技术学院	宁波	公办	3150	80
浙江纺织服装职业技术学院	宁波	公办	3397	80
浙江工商职业技术学院	宁波	公办	2202	55
汇总			10 874	486
温州职业技术学院	温州	公办	2186	71
浙江东方职业技术学院	温州	民办	1610	105
浙江工贸职业技术学院	温州	公办	1025	80
汇总			4821	256
嘉兴职业技术学院	嘉兴	公办	3126	144
汇总			3126	144
湖州职业技术学院	湖州	公办	2037	120
汇总			2037	120
绍兴文理学院	绍兴	公办	2758	75
浙江农业商贸职业学院	绍兴	公办	1640	484
汇总			4398	559
金华职业技术学院	金华	公办	8197	298
义乌工商职业技术学院	金华	公办	2904	450
浙江广厦建设职业技术学院	金华	民办	5050	205
浙江横店影视职业学院	金华	民办	990	185
汇总			17 141	1138
浙江国际海运职业技术学院	舟山	公办	1540	144
浙江舟山群岛新区旅游与健康职业学院	舟山	公办	563	270
汇总			2103	414
台州科技职业学院	台州	公办	1293	129
汇总			1293	129
丽水职业技术学院	丽水	公办	3067	197
汇总			3067	197
全部汇总			75 460①	8611

① 由于绍兴文理学院主要为本科，故此未包括绍兴文理学院招生数。

4.浙江省旅游高职教育规模省内比较

从全省旅游高职院校分布来看,位于杭州市的招收旅游大类专业的高职院校数占了全省的38.71%,招生人数集中了全省60.02%。其中浙江旅游职业学院招生专业数11个,招生人数占全省的35.70%。金华市招生人数达到1138人,全省占比达13.22%,此外,绍兴为6.49%,舟山为4.81%,宁波和温州分别占5.64%和2.97%,其余共占6.85%。可见,金华旅游高职招生人数仅次于杭州,远远超过宁波和温州等旅游大市。可以说,杭州市作为旅游高职人才培养高地的地位无可撼动,浙江旅游职业学院作为浙江省旅游业人才培养摇篮的地位已经形成,金华作为旅游高职人才培养的区域性人才高地地位已经确立。从另一方面来讲,浙江省宁波市、温州市等旅游大市高职旅游人才培养与其旅游业发展地位明显不符。

表4 2016年浙江省各地旅游高职教育规模比较表

所在地	院校数(所)	占比(%)	招生数(人)	占比(%)
杭州市	12	38.71	5168	60.02
宁波市	4	12.90	486	5.64
金华市	4	12.90	1138	13.22
温州市	3	9.68	256	2.97
嘉兴市	1	6.45	144	1.67
绍兴市	2	6.45	559	6.49
湖州市	1	3.23	120	1.39
台州市	1	3.23	129	1.50
丽水市	1	3.23	197	2.29
舟山市	2	3.23	414	4.81
衢州市	0	0.00	0	0.00
合计	31	100.00	8611	100.00

数据来源:2016年高等职业教育专业设置备案结果及各校官网数据汇总。

(二)旅游高职教育教学发展概述

1.专业建设

为了进一步推动"十三五"期间的专业建设,2016年,浙江省教育厅组织开展了优势专业和特色专业申报和评审活动,对于通过评审者给予一定经费支持,以达到强者更强的目的,对"十三五"期间专业建设势必产生一定影响。

(1)优势专业建设

根据《浙江省教育厅关于开展高校"十三五"优势特色专业建设的通知》(浙教高教〔2016〕106号)的要求,"十三五"期间要建设300个基础条件较好、人才需求较大、发展后劲足、跻身或有望跻身国内同类前列的本专科专业,使之加快形成和强化在省内外同层次同类型专业中的领先优势，率先成为国内一流、国外具有一定影响力和竞争力的专业标杆。① 浙江省各高校都非常重视此次专业建设计划。通过评审，共有150个高职专业成为省优势专业，其中旅游大类专业共有10个，占全部优势专业总数的6.67%，远少于财经商贸大类、装备制造大类分别占17.33%的比重，也少于电子信息大类11.33%和土木建筑大类、文化艺术大类8.67%的比重。② 具体见表5：

表5 浙江省"十三五"各大类优势专业建设数比较表

序号	大类	大类院校数(所)	大类专业数(个)	大类专业数占比(%)
1	财经商贸大类	12	26	17.33
2	装备制造大类	16	26	17.33
3	电子信息大类	16	17	11.33
4	土木建筑大类	7	13	8.67
5	文化艺术大类	11	13	8.67
6	**旅游大类**	**6**	**10**	**6.67**
7	农林牧渔大类	7	8	5.33
8	教育与体育大类	7	7	4.67
9	轻工纺织大类	5	5	3.33
10	交通运输大类	5	5	3.33
11	公安与司法大类	5	5	3.33
12	食品药品与粮食大类	3	4	2.67
13	医药卫生大类	4	4	2.67
14	新闻传播大类	3	3	2.00
15	生物与化工大类	2	2	1.33
16	水利大类	1	1	0.67
17	公共管理与服务大类	1	1	0.67
汇总			150	100.00

浙江省旅游大类优势专业主要涉及6个院校，10个专业，其中，会展策划与管理专业有2个学校，烹调工艺与营养、旅游管理也有2个学校，具体见表6：

① 浙江省教育厅关于开展高校"十三五"优势特色专业建设的通知，2016年，http://www.zjedu.gov.cn/news/147142866544852090.html.

② 浙江省教育厅关于公布浙江省高校"十三五"优势专业建设项目的通知，2016年，http://www.zjedu.gov.cn/news/148187422609223872.html.

表 6　浙江省"十三五"旅游大类优势专业建设名单

序号	所在院校	专业名称	所在地区
1	浙江旅游职业学院	酒店管理	杭州
2	浙江旅游职业学院	导游	杭州
3	浙江旅游职业学院	会展策划与管理	杭州
4	浙江旅游职业学院	景区开发与管理	杭州
5	浙江旅游职业学院	西餐工艺	杭州
6	浙江商业职业技术学院	烹调工艺与营养	杭州
7	浙江经贸职业技术学院	会展策划与管理	杭州
8	湖州职业技术学院	旅游管理	湖州
9	宁波城市职业技术学院	旅游管理	宁波
10	浙江农业商贸职业学院	烹调工艺与营养	绍兴

(2)特色专业建设

浙教高教〔2016〕106 号文件同时提出要建设 400 个省级特色专业,其中高职 200 个。通过建设,使之进一步培育和凝练专业特色,成为特定领域和行业的人才培养和社会服务能力强的、省内外同层次同类型专业中的骨干。通过评审,共有 200 个高职专业成为省特色专业,其中旅游大类专业共有 13 个,占全部特色专业总数的 6.50%,与省优势专业占比大致相近,远少于财经商贸大类的 24.50%的比重,也少于装备制造大类的 12.5%、土木建筑大类的 8.5%、电子信息大类的 7.5%,与文化艺术大类、教育与体育大类、交通运输大类比重相同。① 具体见表 7:

表 7　浙江省"十三五"旅游大类特色专业建设名单

序号	大类	院校数(所)	大类专业数(个)	大类专业数占比(%)
1	财经商贸大类	30	49	24.50
2	装备制造大类	20	25	12.50
3	土木建筑大类	11	17	8.50
4	电子信息大类	14	15	7.50
5	文化艺术大类	9	13	6.50
6	**旅游大类**	**11**	**13**	**6.50**

① 浙江省教育厅关于公布浙江省高校"十三五"特色专业建设项目的通知,2016 年,http://www.zjedu.gov.cn/news/149310163787470450.html.

续表

序号	大类	院校数(所)	大类专业数(个)	大类专业数占比(%)
7	教育与体育大类	12	13	6.50
8	交通运输大类	8	13	6.50
9	医药卫生大类	10	11	5.50
10	农林牧渔大类	6	8	4.00
11	轻工纺织大类	6	8	4.00
12	公安与司法大类	2	5	2.50
13	食品药品与粮食大类	2	3	1.50
14	资源环境与安全大类	2	2	1.00
15	公共管理与服务大类	2	2	1.00
16	新闻传播大类	1	1	0.50
17	水利大类	1	1	0.50
18	能源动力与材料大类	1	1	0.50
汇总			200	100.00

浙江省旅游大类特色专业主要涉及11所院校,13个专业,其中,休闲服务与管理专业有2所学校,酒店管理专业有4所学校,会展策划与管理专业也有2所学校,导游专业也有2所学校,具体见表8:

表8 浙江省“十三五”旅游大类特色专业建设名单

院校	专业名称	类型	所在地区
杭州科技职业技术学院	会展策划与管理	备案类	杭州
杭州职业技术学院	旅游管理	备案类	杭州
浙江经济职业技术学院	酒店管理	评审类	杭州
浙江经贸职业技术学院	酒店管理	评审类	杭州
浙江旅游职业学院	烹调工艺与营养	评审类	杭州
浙江旅游职业学院	休闲服务与管理	评审类	杭州
浙江商业职业技术学院	酒店管理	备案类	杭州
金华职业技术学院	酒店管理	备案类	金华
浙江横店影视职业学院	导游	备案类	金华

续表

院校	专业名称	类型	所在地区
宁波城市职业技术学院	会展策划与管理	评审类	宁波
宁波职业技术学院	旅游管理	备案类	宁波
浙江舟山群岛新区旅游与健康职业学院	休闲服务与管理	备案类	舟山
浙江舟山群岛新区旅游与健康职业学院	导游	备案类	舟山

通过“十三五”期间优势专业和特色专业建设，杭州作为高职旅游人才培养的高地地位将进一步巩固；宁波、金华、舟山也将各拥有 2 个以上旅游大类优势专业或特色专业，作为高职旅游人才培养的区域中心地位将得到确立；湖州、绍兴将各自拥有 1 个优势专业，相关旅游专业在作为本区域性人才培养的领头地位将确立，而温州、嘉兴、台州、丽水等地由于优势专业、特色专业缺乏，区域性旅游人才培养的带领作用将难以体现出来。

（3）实训基地建设

2017 年 7 月省教育厅颁布《浙江省教育厅办公室关于开展“十三五”高等职业教育示范性实训基地建设的通知》（浙教办函〔2017〕161 号），提出推进“十三五”高等职业教育示范性实训基地建设工作，要求重点推进旅游、现代农业技术、高端装备制造、海洋经济、信息经济、清洁能源、轨道交通、现代物流、金融、健康养老服务、文化创意产业等相关专业实训基地建设，全省计划立项 210 个“十三五”高等职业教育示范性实训基地建设项目。① 通过评审，共计 208 个实训基地项目立项，其中旅游以及相关实训基地项目共计 13 项。② 具体见表 9：

表 9　浙江省“十三五”旅游类实训基地建设项目名单

序号	院校	实训基地名称	实训基地类型	专业类型
1	浙江旅游职业学院	酒店管理专业综合实训中心	生产性实训基地	旅游类
2	浙江横店影视职业学院	旅游管理实训基地	生产性实训基地	综合类
3	浙江农业商贸职业学院	浙菜创新生产性实训基地	生产性实训基地	烹饪类
4	浙江旅游职业学院	导游“四位一体”综合实训中心	虚拟仿真实训中心	旅游类
5	浙江旅游职业学院	旅游规划设计综合实训室	虚拟仿真实训中心	旅游类
6	宁波城市职业技术学院	旅游管理实训中心	虚拟仿真实训中心	旅游类
7	浙江商业职业技术学院	烹调工艺与营养实训基地	其他类实训基地	烹饪类

① 浙江省教育厅办公室关于开展“十三五”高等职业教育示范性实训基地建设的通知，2017 年，http://www.zjedu.gov.cn/news/149843961963418834.html.

② 浙江省教育厅办公室关于公布“十三五”高等职业教育示范性实训基地建设项目立项名单的通知，2017 年，http://www.zjedu.gov.cn/news/150607010599262327.html.

续表

序号	院校	实训基地名称	实训基地类型	专业类型
8	湖州职业技术学院	湖州国际旅游学院综合实训基地	其他类实训基地	综合类
9	杭州科技职业技术学院	高端会议服务与旅游创新综合实训基地	其他类实训基地	综合类
10	浙江舟山群岛新区旅游与健康职业学院	旅游综合性实训基地	其他类实训基地	旅游类
11	浙江旅游职业学院	烹饪实验实训中心	生产性实训基地	烹饪类
12	浙江旅游职业学院	国际邮轮实训中心	虚拟仿真实训中心	旅游相关
13	浙江旅游职业学院	航空服务综合实训中心	虚拟仿真实训中心	旅游相关

2.科学研究

本报告以下述两方面资料为主分析全省 31 所旅游院校 2016 年科研情况:一是《中国知网》中《旅游学刊》《旅游科学》《旅游论坛》三种期刊发表论文;二是 2016 年立项的浙江省哲学社会科学规划课题项目、教育部人文社科基金项目立项项目数。结果显示,全省高职院校仅浙江旅游职业学院在《旅游学刊》《旅游科学》《旅游论坛》三种期刊上发表 3 篇论文;立项的省部级项目有三项,分别是:浙江旅游职业学院陈丽君老师的《社会语言学视角下旅游广告语言的历时研究 1927—2015)》、浙江舟山群岛新区旅游与健康学院荣海涛的《国际海岛旅游大会推动下舟山海岛休闲旅游目的地提升路径研究——基于旅游供给侧创新的视角》、湖州职业技术学院张安民的《特色小镇旅游空间生产公众参与的影响机制与社会动员》。总体而言,高职院校有关旅游方面的科研相对比较薄弱,高层次的项目比较少,高质量的研究成果较少。

表 10　2016 年浙江省旅游高职院校主要科研成果汇总表

旅游相关论文数	旅游主要类期刊论文数	旅游类省部级课题立项数
15	9	3

3.英才项目与竞赛获奖

(1)省级及以上竞赛获奖

本报告主要对各院校导游服务、中餐主题宴会、西餐宴会、烹饪等旅游类赛项获奖数进行分析,具体如下表:

表 11　2016 年浙江省旅游院校旅游类职业技能大赛获奖汇总表

院校名称	导游服务竞赛（普通话组）	导游服务竞赛（英语组）	中餐主题宴会设计竞赛	烹饪竞赛	西餐宴会服务竞赛
杭州科技职业技术学院	3	1	1	–	2
杭州万向职业技术学院	3	2	1	–	2
杭州职业技术学院	–	–	–	–	–
嘉兴职业技术学院	1	2	1	–	1
金华职业技术学院	3	2	1	–	2
丽水职业技术学院	2	2	–	–	–
宁波城市职业技术学院	3	2	–	–	2
宁波职业技术学院	–	–	–	–	–
绍兴文理学院	–	–	–	–	–
台州科技职业学院	1	1	–	–	1
温州职业技术学院	–	–	–	–	–
义乌工商职业技术学院	1	2	–	–	1
浙江长征职业技术学院	–	–	–	–	–
浙江东方职业技术学院	2	2	–	–	1
浙江纺织服装职业技术学院	–	–	–	–	–
浙江工贸职业技术学院	3	–	1	–	–
浙江工商职业技术学院	3	2	1	–	1
浙江广厦建设职业技术学院	3	1	–	–	1
浙江国际海运职业技术学院	–	–	1	–	1
浙江横店影视职业学院	1	–	–	–	–
浙江交通职业技术学院	–	–	–	–	–
浙江金融职业学院	–	–	–	–	–
浙江经济职业技术学院	–	2	1	–	1
浙江经贸职业技术学院	2	–	1	–	–
浙江旅游职业学院	3	2	1	1	2
浙江农业商贸职业学院	2	–	1	1	2
浙江商业职业技术学院	3	1	1	1	2
浙江特殊教育职业学院	–	–	–	–	–
浙江舟山群岛新区旅游与健康职业学院	3	2	1	–	2

（资料来源：浙江省大学生科技竞赛网）

(2)"万名旅游英才计划"项目

为贯彻《国务院关于促进旅游业改革发展的若干意见》精神,落实"515"战略关于旅游人才工作的重点举措,为旅游业改革发展吸引、汇聚更多优秀人才,国家旅游局决定组织实施"万名旅游英才计划",从2015年起利用3年时间,分批遴选、资助10 000余名旅游相关专业的教师、学生以及旅游企业拔尖骨干管理人才和高级技术技能人才。[①] 其中,创新创业型英才培养项目、实践服务型英才培养项目面向在校旅游类专业大学生申报。2016年,浙江省旅游院校中仅浙江旅游职业学院和浙江商业职业技术学院在"万名旅游英才计划"中分别立项。

表12　2016度浙江省旅游高职院校万名旅游英才计划立项汇总表

院校名称	双师型教师培养项目(项)	实践服务型英才培养项目(项)	院校合计(项)
浙江旅游职业学院	10	14	24
浙江商业职业技术学院	3	4	7

4.社会服务

作为浙江省旅游局下属旅游院校,浙江旅游职业学院是服务全省旅游行业的中坚力量。2016年,浙江旅游职业学院依托浙江省旅游发展研究中心、浙江旅游科学研究院、中国旅游研究院旅游标准化研究基地、浙江省旅游标准化技术委员会、浙江省智慧旅游体验中心以及浙江省旅游局旅游统计数据中心等六大研究平台,编制了"服务万亿旅游产业的五年行动计划",为浙江省旅游业发展提供各项智力支持,并荣获2016年全国高职院校"服务贡献50强"。2016年共签署各类校企、校地研究课题90项,合同金额1600万元,实际到款金额1360万元。其一,承担了旅游智库功能,2016年完成《浙江省旅游业人才发展"十三五"规划》《浙江省水上旅游开发规划》《运河浙江段旅游发展规划》《浙江红色旅游发展"十三五"规划》、全省高等级景区(含重点培育)暗访项目等省旅游局委托的重大课题。值得一提的是,为了助推浙江省万个A级景区村建设,浙江旅游职业学院组建了100多个师生工作团队,于2017年下半年陆续进入全省各创建乡村开展A级景区村庄标准宣贯、乡村旅游从业人员的服务指导和培训、景区创建的指导等。其二,承担大量旅游行业人才培训。2016年,举办了山东、宁夏、广西、广东等地旅游高端人才培训;近3年,人员培训人数达到近14万人次,切实为旅游经济强省建设提供人才支持。

另外,一些综合性高职院校旅游类专业在服务本地旅游行业企业方面做了大量工作。如宁波城市职业技术学院旅游学院2016年承办了第二届民宿高峰论坛暨名宿产业对洽会;2017年举办了"宁波民宿沙龙"主题交流活动;举办了系列服务宁波本地旅游业的乡村旅游人才培训班,等等。如湖州职业技术学院2016年在湖州市旅游委的支持下成立湖州国际旅游学院,2016年举办了"六个一百"旅游领军人才培训班;2017年与湖州市旅游委合作举办

① 国家旅游局办公室关于印发"万名旅游英才计划"实施方案的通知,2015年,http://www.cnta.gov.cn/zdgz/lyrc/201507/t20150702_720041.shtml.

了湖州乡村旅游领军人才培训班等。

5.旅游教育国际化

2016—2017 年,浙江省旅游高职教育国际化有几件标志性事情:一是中澳酒店管理学院批准设立。中澳酒店管理学院由浙江旅游职业学院与澳大利亚威廉·安格理斯学院合作举办,实施专科层次的高等教育,首期开设酒店管理、旅游管理和西餐工艺 3 个专业,招生列入国家普通高校招生计划,首届招收 175 人。中澳国际酒店管理学院是浙江省第 5 所设立境内中外合作办学机构的高职院校,标志浙江省旅游高职教育国际化办学道路上又一个新的里程碑。二是浙江旅游职业学院 11 个专业通过联合国世界旅游组织(UNWTO)认证,其中,酒店管理、导游、景区开发与管理、会展策划与管理、西餐工艺、会计等 6 个专业复核,国际邮轮乘务、电子商务、旅游英语、旅游日语、空中乘务等 5 个首次申报专业顺利通过该组织旅游教育质量认证。三是浙江旅游职业学院以及有旅游类专业的金华职业技术学院、义乌工商职业技术学院、浙江经贸职业技术学院、浙江商业职业技术学院、宁波职业技术学院进入 2017 年发布的《2017 中国高等职业教育质量年度报告》中的"国际影响力 50 强"榜单,占榜单总数的 12%。

二、旅游中职教育概况

(一)旅游中职教育规模

1.院校数量及分布

由于缺乏全省旅游中职学校情况的准确统计,本报告根据浙江省教育厅公布 2016 年教育质量报告的 45 所开办旅游类专业的国家改革发展示范校以及各类重点中职学校(简称为旅游中职学校)为数据来源①,对其进行分析,以供参考。

表 13　2016 年浙江省各类旅游中职学校数汇总表

所在地区	公布学校数(所)	旅游中职学校数(所)	旅游中职学校数占比(%)	所在地区	公布学校数(所)	旅游中职学校数(所)	旅游中职学校数占比(%)
杭州市	4	2	50.00	金华市	3	1	33.33
宁波市	17	8	47.06	衢州市	6	3	50.00
温州市	3	1	33.33	舟山市	4	4	100.00
嘉兴市	10	4	40.00	台州市	3	3	100.00
湖州市	7	6	85.71	丽水市	8	6	75.00
绍兴市	13	7	53.85	汇总	78	45	57.69

资料来源:各校 2016 年质量年度报告及各校官网。

① 数据来源:浙江省教育厅 2017 年 6 月 26 日发布《浙江省中职质量年度报告》, http://www.zjedu.gov.cn/news/149846203735888203.html.

这些旅游中职学校中,未发现开设会展服务与管理专业,开设旅游服务与管理(包括旅游服务)专业的学校数量最多,占开办旅游类专业中职学校数的71.74%;景区服务与管理专业开办学校最少,仅占4.35%。

表14　2016年浙江省旅游中职学校旅游大类专业开设情况表

序号	专业	学校数(所)	占比(%)
1	酒店服务与管理(包括饭店服务与管理)	23	50.00
2	旅游服务与管理(包括旅游服务)	33	71.74
3	导游(包括定向)	9	19.57
4	旅游外语(包括涉外旅游)	3	6.52
5	景区服务与管理	2	4.35
6	烹饪(包括中西餐烹饪)	27	58.70

资料来源:各校2016年质量年度报告及各校官网。

3.中职学校学生数量

浙江省45所旅游中职学校2016年在校生人数共138 126人,2016年招生人数共48 459人,旅游大类专业招生人数共7855人。根据国家旅游局发布的《2016年全国旅游教育培训统计》,2016年浙江省旅游类专业招生数9117人,这45所中职院校旅游类招生数占2016年浙江省招生总数的86.16%。

表15　2016年浙江省45所旅游中职学校学生规模汇总表

所在区域	学校名称	在校生数(人)	招生数(人)	旅游大类招生数(人)	毕业生规模(人)
杭州市	杭州市中策职业学校	3133	1021	375	1012
	杭州市第一技师学院	3697	1248	200	1370
宁波市	宁波市甬江职业高级中学	2042	768	230	736
	余姚市职成教中心学校	3118	1118	164	1045
	宁波市北仑职业高级中学	3447	1216	220	1119
	宁海县高级职业技术中心学校	4187	1439	120	1365
	宁波行知中等职业学校	2966	1184	165	1049
	宁波东钱湖旅游学校	2118	779	245	633
	宁波市镇海区职业教育中心学校	2479	851	110	696
	奉化市技工(旅游)学校	1565	473	147	629

续表

所在区域	学校名称	在校生数（人）	招生数（人）	旅游大类招生数（人）	毕业生规模（人）
温州市	温州市瓯海职业中专集团学校	3820	1271	70	956
嘉兴市	桐乡技师学院（筹）	4702	1783	315	1931
	嘉兴技师学院	4907	1382	160	1125
	海盐县理工学校	2791	1039	140	970
	嘉兴市交通学校	1778	704	80	501
湖州市	浙江信息工程学校	4623	1463	350	1225
	长兴县职业技术教育中心学校	3278	1122	192	1555
	德清县职业中等专业学校	3007	1070	240	1096
	湖州艺术与设计学校	2909	1079	195	1031
	安吉县上墅私立职业高级中学	1814	899	255	373
	浙江省安吉职业教育中心学校	2638	1012	160	1253
绍兴市	绍兴市上虞区职业中等专业学校	3223	916	210	1156
	绍兴市柯桥区职业教育中心	5793	2182	210	1316
	绍兴市职业教育中心	4296	1523	285	1322
	嵊州市中等职业技术学校	2800	958	145	931
	新昌县大市聚职业中学	1447	569	70	472
	诸暨技师学院	3685	1361	100	1713
	柯桥区财经学校	2019	686	135	720
金华市	金华市高级技工学校	3732	1486	0	1062
衢州市	衢州中等专业学校	5566	1641	170	1792
	江山中等专业学校	3086	1238	120	985
	常山县职业中专	2037	670	80	605
舟山市	舟山职业技术学校	4289	1486	240	1306
	岱山县职业技术学校	665	179	80	156
	普陀职教中心	1396	459	330	592
	舟山航海学校	1270	509	125	220

续表

所在区域	学校名称	在校生数（人）	招生数（人）	旅游大类招生数（人）	毕业生规模（人）
台州市	温岭市职业技术学校	4581	1786	225	1605
	临海市中等职业技术学校	4141	1399	250	1536
	三门县职业中等专业学校	3556	1229	50	1201
丽水市	丽水市职业高级中学	2699	1025	260	1133
	龙泉市中等职业学校	3909	1178	60	1197
	青田县职业技术学校	2245	699	407	699
	松阳县职业中等专业学校	2338	809	60	709
	遂昌县职业中等专业学校	2395	863	50	675
	云和县中等职业技术学校	1939	688	60	559
汇总		138 126	48 459	7855	45 332

资料来源：各校2016年质量年度报告及各校官网。

（二）旅游中职教育教学发展概述

1.专业建设

2016年，浙江省教育厅颁布《浙江省“中等职业教育质量提升行动计划”实施方案》（简称《实施方案》），提出在全省实施“中等职业教育质量提升行动计划”，具体包括“浙江省中职教育名校名师名专业建设工程”“浙江省中职教育产教融合工程”“浙江省中职学生核心素养提升工程”“浙江省中职教育均衡发展工程”“浙江省成人继续教育服务工程”五大工程，提出扶持建设50所省级中职名校，重点扶持建设100个品牌专业和100个优势特色专业。根据《实施方案》，各地市相继开展申报工作，经评审，最终于2017年公布立项名单。其中，独立建制的旅游学校只有杭州市旅游职业学校进入50所省级中职名校名单，旅游类品牌专业和优势特色专业名单具体见表16：

表16　2017年浙江省中职学校品牌专业、优势专业立项名单

学校名称	专业名称	品牌专业	所在地区
杭州市中策职业学校	烹饪	品牌专业	杭州
杭州市旅游职业学校	旅游服务与管理	品牌专业	杭州
德清县职业中等专业学校	中餐烹饪	品牌专业	湖州
景宁县畲族职业高中	旅游服务与管理	品牌专业	丽水
温州华侨职业中等专业学校	烹饪	品牌专业	温州

续表

学校名称	专业名称	品牌专业	所在地区
普陀职教中心(普陀技工学校)	旅游服务与管理	品牌专业	舟山
杭州市桐江职业学校	中餐烹饪(十六回切)	优势特色专业	杭州
安吉职教中心(安吉技工学校)	旅游服务与管理(亲子游)	优势特色专业	湖州
德清县职业中等专业学校	旅游服务与管理(民宿服务)	优势特色专业	湖州
浙江商贸学校	中餐烹饪与营养膳食	优势特色专业	金华
丽水市职业高级中学	旅游服务与管理	优势特色专业	丽水
鄞州古林职业高级中学	中餐烹饪与营养膳食	优势特色专业	宁波
衢州中等专业学校	旅游服务与管理	优势特色专业	衢州
上虞区职业中等专业学校	中餐烹饪与营养膳食	优势特色专业	绍兴

从各地立项情况来看,浙江省 11 个地市中,杭州市、湖州市立项数最多,为 3 项,丽水市有 2 项,宁波、温州、金华、绍兴、舟山、衢州各 1 项,嘉兴和台州没有立项。从各大类专业立项数来看,旅游服务类立项数为 14 项,仅次于文化艺术类和加工制造类,与财经商贸类相同,占总立项数的 12.28%。相比于高职旅游大类优势专业 6.67%和特色专业 6.50%的立项数占比,中职旅游类品牌专业和优势特色专业的立项数占比相对较高。这可能与中职旅游类专业更受地方政府关注,整体实力更强有关。具体见表 17:

表 17　2017 年浙江省中职旅游类与其他各类优势特色专业立项数比较表

序号	大类	立项专业数(项)	专业数占比(%)
1	文化艺术类	24	21.05
2	加工制造类	19	16.67
3	财经商贸类	14	12.28
4	**旅游服务类**	**14**	**12.28**
5	交通运输类	12	10.53
6	信息技术类	8	7.02
7	土木水利类	6	5.26
8	医药卫生类	6	5.26
9	农林牧渔类	6	5.26
10	教育类	1	0.88
11	轻纺食品类	1	0.88

续表

序号	大类	立项专业数(项)	专业数占比(%)
12	石油化工类	1	0.88
13	公共管理与服务类	1	0.88
14	资源环境类	1	0.88
汇总		114	100.00

2.课程改革

2014年,为了创新中等职业教育人才培养模式,增强中职教育吸引力和竞争力,浙江省教育厅颁布《浙江省中等职业教育课程改革方案》,决定进一步深化中等职业教育课程改革,主要任务为加大选修课比例,实施学分制等。2014年,省教育科学研究院公布了首批34所试点学校名单。就旅游中职学校而言,主要进行了选择性课改探索。如杭州市中策职业学校2001年参与中等职业学校学分制试点改革,在浙江省率先推行"学分制",并于2003年全面推行,于2014年成为浙江省选择性课程改革的第一批试点单位,提出"一体两翼、六群三融"的课程学分制改革模式,在包括旅游类等6大专业中实施。"一体两翼"总体思路是共创工学一体新机制,促进专业集群、人才跨界一体化,实现创新创业教育、英语特色教育两翼发展。所谓"六群三融"的课程结构是学校搭建六大模块的选择性课程体系,即"职业体验课程群""订单课程群""素养提升课程群""国际理解力课程群""创新创业课程群""文化创意课程群"。"三融"指所有课程建设与实施"与日常生活和社团实践活动相融合""与行业、企业和产业发展变化相融合""与信息化、国际化发展需求相融合"。通过课程群的搭建,为学生提供了大量选修课程,学生修满学分即可毕业。"学分制"为学生个性化培养提供了支撑,满足了不同潜质学生的发展需求。

3.师资队伍建设

2016年浙江省教育厅颁布的"中等职业教育质量提升行动计划"中还包括100名行业名师和大师评选活动。同样,各地都非常重视,通过评审,共有57位来自行业、企业的大师被评出。其中旅游业共有9位,占总数的15.79%。

表18 2017年浙江省中职旅游类大师及大师工作室立项数汇总表

序号	大师名字	合作学校	专业或方向
1	胡忠英	杭州市中策职业学校	烹饪
2	李林生	德清县职业中等专业学校	中式烹调
3	孙莹莹	嘉善信息技术工程学校	导游、旅行社管理
4	姚国兴	浙江信息工程学校	烹饪
5	张　勇	杭州市西湖职业高级中学	中式烹调

续表

序号	大师名字	合作学校	专业或方向
6	欧阳军	婺城区九峰职业学校	药膳
7	周建伟	丽水市职业高级中学	烹饪
8	潘晓琳	温州华侨职业中等专业学校	烹饪
9	茅天尧	绍兴市职教中心(绍兴技工学校)	中式烹调

另外,共有57位名师被评选出,其中旅游业共有6位,占总数的10.53%。值得一提的是,评选出的旅游业大师中有8位从事烹饪相关专业工作,占旅游业大师总数的88.89%,而名师则只有33.33%为烹饪相关专业。

表19　2017年浙江省中职旅游类名师及名师工作室立项数汇总表

序号	名师	所在学校	专业或方向
1	杨剑峰	嘉善信息技术工程学校	旅游英语
2	厉志光	杭州市西湖区职业高级中学	烹饪
3	胡钰凤	丽水市职业高级中学	旅游服务与管理
4	余铁军	绍兴市职业教育中心	中式烹调
5	徐春燕	宁波东钱湖旅游学校	旅游服务与管理
6	沈民权	嘉兴技师学院	旅游服务与管理

4.社会服务

中职学校社会服务一般充当当地行业和产业人才培训基地,为当地产业发展提供人才培训。旅游中职学校主要为当地进行旅游业人才培训服务。如宁波东钱湖旅游职业学校依托旅游服务与管理专业优势,通过与浙江旅游职业学院合作,成立浙江旅游职业学院继续教育学院鄞州分院,充分发挥学校作为鄞州宾服技能鉴定站(餐饮服务员、客房服务员、茶艺师)的作用,为“双证书”人才培养模式提供绿色通道,把学校建成区域性旅游人才培训基地,为旅游企业员工的技能以及学历提升提供培训服务。① 再如安吉县上墅私立职业高级中学针对安吉县旅游服务人员素质提升的迫切需求,开设导游技能培训、餐饮服务员技能、客房服务员技能等职业技能培训,2016年旅游服务类培训226人,另经人社部门考核鉴定有87.6%的培训人员取得了中级职业资格证书。②

5.旅游教育国际化

旅游中职旅游教育国际化主要有两方面:一是教师培养培训的国际化,如安吉县上墅私

① 数据来源:宁波东钱湖旅游学校2016年教育质量年度报告,2016年12月。
② 数据来源:安吉县上墅私立职业高级中学2016年教育质量年度报告,2017年1月。

立职业高级中学2016年先后派送7名教师赴澳大利亚、韩国、日本等发达国家培训，派8名教师参加国家级、省级骨干教师培训，每年有20余名专业教师下企业锻炼，组织校本培训32次，请校外专家来校讲学7次，教师培训数达到532人次，用于教师培训的费用接近30万元。[①] 二是学生教育的国际化。如宁波东钱湖旅游学校与澳大利亚霍姆斯格兰学院、日本武藏浦、日本法人翼路学园等多家国外高校达成合作办学意向。自从开办日语、韩语班以来，共有56名学生赴英国、日本、韩国留学，2016年，毕业生共有9名学生出国留学，占毕业生总数的1.42%。[②]

6.教育信息化

为了推动浙江省职业教育信息化建设，加强职业教育数字化资源开发与应用，浙江省教育厅启动职业教育数字化资源建设工作。按照“省建平台，校建资源，引领示范，共建共享”的思路，2013—2015年，在全省建设20个省级职业教育数字化资源建设基地学校，建成和推广一批符合职业教育课程改革和专业发展要求的高质量教育教学资源，培养一支职业教育资源建设与应用的骨干教师队伍，引领和带动全省职业教育数字化资源建设与应用工作。2013年以来浙江省依托“浙江职业教育资源网”[③]和“人人通”网络空间[④]推动学校开放数字化教学资源。2013年浙江省教育厅公布首批建设名单，2015年启动第一批验收，开始第二批申报，目前已经有两批共28所学校列入建设名单。其中，第一批通过验收的13个中职学校及专业中，只有宁波东钱湖旅游学校的旅游服务与管理专业；第二批有杭州市中策职业学校的烹饪专业。省教育厅推动教育信息化建设不仅仅对建设立项学校的教学信息化建设有较大的推动作用，还对广大中职学校有强烈的导向作用，如湖州艺术与设计学校积极建设教学资源，涵盖学校各大类专业的近百门课程，每个教师都开通了“人人通平台”和“浙江教育资源公共平台”个人空间，并积极投入到个人空间建设中去，学校浙江教育资源公共平台个人空间活跃度达到80%以上。学校精品课录播教室在2016年进入了广泛使用应用阶段。精品课录播教室共开课105节次，录制教学视频83节次。同时，精品课录播教室在开课期间实时在线向全校范围开展网络直播，满足了教师在办公室等其他地方进行培训的需求。[⑤]

三、浙江省旅游职业教育发展的思考

（一）旅游类专业现代学徒制试点的现状及思考

在2016年公布第一批现代学徒制试点之后，2017年4月，教育部发布《关于做好2017年度现代学徒制试点工作的通知》，要求开始第二批现代学徒制试点单位的申报工作。经过评审，浙江省有杭州职业技术学院、嘉兴职业技术学院、浙江工贸职业技术学院、浙江工业职业技术学院、浙江旅游职业学院等高职现代学徒制试点获立项，旅游类专业只有浙江旅游职

① 数据来源：安吉县上墅私立职业高级中学2016年教育质量年度报告，2017年1月。

② 数据来源：宁波东钱湖旅游学校2016年教育质量年度报告，2016年12月。

③ 网址：http://www.zjve.cn/.

④ 网址：http://www.daydayup.com.cn/.

⑤ 数据来源：湖州艺术与设计学校2016年教育质量年度报告，2016年12月30日。

业学院的烹调工艺与营养、酒店管理、休闲服务与管理三个试点专业。① 另外，中职方面，浙江省只有绍兴市柯桥区职业教育中心的烹饪专业进行现代学徒制试点。尽管没有列入教育部试点名单，浙江省其他高职院校的旅游类专业也积极探索各层次现代学徒制试点，如杭州职业技术学院旅游管理专业的“在线旅游工作室”现代学徒制探索；②宁波城市职业技术学院旅游学院酒店管理专业探索豪生班现代学徒制；③湖州职业技术学院旅游管理专业在会展旅游、出境领队、乡村旅游等 7 个方向进行现代学徒制④探索，等等。

在教育部的推动下，浙江省教育厅、省发改委、省经信委、省财政厅、省人力社保厅、省国资委联合下发《关于开展现代学徒制试点工作的通知》（浙教职成〔2016〕31 号）就浙江省现代学徒制的推行提出了指导意见，主要有以下方面内容：一是提出了总体目标，即到 2016 年底，全省有五分之一及以上职业院校开展现代学徒制试点，并在此基础上，逐步扩大试点规模与范围；到 2020 年，实现凡适合现代学徒制形式培养技术技能人才的学校、专业均开展试点，大部分大中型企业及相关行业参与试点。二是有针对性提出了一些保障措施，其中最为关键的措施就是加大政策扶持。文件要求财政部门建立生均经费制度，健全学徒制试点工作资金筹措机制，激发企业在现代学徒制试点中的积极性和能动性；人力社保部门要在双导师队伍建设、实践基地建设等方面给予政策保障与支持。文件要求各地要通过财政资助、政府购买服务、职业培训补贴等措施，探索建立多样化的利益补偿机制，激发、引导企业和职业院校积极开展现代学徒制试点。针对现代学徒制试点过程中企业所付出的成本，文件提出建立健全投入机制，探索建立人才培养成本分担机制，企业参与现代学徒制试点产生的学徒制培训费用符合有关政策规定的，由政府提供职业培训和职业技能鉴定补贴；企业对学徒开展在岗培训、业务研修等企业内部发生费用，符合有关政策规定的，可从企业职工教育经费中列支等。概言之，按照省教育厅浙教职成〔2016〕31 号文件，为了激发企业参与现代学徒制试点工作积极性，政府应给予一定经费补贴等予以支持。根据该文件，现代学徒制试点的经费主要有两方面承担：一是企业，主要承担试点学生工资以及教育培训费用；二是各级政府，主要承担激励企业参与现代学徒制试点的职业培训和职业技能鉴定补贴费用和企业导师带徒补贴费用等。这些经费保障措施的落实涉及各方面的经费问题，非教育部门一家所能决定，为此，文件还联合省财政厅、发改委、省人力社保厅等相关部门一起发文，以此增加文件的权威性。

各地为了贯彻落实浙江省教育厅浙教职成〔2016〕31 号文件的要求，开始启动本地的现代学徒制试点工作。如杭州市于 2016 年 11 月，同样由杭州市教育局、市发改委、市人力社保局、市财政局、市国资委、市经信委联合下发《关于开展现代学徒制试点工作的实施意见》（杭教职成〔2016〕1 号）。该文件就杭州市落实现代学徒制试点提出了具体的实施意见。就

① 现代学徒制试点工作管理平台，中国高职高专教育网，http://pilot.moe.ixuetu.org/site/login.

② 旅游管理专业积极探索现代学徒制教学改革，http://www.hzvtc.edu.cn/info/1304/17708.htm.

③ 大中华酒店有限公司现代学徒制豪生班开班，https://mp.weixin.qq.com/s? __biz=MzA5NzkwNDQzMw%3D%3D&idx=1&mid=2652438551&sn=53291148e8ffaf7046f6bc1621d1036d.

④ 湖州职业技术学院“优势、特色”专业介绍，https://mp.weixin.qq.com/s? __biz=MzIyNzg5NTUxNA%3D%3D&idx=1&mid=2247483767&sn=4aca8faf35408ac5b476b69b23ad972d.

经费保障问题，该文件主要有以下方面内容：一是进一步明确企业和职业院校开展现代学徒制试点投入的主体责任，也就是说，该文件要求经费主要来源于企业和学校。文件规定，对非全日制学徒生，在学习培训期间，按照劳动合同约定，由企业根据学徒实际工作贡献支付不低于当地最低工资标准的学徒基本工资并依法参加社会保险；企业按照合作协议约定，向职业院校支付学徒培训经费，从企业职工教育经费中列支；企业对学徒开展在岗培训、业务研修等企业内部发生费用，符合有关政策规定的，可从企业职工教育经费中列支。也就是说，企业需要承担非全日制学徒的基本工资、相应的社会保险费用、学徒培训经费以及学徒内部培训经费。对全日制学徒生，文件规定，试点院校要将学徒实习责任保险保费列入学校经费预算。学徒在企业实习培训期间，由企业根据学徒实际工作贡献支付不低于当地最低工资标准50%的学徒实习生活补贴。试点职业院校根据实习时间累计1个月以上的学徒人数，按人均每月300元的标准，用于学徒在企业内发生的培训费用补助，其余部分由企业在职工教育经费中列支。学徒制导师由企业和院校双方各付各自人员津贴。可见，全日制学徒现代学徒制主要费用由企业和院校双方承担。二是政府的经费保障责任。根据该文件，政府落实试点建设项目扶持资金，即对杭州市30个现代学徒制试点建设项目进行政策扶持，具体办法另拟。总之，杭州市的实施方案细化了省教育厅浙教职成〔2016〕31号文件的实施内容，就现代学徒制实施过程中经费分配的责任问题，明确了实施中企业、院校的主体责任，淡化了政府部门对现代学徒制给予激励的经费扶持责任。

省教育厅颁布的现代学徒制实施方案颁布以后，在很大程度上激发了各级政府实施现代学徒制的热情，现代学徒制在中职和高职轰轰烈烈开展起来。从浙江省各个国家级改革示范校2016年教育质量年度报告来看，大多数开办旅游类专业的中职示范校都进行了现代学徒制探索。从实施情况来看，现代学徒制比较成功之处主要在于增加了学生在企业的实训机会，聘请兼职教师也更加方便，对学生实践能力的培养有一定帮助，等等。但是现代学徒制的实施，仍然存在不少问题，最关键之处在于企业参与积极性不高。从实践来看，教育厅浙教职成〔2016〕31号文件下发之后，企业参与现代学徒制的积极性并没有相应提高。一些中职学校提出“虽然政府和学校付给企业每位合格学徒一定的费用，但与企业在学徒培养过程中所付出的精力、材料消耗、设备损耗等费用有较大差距，影响企业积极性”。[①] 这一段话从付出与收获两方面，也即经济效益角度点出了企业参与现代学徒制试点工作积极性不高的原因。其实，从效益角度来看，真正能激发企业参与现代学徒制的动力在于为企业培养后备人才，而不仅仅是政府对参与现代学徒制的补贴。在中国目前的社会背景中，只有为企业真正培养了适用的、留得住的人才，才是激发企业参与现代学徒制试点的关键。从这一点出发，当前现代学徒制的实施存在一些尴尬之处。一是针对一般性岗位，企业不太有进行现代学徒制培养的动力。如果企业能够以较低的成本在人才市场中找到相应人才，又何必与院校合作进行现代学徒制培养人才呢？就旅游业而言，一般性的一线服务员岗位，对学历、能力要求不高，进行一定周期培训即可，无须企业进行现代学徒制培养。相对而言，基层和中层旅游管理岗位、一定技术含量的岗位，更需要现代学徒制培养，但是这种岗位数量比较

① 资料来源：安吉职业教育中心学校2016年教育质量年度报告，2016年12月。

少，而且人才培养的时间也比较长，因而代价相对更大。正因为如此，旅游院校和旅游企业之间要找到相互契合的旅游类人才类型和岗位比较难。从现实来看，目前旅游类专业实施现代学徒制主要有酒店管理和烹饪，其他较少。二是人才留不住。就旅游业而言，由于待遇等各方面原因，人才高流动率已经是人尽皆知的现象。尽管现代学徒制试点要求入学即入职，但是现有员工流动率尚且如此，学徒生的流动率又如何能控制住？从目前情况来看，现代学徒制学徒留用率能达到50%已经很不错了。为他人培养人才，企业难免动力不足。

总体而言，无论经费补贴，或是为企业培育合适的人才，这都是以利诱方式吸引企业参与现代学徒制试点，其意图无非在于营造一种双赢的局面，但是目前看来，这种思路似乎效果并不理想。能否跳出利诱方式，以新的思路搭建企业参与现代学徒制等各类校企合作活动的框架体系，这仍是一个未解的问题。

（二）职业教育经费保障制度发展及对旅游专业职业教育发展的思考

足额的教育经费是保障职业教育发展的前提。我国职业教育经费保障制度的完善经历了一个发展过程。其中生均经费的财政拨款制度是职业教育经费保障制度的核心内容。

根据 1996 年颁布的《中华人民共和国职业教育法》（以下简称《职业教育法》）第二十七条规定，“省、自治区、直辖市人民政府应当制定本地区职业学校学生人数平均经费标准；国务院有关部门应当会同国务院财政部门制定本部门职业学校学生人数平均经费标准。职业学校举办者应当按照学生人数平均经费标准足额拨付职业教育经费”。① 根据这一条规定，对我国职业教育经费拨付标准由各省市区根据本地实际情况制定，而拨付主体则为职业教育举办者，即职业教育经费拨付实施举办者责任的基本原则。同样，根据《职业教育法》第十八条、第十九条、第二十条之规定，②我国职业教育举办者为县级以上政府、政府部门以及企业。实际上，我国各级职业教育的举办者多为各级政府或政府部门。也就是说，由政府或政府部门举办的职业教育由政府拨付经费，企业举办的则由企业拨付。就政府职业教育经费的来源，《职业教育法》第三十条规定，“省、自治区、直辖市人民政府按照教育法的有关规定决定开征的用于教育的地方附加费，可以专项或者安排一定比例用于职业教育”。③

就高职教育而言，到 2005 年，其教育经费仍以学费为主，政府拨款相对较少。据统计，2005 年，全国普通高等教育预算内财政拨款为 1046.37 亿元，其中普通本科学校财政预算内拨款为 936.05 亿元，占普通高教预算内财政拨款比例的 89.46%，高职高专学校财政预算内拨款为 110.32 亿元，仅占 10.54%。考虑到普通本科教育与高等职业教育的在校生规模大体相当，则高职生均预算内事业费仅为前者的 1/9。④ 就本科院校而言，地方高校教育经费拨付缺乏标准，也严重不足。2010 年，财政部、教育部发布《关于进一步提高地方普通本科高校生均拨款水平的意见》（财教〔2010〕567 号）的文件，提出“地方财政通过一般预算安排用于支持地方高校发展的经费，按在校生人数折算的平均水平；包括基本支出和项目支出，不

---

① 中华人民共和国职业教育法，1996 年，http://www.moe.edu.cn/s78/A02/zfs__left/s5911/moe_619/tnull_1312.html.

② 中华人民共和国职业教育法，1996 年，http://www.moe.edu.cn/s78/A02/zfs__left/s5911/moe_619/tnull_1312.html.

③ 中华人民共和国职业教育法，1996 年，http://www.moe.edu.cn/s78/A02/zfs__left/s5911/moe_619/tnull_1312.html.

④ 周劲松，李怡.高等职业教育经费投入现状分析及对策研究[J].职业技术教育，2008(4).

含中央财政安排的专项经费)不低于 12 000 元”。[①] 该文件为地方本科院校教育经费拨付提供了政策指导。由于高职院校不在该文件范围之内,其教育经费拨付缺乏相应的标准,尽管不少省份生均拨款额也在增加,但一般而言,生均拨款额远远低于本科院校。2014 年,财政部、教育部出台《关于建立完善以改革和绩效为导向的生均拨款制度加快发展现代高等职业教育的意见》(财教〔2014〕352 号),提出到 2017 年,各地高职院校年生均财政拨款水平应不低于 1.2 万元的本科院校拨款水平。[②] 为了贯彻落实国家有关文件精神,2015 年,浙江省颁布《浙江省人民政府关于加快发展现代职业教育的实施意见》(浙政发〔2015〕16 号),明确提出,高职院校“到 2017 年,全省公办高职院校生均财政拨款达到本科院校水平”。[③] 至此,浙江省高职院校建立起明确的生均拨款制度。

中职教育拨款制度完善的过程相对复杂一些。就浙江省而言,在《职业教育法》颁布之前的 1991 年就颁布《浙江省中等职业技术教育条例》[④]第三十条规定,“职业高级中学的公用经费标准应高于普通高级中学。职业高级中学的学杂费标准可高于普通高级中学”;《浙江省中等职业技术教育条例》第三十二条规定,“各级人民政府应从当地征收的城市教育费附加中安排不低于总额的百分之十的比例用于发展中等职业技术学校”。[⑤]该文件对于中职学校与普高学校之间经费关系,对于教育附加费比例虽然作了原则性规定,但是如何具体操作仍不明确。之后,2005 年国务院颁布《国务院关于大力发展职业教育的决定》(国发〔2005〕35 号),对教育附加费比例进行明确规定,“从 2006 年起,城市教育费附加安排用于职业教育的比例,一般地区不低于 20%,已经普及九年义务教育的地区不低于 30%”。[⑥] 为了贯彻落实国务院文件精神,2011 年,浙江省财政厅、教育厅、人力社保厅联合发布《关于完善中等职业教育财政政策的意见》(浙财教〔2011〕377 号),进一步提出,“逐步将中等职业教育生均公用经费提高到普通高中的 1.5 倍以上”,“要严格落实国务院、省政府明确提出的关于教育费附加的 30%用于职业教育的规定”。[⑦] 该文件对于浙江省教育附加费用于中职比例以及中职学校和普高学校教育经费比例关系做进一步明确,为各级政府拨付中职教育经费提供明确政策指导。浙财教〔2011〕377 号文件颁布之后,各地市颁布了本地相应中职教育财政政策。如 2012 年绍兴市财政局、市教育局颁布了《关于制定绍兴市属中等职业学校生均教育经费标准的通知》(绍市财行〔2012〕41 号)、2013 年金华市颁布《市本级财政扶持中等职业教育发展专项资金管理办法》(金市财教〔2013〕346 号),等等。从省到地市这些有关中职教育经费政策文件的颁布,无疑为浙江省中职教育财政经费保障提供了指导性政

① 财政部、教育部关于进一步提高地方普通本科高校生均拨款水平的意见,2010 年 http://old.moe.gov.cn//publicfiles/business/htmlfiles/moe/moe_1779/201308/155147.html.

② 财政部、教育部关于建立完善以改革和绩效为导向的生均拨款制度,加快发展现代高等职业教育的意见,2014 年, http://jkw.mof.gov.cn/zhengwuxinxi/zhengcefabu/201411/t20141128_1161021.html.

③ 浙江省人民政府关于加快发展现代职业教育的实施意见, 2015 年, http://www. zjedu. gov. cn/news/143444582540241140.html.

④ 该条例由浙江省七届人大常委会二十二次会议通过,1991 年 5 月 29 日起施行,2014 年废止。参见:浙江拟废止 8 件法规,都市快报,2014 年 11 月 26 日。

⑤ 浙江省中等职业技术教育条例,1991 年,http://www.hzedu.gov.cn/sites/main/template/detail.aspx? id=35731.

⑥ 国务院关于大力发展职业教育的决定,2005 年,http://www.gov.cn/zwgk/2005-11/09/content_94296.htm.

⑦ 关于完善中等职业教育财政政策的意见,2011 年,http://www.ajedu.com/Article_Show.asp? ArticleID=53808.

策依据。

2014 年,国务院颁布《关于加快发展现代职业教育的决定》(国发〔2014〕19 号),提出“各级人民政府要建立与办学规模和培养要求相适应的财政投入制度,地方人民政府要依法制定并落实职业院校生均经费标准或公用经费标准,改善职业院校基本办学条件。地方教育附加费用于职业教育的比例不低于 30%”。[①] 根据该文件,各省市区相继颁布本地职业院校生均经费标准。2015 年,浙江省颁布《浙江省人民政府关于加快发展现代职业教育的实施意见》(浙政发〔2015〕16 号),明确提出,“建立全省中职教育生均经费最低标准制度,到 2018 年,全省公办中职学校全面落实‘中等职业教育生均公用经费达到普通高中 1.5 倍以上’的规定”。[②] 之后,2016 年,浙江省财政厅、省教育厅、省人力资源和社会保障厅颁布了《关于中等职业学校生均公用经费标准的通知》(浙财教〔2016〕3 号),具体落实浙政发〔2015〕16 号文件精神。《关于中等职业学校生均公用经费标准的通知》提出,“从 2016 年开始,确定全日制公办中等职业学校生均公用经费标准为 2500 元/生×年”,并要求各地“在省定基本标准的基础上,结合本地区经济社会发展水平、职业教育发展状况、专业成本差异、办学质量和规模、财力状况等因素,因地制宜、科学合理确定本地区中等职业学校的生均公用经费标准”,其计算公式为“某县(市、区)某校某专业生均公用经费标准 = 省定基本标准×地区差异系数×专业差异系数×其他系数”。旅游类专业为一类专业,其专业系数为 1。

除生均经费拨款外,各级教育部门专项投入也是职业院校经费来源重要途径。从浙江省 46 所高等职业院校 2011—2012 学年人才培养工作状态数据分析报告来看,2011 年浙江省高职院校各项收入中,学费收入占 35%,财政补助占 30.47 %,专项投入占 21.67 %,社会捐赠占 0.69 %。[③] 也就是说,专项投入比重占到了高职院校总收入的五分之一多。具体而言,专项投入主要指政府拨出专项资金用于高职院校设备投入、实训基地等基本建设,以支持高职院校重点专业和重点实验实训基地建设,以更好地促进重点专业和重点学科的建设与发展。[④]

那么各级教育部门是如何进行专项投入的呢? 自 2005 年国务院颁布的《国务院关于大力发展职业教育的决定》(国发〔2005〕35 号)提出“重点建设高水平的培养高素质技能型人才的 1000 所示范性中等职业学校和 100 所示范性高等职业院校”[⑤]以来,教育专项经费的投入一直贯彻重点扶持的基本政策。近 10 年来,专项投入最大,对职业院校影响最大者无非国家示范院校建设和国家骨干院校建设计划。根据 2009—2012 年浙江省高职院校人才培养工作状态数据采集平台数据,2012 年,浙江省 45 所高职院校中,有示范性高职院校 22 所,非示范院校 23 所。示范院校校均收入 19 697 万元,非示范院校校均收入 12 647 万元,示范院校收入是非示范院校的 1.6 倍;2012 年,在经费收入结构中,示范院校校均学费收入 6569

① 国务院关于加快发展现代职业教育的决定,2014 年,http://old.moe.gov.cn/publicfiles/business/htmlfiles/moe/moe_1778/201406/170691.html.

② 浙江省人民政府关于加快发展现代职业教育的实施意见, 2015 年, http://www. zjedu. gov. cn/news/143444582540241140.html.

③ 颜炼钢.浙江省高职院校教育经费投入现状及对策研究[J].宁波大学学报(教育科学版),2014(3).

④ 颜炼钢.浙江省高职院校教育经费投入现状及对策研究[J].宁波大学学报(教育科学版),2014(3).

⑤ 国务院关于大力发展职业教育的决定,2005 年,http://www.gov.cn/zwgk/2005-11/09/content_94296.htm.

万元，非示范院校学费收入 4709 万元，示范院校是非示范院校的 1.4 倍；示范院校校均财政补助 6427 万元，非示范院校 3705 万元，示范院校是非示范院校的 1.7 倍；示范院校校均专项投入 3877 万元，非示范院校 3047 万元，示范院校是非示范院校的 1.3 倍。①

自国家示范和国家骨干院校建设之后，2015 年，教育部印发《高等职业教育创新发展行动计划（2015—2018 年）》（教职成〔2015〕9 号），明确提出到 2018 年教育部将支持地方建 200 所优质高职院校。② 优质高职院校建设成为了继"国家示范性高职院校建设"和"国家骨干高职院校建设"之后，又一个备受关注的高职教育发展战略。教育部教职成〔2015〕9 号文件还提出了一系列其他专项资助项目，主要有 1200 个左右校企共建的生产性实训基地建设；500 个左右的"双师型"教师培养培训基地建设；500 个左右现代学徒制试点；新建一批国家级职业教育专业教学资源库和国家精品在线开放课程；建设 100 个左右全国职业院校民族文化传承与创新示范专业点等 22 重点建设项目。在教育部的推动下，各省教育厅势必推出相应的配套项目。在这种重点扶持的专项经费投入支持下，院校之间差距无疑进一步拉大。

这种重点扶持的专项资助政策其出发点无疑是试图重点培育一批优质院校和优质专业，以之为引领，提高职业教育整体水平。但是，就旅游业而言，实际上，目前这种由教育部门主导的重点扶植专项经费政策与旅游行业对旅游教育的发展需要并不十分吻合。就浙江省旅游业发展而言，建设万亿产业需要大量的旅游人才，除独立建制的浙江旅游职业学院之外，从地域上来讲，各地市都需要有一个以上区域性各层次旅游人才培养、培训和社会服务中心。这就需要每一个地市有相应比较强大的高职及以上层次旅游类专业作为支撑。目前浙江省各地市相关院校，即使有开设旅游类专业，其专业规模较小，招生人数也较少，师资力量、科研、社会服务等方面整体实力不强。而且，在这种重点扶持的经费政策之下，仅仅有少数院校旅游类专业能够获得扶持，一些地市在 2017 年新一轮高职优势特色专业建设中，没有一个专业获得经费扶持。如何加大扶持力度，克服这种重点扶持带来的不足，从而建立起地域相对均衡发展的旅游职业教育体系，值得各级旅游部门和各地政府深思。

（三）教育教学改革理念演变及旅游类专业教学改革的思考

近 10 年是职业教育追求内涵建设的十年，是职业教育教学改革不断深化的 10 年。国务院 2005 年颁布《国务院关于大力发展职业教育的决定》（国发〔2005〕35 号）以及随后教育部贯彻落实国发〔2005〕35 号文件的《关于全面提高高等职业教育教学质量的若干意见》（教高〔2006〕16 号）对近 10 年职业教育教学改革基本理念影响深远。具体说来，这两文件提出了几个基本职业教育观念，之后教育部门关于教育教学改革设计均与这些基本观念有关。

（1）技能型人才培养目标定位

《国务院关于大力发展职业教育的决定》（国发〔2005〕35 号）中明确提出，"以服务社会

① 郑雁.浙江省高职院校教育经费投入实证分析[J].继续教育研究，2015(4).

② 教育部关于印发《高等职业教育创新发展行动计划（2015—2018 年）》的通知，2015 年，http://www.moe.edu.cn/srcsite/A07/moe_737/s3876_cxfz/201511/t20151102_216985.html.

主义现代化建设为宗旨,培养数以亿计的高素质劳动者和数以千万计的高技能专门人才”。[①] 从培养高技能人才出发,教育教学改革研究的中心问题就是如何提高学生技能水平。技能水平的提升建基于实践经验之上的重复训练,而非书本理论知识的记忆或者理解。对技能培养的强调,一方面意味着对实践能力的重视提升到了新的高度,另一方面,对传统学校教育教学活动偏重理论知识、书本知识的传授也是一种颠覆,在当时职业教育初兴阶段,学校普遍缺乏实践教学的背景下,具有很大积极意义。由此出发,教育教学改革探索的重点便进入到如何推动实践教学,如何提升实践教学效果上来。具体来说,教育教学改革主要有以下几个重点:一是实践教学与理论教学关系的问题。在突出实践教学的语境中,如何处理与理论教学关系自然是焦点。从教育管理部门来说,从操作层面如何突出实践教学是更是重中之重。之后,有文件陆续出来,对实践教学课时进行设定,一般规定实践课时不得少于 50%。后续一切实践教学的改革与研究基本上以此为基本前提展开。二是研究推动实践教学的途径。学校由于缺乏真实的工作环境,在实践教学方面有天然的缺陷,而实践环境则正是企业之所长。在这种语境下,企业的真实工作环境以及各类工作经验其重大教育价值开始凸现出来。这与普通高等教育里面,理论高于现实,理论指导现实有很大不同。如何利用企业的真实工作环境和吸收其工作经验,将之转化为教育经验,成为教育教学改革研究的重点关注问题。由此拓展开来,从人才培养来看,工学结合、校企合作育人开始受到重视,各种校企合作育人的模式层出不穷,在《关于全面提高高等职业教育教学质量的若干意见》教高〔2006〕16 号文件中体现为“大力推行工学结合,突出实践能力培养,改革人才培养模式”的意见;从课程教材建设来看,校企合作开发教材、工学结合教学课程与教材开发等话题随之受到关注;从师资队伍建设来看,兼具理论知识和企业实践操作经验的教师的培养,即双师型教师的培养成为关注焦点,等等。

但是,值得思考的是,技能型人才培养目标的定位与职业教育实践存在诸多不符之处。从教育心理学上分析,技能主要有智慧技能和动作技能两大类,主要指的是“在练习基础上形成的、按某些规则或操作程序顺利完成某种智慧任务或身体协调任务的能力。”[②]而技能人才当然就是以技能为主要职业能力特征的人才类型。就中职教育实践而言,人才培养不是培训,从学习广度来说,主要不是技能;从学习的深度来说,远远不限于技能。就高职教育而言,实际上所谓“高技能”存在很多争议,就技能本身而言,可能有复杂、简单,或熟练、不熟练的区分,但不存在价值上的高低之分。因此,中高职难以区分。总体而言,以技能型人才作为职业教育人才培养目标定位,实际上将人才目标要求大大降低,不利于真正提高职业教育质量。

(2)就业导向

《国务院关于大力发展职业教育的决定》(国发〔2005〕35 号)中明确提出,“坚持以就业为导向,深化职业教育教学改革”。[③]在就业导向的观念指导下,订单培养由于直接与就业挂钩被倡导,职业指导和创业教育由于有助于就业被加强等。这些措施无疑对于改变过去不

---

① 国务院关于大力发展职业教育的决定,2005 年,http://www.gov.cn/zwgk/2005-11/09/content_94296.htm.

② 皮连生.教育心理学(第三版)[M].上海:上海教育出版社,2004:63.

③ 国务院关于大力发展职业教育的决定,2005 年,http://www.gov.cn/zwgk/2005-11/09/content_94296.htm.

知道如何关注就业的教育观念具有重要的推动作用。但是,就业导向并不仅仅限于帮助就业,而是将就业视为职业教育的目标。毋庸置疑,基础教育之外的专业教育都要以就业为目标之一。但在就业目的之外,个体是否真正成长,专业素养是否得到提升,对于进行职业能力提升同时发放文凭的中高职教育而言,是否具有未来可持续发展的能力等,都应该是职业教育的目标。但是就业导向的要求,就不仅仅是追求就业目标这么简单,而是将就业目标置于一切目标之首,甚至将之上升为衡量职业教育是否成功的标准。这种就业导向的标准背后预设了何为教育价值的基本判断,即那种有助于实现就业目标的教育内容是有价值的内容,有助于实现就业目标的一切措施都是有价值的,而对于这些内容或措施本身其他方面不用去深究。从时间上来说,就业目标偏重于短期技能发展目标。在就业导向指导下的教育教学改革,自然偏重于关注短期能有助于就业的教学内容或教学方法的研究与探索,相应,对于真正能促进学生可持续发展的教育教学内容、教学方法的研究和探索难以获得有效的支持和关注。因而,执着于就业导向的观念势必导致短期能力发展目标压制长期可持续能力发展目标之间的不正常现象,因而形成功利盛行,甚至功利主导的不正常现象。这是当初倡导就业导向这种教育观念所始料未及的。

无论是技能人才培养目标还是就业导向的教育观念,过分强调,对教育教学改革的指导往往都会导致走偏,会导致不正常教育现象的出现,甚至一度"零距离就业"成为职业教育响亮的口号。其根源都在于改革开放以来我国职业教育体系中职业性与学历性两者之间的矛盾与冲突。[①]

时隔近10年,到2014年,国务院再一次颁布《国务院关于加快发展现代职业教育的决定》(国发〔2014〕19号)。在该文件中,虽然工学结合概念仍在使用,但是上述有关职业教育人才培养目标、就业导向等两个基本的指导教育教学改革的观念发生了重大改变。一是文件明确提出"培养数以亿计的高素质劳动者和技术技能人才"的人才培养目标。[②] 也就是说,在技能型人才基础上增加了技术型的要求,相比以前,人才培养目标要求有所提高,更加符合职业教育实际情况,更有利于指导职业教育实践。二是将"就业导向"改为"以促进就业为导向"。[③] 两个字的改动,将"直接服务于眼前的就业"改为"只要有助于就业",将以就业作为职业教育首位的直接目标改为间接目标,为综合素质的养成、长期的可持续发展能力的培养赢得了在课程结构中的位置。其后,教育部颁布《关于深化职业教育教学改革全面提高人才培养质量的若干意见》(教职成〔2015〕6号)(以下简称《意见》),就贯彻落实国发〔2014〕19号进行专门部署。《意见》特别强调,围绕立德树人,要加强文化基础教育,注重学生文化素质、科学素养、综合职业能力和可持续发展能力培养,为学生实现更高质量就业和

① 职业教育当然要重视就业,这是职业性的体现。但是,我国整个职业教育体系不仅仅要体现职业性,它还有一个重要的学历教育特性,即学历性。就中职教育而言,要获取中等学历文凭,就高职教育而言,要获取大专层次学历文凭。如果说,职业性以就业为导向,以公民的职业能力提升为目的,以每个公民零距离就业为理想状态,为解决当下就业为主要关注点的话,那么其学历性则要求以可持续发展为导向,主要关注长远,关注未来,关注发展所需之综合素质的提升。

② 国务院关于加快发展现代职业教育的决定,2014年,http://old.moe.gov.cn/publicfiles/business/htmlfiles/moe/moe_1778/201406/170691.html.

③ 国务院关于加快发展现代职业教育的决定,2014年,http://old.moe.gov.cn/publicfiles/business/htmlfiles/moe/moe_1778/201406/170691.html.

职业生涯更好发展奠定基础；要加强中华优秀传统文化教育，开设经典诵读、中华礼仪、传统技艺等中华优秀传统文化必修课，并拓宽选修课覆盖面等。[①] 这些内容在强调就业导向的时期是难以想象的。

纵观中国近 10 年职业教育教学改革理念的发展，可以看出有一个明显的变化过程。2004 年，在当时侧重理论教学、不重视人才实践能力、不重视实践教学的背景下，为了破除这种重理论轻实践的观念，技能型人才培养、就业导向的观念逐渐被倡导。而且这种倡导并不仅仅停留于观念，各级教育部门通过系列教育工程或项目将全国职业教育纳入其理念指导的轨道，如 2006 年启动的国家示范以及其后的国家骨干建设等，形成一种话语的绝对正确性。职业教育界在这种氛围中前行，思考远远落后于实践，反思远远少于照搬照抄，实在不能照搬照抄，就习惯于玩概念正确的文字游戏。在这种氛围中，基层教师各种建基于本地实际的教学改革与创新如果不能戴上话语正确的帽子就不能获得项目支持，不能落地，探索难以进行下去。这可能就是当前我国职业教育界教学改革研究成果表面看异常丰硕，但细究下去，真正创新少之又少的根本所在。

结合近 10 年我国职业教育改革理念的发展演变，就旅游职业教育改革创新而言，我们认为，需要警惕的是，高层次理念性顶层设计作为指导固然需要，话语正确固然重要，上升到各种模式层次固然好，但是我们还需要尊重基层教师的各种智慧与创新，建基于基层实际情况下，也许不是一种成熟的模式，也许是微小的改进，但是往往更有生命力，对教育教学质量的提升能真正起到促进作用，这才是真正进行有意义的教学改革与探索。

（本报告由浙江旅游职业学院课题组完成，作者：李成军、池梦瑶）

① 教育部关于深化职业教育教学改革全面提高人才培养质量的若干意见，2015 年，http://www.moe.edu.cn/srcsite/A07/moe_953/201508/t20150817_200583.html.

山东省旅游职业教育发展研究报告

当前,山东省正从旅游经济大省向旅游经济强省迅速迈进。随着山东省全域旅游建设加快,“旅游+”作用进一步显现,旅游新业态不断出现,旅游业已经成为经济转型升级的强大引擎。2017 年,山东省预计实现旅游消费总额 9000 亿元,增长 12%;接待国内游客 7.6 亿人次,增长 8%;接待入境游客 510 万人次,增长 5.1 %;完成旅游投资 2200 亿元,增长 10%。旅游直接和间接就业达到 700 万人。

旅游人才的拥有量和素质高低是衡量一个地区旅游业发展水平的重要标志之一。当前,职业院校已经成为培养输送旅游人才的主要基地,职业院校毕业生也成为旅游产业大军的主要来源和中坚力量。经过 30 多年的探索发展,山东省已形成了比较完善的旅游职业教育体系,为旅游行业培养了大批合格的高素质专业人才。

一、蓬勃发展的山东旅游职业教育

新的时期,行业的发展对旅游人才培养提出了更高要求,分析和梳理旅游职业教育现状,对于培养行业需要的高质量旅游人才,推动行业发展具有重要意义。为全面了解山东省旅游职业教育发展现状,梳理旅游职业教育发展中存在的问题,探索山东旅游职业教育的发展路径,课题组面向山东省开设旅游类专业的中、高等职业院校进行抽样调查,共发放问卷 40 份,回收 35 份,有效问卷 35 份。调研院校中,中、高职院校比例,见图 1。

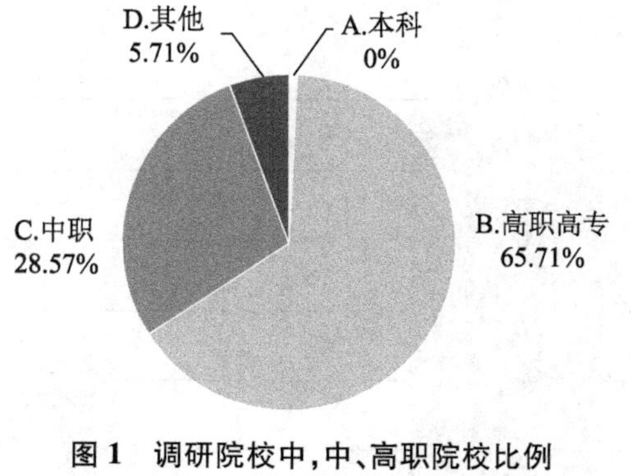

图 1　调研院校中,中、高职院校比例

通过对调研数据及山东职业教育服务平台数据的分析、总结,课题组发现山东省旅游职业教育经过多年的发展，在招生数量、师资培养、校企合作、国际合作、人才培养模式创新等方面均取得了较大成绩。

（一）旅游职业教育规模较大

1.涉旅院校数量多

根据山东省教育厅提供的数据，2016 年，山东省共有 68 所高等职业院校（含招收高职专业的本科院校）、52 所中等职业院校开设旅游大类专业。就地区分布来看，山东省 17 地市均有职业院校开设旅游类专业。其中，开设旅游类专业的职业院校中，济南市数量最多，为 23 所，其次为青岛市，14 所（见表 1）。

表 1　2016 年山东省涉旅职业院校数量统计表

城市分布	院校数（所）	城市分布	院校数（所）
济南市	23	泰安市	7
青岛市	14	淄博市	5
烟台市	8	德州市	7
潍坊市	10	日照市	5
济宁市	7	临沂市	8
枣庄市	6	东营市	4
滨州市	5	菏泽市	3
威海市	2	聊城市	4
莱芜市	2		

资料来源：课题组根据山东省职业教育服务平台数据整理。

2.在校生规模大

根据山东省职业教育服务平台的数据统计，山东省 2016 年旅游大类各专业在校生总数为 40 485 人。其中中职院校旅游大类专业人数为 11 487 人，高职院校旅游大类专业在校生人数为 28 998 人（见图 2）。

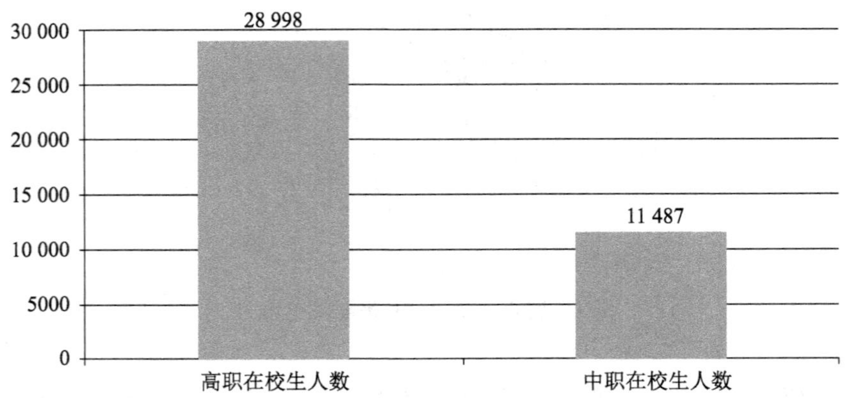

图 2　2016 年旅游职业教育人才培养规模示意图

3.专业分布广

从专业布局来看，无论是中职院校还是高职院校，开设的专业基本涵盖了教育部《中、高职专业目录》中所列的旅游大类专业，专业分布较广（见表2、表3）。

表2　2016年山东省高职院校旅游大类专业开设情况表

序号	专业	院校数（所）
1	旅游管理	62
2	酒店管理	29
3	会展策划与管理	10
4	烹调工艺与营养	8
5	休闲服务与管理	6
6	餐饮管理	4
7	旅行社经营管理	3
8	导游	3
9	中西面点工艺	2
10	西餐工艺	2
11	景区开发与管理	2

资料来源：课题组根据山东省职业教育服务平台数据整理。

表3　2016年山东省中职院校旅游大类专业开设情况表

序号	专业	院校数（所）
1	旅游服务与管理	35
2	高星级饭店运营与管理	11
3	中餐烹饪与营养膳食	9
4	导游	5
5	旅游外语	3
6	景区服务与管理	1

资料来源：课题组根据山东省职业教育服务平台数据整理。

（二）师资队伍结构优素质高

师资队伍是旅游职业教育发展的内在动力源泉。长期以来，山东省教育部门将师资培养作为职业院校建设的重要部分，先后出台多项政策提高职业院校教师素质，鼓励职业院校聘任经验丰富的企业高级技师和管理人员作为兼职教师进校任教。2016年山东省启动齐鲁名师、齐鲁名校长(中等职业教育)建设工程,第一批共计 68 位名师,24 位名校长入选。其中来自青岛旅游学校等院校的多位教师和校长入选。省财政在培养周期内为每位人选提供专项培养经费。名师人选将承担省级教师培训和网络跟进指导任务,执教观摩课、示范课,承担 3~5 名青年教师的培养任务。通过名师名校长工程,进一步加强职业院校师资队伍建设,打造结构优良、素质高的双师型师资队伍。

根据调研数据显示,被调研的 35 所院校中旅游专业教师总数为 3074 人。其中专任教师 2101 人,校外兼职教师 754 人,来自企业的兼职教师 587 人,企业兼职教师占教师总数的 19%(见图 3)。

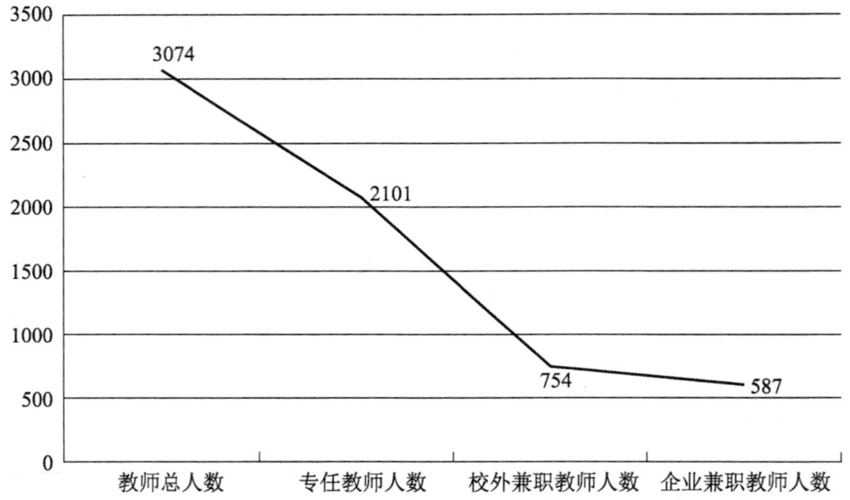

图 3　师资规模示意图

数据来源:课题组根据调研数据整理。

在各院校的校内专兼任教师中,具有高级职称占比 27%,中级职称占比 50%,初级及以下职称占比 23%,职称结构稳固合理,形成了合理的师资队伍梯队(见图 4)。

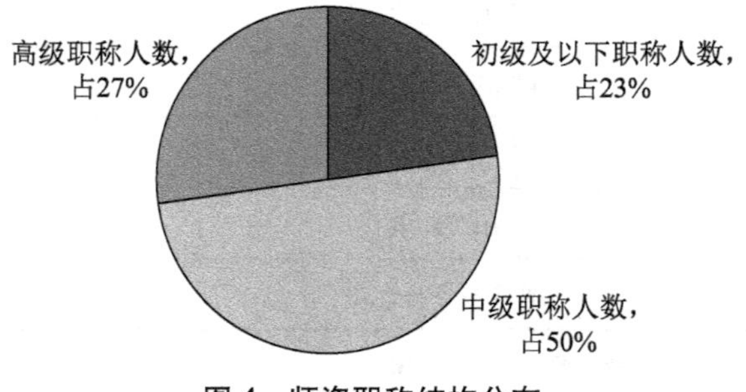

图 4　师资职称结构分布

校内教师中,双师型教师占比 84.14%,其中,有 12 所院校双师型教师占到了教师总数的 90%及以上,60%的院校双师比达到 80%及以上,但仍有部分院校比例偏低,仅为二成。双师比呈现出整体发展态势较好,但个别较差的不均匀状态。

（三）科学研究成果丰硕

2016年度，调研的35所职业院校共完成各级科研项目263项，获得科研经费支持730万元。其中国家级课题14项，省部级课题125项，厅局级课题83项，取得了丰硕的科研成果（见图5）。

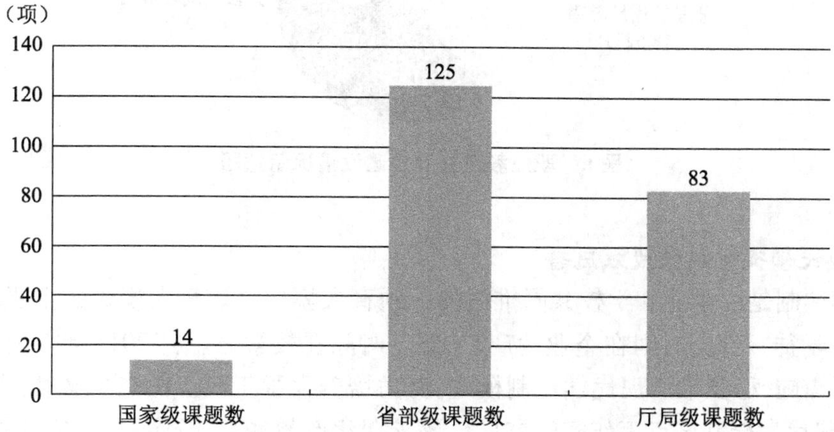

图5　2016年课题完成情况示意图

（四）专业及课程改革不断深化

山东省近年来启动品牌专业建设工程，将省级职业教育专业建设指导委员会作为推进专业建设及教学改革的重要载体，推进品牌专业建设计划。完善中职和五年制高职专业教学指导方案、公共基础课程标准。先后开发完成旅游管理、酒店管理、烹饪、导游等三年制高职专业教学指导方案，启动开发旅行社经营管理专业教学指导方案。启动建设省级职业教育精品资源共享课。建立职业教育教改项目跟踪管理机制。

（五）旅游职业教育"立交桥"基本建立

学历职业教育相互衔接是现代职业教育体系基本架构的主体。山东省近年来一直在探索拓宽高职院校招收中职学校毕业生、应用型高等学校招收职业院校毕业生通道，目前已初步建立中职、专科、本科贯通培养的职业教育体系。

2013年，经教育部批准，山东省从东、中、西各选择了一个试点城市：青岛、潍坊、德州，分别开展中职、高职及本科贯通培养，打破职业教育的"天花板"和"隔离门"。8所中职学校、11所高职学校和12所应用型本科学校敞开大门，3年中职教育与4年本科教育、3年高职教育与2年本科教育实现衔接。职业教育不再是"终结教育"，极大提升了职业院校的吸引力。从2014年起，利用3年的时间遴选200个专业，每个专业划拨100万元，重点建设对口贯通分段培养能力，实现职业教育纵向体系的完全衔接。

在调研的35所院校中，有74.07%的院校实现了"中职+高职"分段贯通人才培养，18.52%的院校实现了"中职+高职+本科"分段贯通人才培养，11.11%的院校实现了"高职+本科"分段贯通人才培养（见图6）。

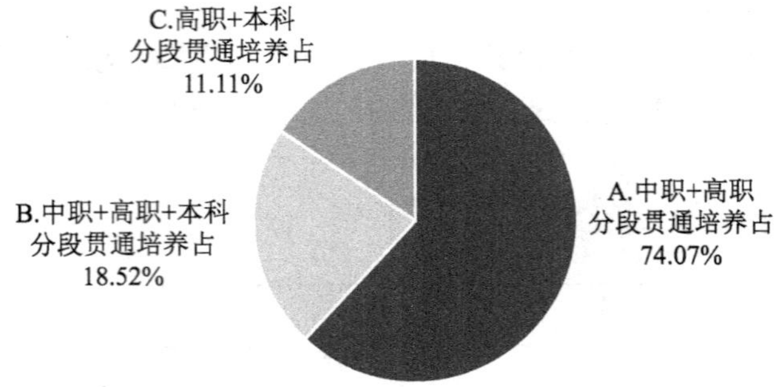

图 6　职业教育立交桥建设情况示意图

(六)现代学徒制建设成效显著

现代学徒制是由企业和学校共同推进的一项育人模式。该育人模式的主要特色是“就学即就业”:学徒一部分时间在企业生产,一部分时间在校学习。自 2015 年 8 月开始,山东省采取多项措施,稳步推广现代学徒制模式,努力培养大国工匠。山东省教育厅 2015 年下发《山东省现代学徒制试点工作实施方案》,要求深化产教融合、校企融合,完善技术技能型人才培养模式。并确定了 8 家职业院校作为试点院校,开展现代学徒制试点工作。山东省调动了政府、行业、企业和职业院校合作培养技术技能型人才的积极性,初步建立了现代学徒制试点的管理标准与运行制度,探索了各具特色的校企双主体的培养模式,形成了各方共同参与人才培养的格局。目前推广的现代学徒制涉及 13 个专业类别,有 150 余家企业参与其中,包括联想集团等 9 家世界 500 强企业。根据山东省的政策,合作企业每接受 1 名学徒并按标准完成培养任务,将获得 5000 元财政补助。其中,3000 元用于奖励带学徒的师傅;2000 元用于补偿水电、耗材等支出。

山东商业职业技术学院旅游管理专业,2015 年分别被教育部和山东省教育厅批准为第一批现代学徒制试点专业。与华住酒店集团从 2014 级旅游管理专业开始实行现代学徒制试点。通过现代学徒制项目,推进探索建立校企联合招生、联合培养、一体化育人的长效机制,基本形成“政府、企业、学校”三元合一的学生实习管理体系,探索创建“学生→学徒→准员工→员工”四位一体的人才培养模式。完善学徒培养的教学文件、管理制度及相关标准,推进专兼结合、校企互聘互用的“双师”型师资队伍建设,建立健全现代学徒制的支持政策,逐步建立起政府引导、行业参与、社会支持,企业和职业院校双主体育人的中国特色现代学徒制。6 年来,建成省级精品课程群 1 个,省级教学改革项目 1 项,校级教学团队 1 个,培养骨干教师 4 名,300 余名学生进入合作酒店集团工作,一体化办学成效显著。

二、山东省旅游职业教育发展中存在的问题

1.旅游人才培养与旅游业发展不匹配

当前,我国旅游业呈现出散客化、大众化、全域化的特征。旅游与互联网技术,旅游与第一、二、三产业,旅游与体育、探险、养老等业态的融合衍生出了多个新业态。海洋游、自驾游、康养游、乡村游、文创游、购物游、运动游、海洋游、工业游、研学游、低空游等不断涌现,对

旅游从业人员的素质提出了更新更高的要求。然而，课题组通过调研发现，在专业(方向)设置、课程设置上，各院校依然延续了传统针对酒店、景区、旅行社等人才的培养，尚未出现针对旅游新业态的旅游人才培养。因此，当前的旅游人才培养，已无法满足行业发展的需求，必须继续改革。

2.创新创业教育力度不够

当前，是一个大众创业万众创新的时代，国家大力提倡大学生创新创业，根据国务院办公厅发布的《关于深化高等学校创新创业教育改革的实施意见》，我国2015年起全面深化高校创新创业教育改革。2017年，普及创新创业教育取得重要进展。到2020年建立健全高校创新创业教育体系，使投身创业实践的学生显著增加。山东省出台了多项措施鼓励大学生创新创业，建立了创新创业导师库。但是从调研情况来看，各院校对大学生创新创业教育力度不够，尚未形成较为成熟的创新创业教育模式。

在调研的35所院校中，开设创新创业教育课程的有15所，占42.8%，还有一半以上的院校尚未针对旅游相关专业开设创新创业类课程(见表4)。

表4 创新创业课程开设情况统计表

序号	院校名称	课程名称
1	山东旅游职业学院	大学生创业基础;创业管理实战;创业基本功与精益创业方法论;创业启蒙与案例分享
2	青岛职业技术学院	就业指导、职业生涯规划、创新思维训练
3	济宁职业技术学院	创新创业教育、就业指导、创业沙龙
4	聊城职业技术学院	大学生就业指导与创新创业教育
5	东营职业学院	创业基础，创业实训
6	济南职业学院旅游管理学院	创新创业教育
7	山东经贸职业学院	KAB创业基础
8	淄博职业学院	创业基础
9	博山第一职业中等专业学校	实习与创业
10	德州职业技术学院	大学生创新创业基础
11	青岛高新职业学校	创业
12	山东商业职业技术学院	创新创业课程
13	日照职业技术学院	职业生涯规划
14	山东服装职业学院	大学生职业生涯规划与就业创业指导
15	日照市技师学院	就业指导

数据来源：课题组根据调研数据整理。

在创新创业师资配备方面，以校内专任教师为主，47.06%的院校聘请校外兼职教师指导学生创新创业。

3.国际合作力度不够

伴随着经济全球化和旅游产业国际化的步伐，旅游职业教育国际化成为必然的战略选择。山东省长期以来坚持扩大教育对外开放，引进优质教育资源，开展多种形式的国际交流与合作。在调研的35家旅游职业院校中，多家院校在国外设立了实习基地，定期选派学生前往交流，实习基地主要分布于港澳台、东南亚各国、欧洲各国、美国、澳大利亚等国家和地区。在海外实习的学生中，有6.53%的人选择留在国外继续工作。部分院校海外实习基地数量（见表5）。

表5　部分院校海外实习基地统计表

院校	海外实习基地数量	海外实习生人数	海外就业率（%）
山东旅游职业学院	16	97	5
山东外国语职业学院	12	20	2
青岛职业技术学院	4	60	2
日照职业技术学院	3	41	17
山东外事翻译职业学院	2	30	5
山东商业职业技术学院	1	30	15
济宁职业技术学院	1	7	5

数据来源：课题组根据调研数据整理。

从总体调研情况来看，山东省旅游职业教育国际合作力度相对较弱，合作方式仍然以学生顶岗实习为主。虽然在师资培养、留学生培养方面各院校也在进行有益探索，但目前只是少数院校的实践，尚未在省内铺开。

三、山东省旅游职业教育发展趋势

1.旅游职业教育质量显著提升

山东省教育厅和财政厅联合下发了《关于实施山东省职业教育质量提升计划的意见》，提出了包括山东省优质高职院校建设项目、山东省中职示范性及优质特色校建设项目、职业院校对口贯通分段培养课程体系建设项目在内的17个建设项目，具体贯彻落实山东省“十三五”期间的职业教育质量提升计划。根据计划，到2020年，山东将依托优质高职院校建设项目，建设6所以上具有国际先进水平和20所以上具有国内先进水平的优质高职院校。同时依托中职示范性及优质特色校建设项目，重点建设100所示范性及优质特色中等职业学校。

2.旅游人才培养更加符合行业要求

全域旅游时代，旅游新业态不断涌现，旅游新业态在优化旅游产业结构，提升旅游产业能级的同时，对旅游人才培养提出了新的要求，对旅游人才总量要求大幅增加，对旅游人才结构需求发生变化，对旅游人才素质提出新的要求。作为旅游人才的供给方，旅游职业院校应该在科学分析行业需求的基础上，对办学机制体制、旅游人才培养目标、课程体系构建、师资队伍建设等各方面进行调整。部分院校已经开始这方面的探索实践。如，随着体验教育、研学旅行的发展，营地人才紧缺，部分院校根据行业需求，调整人才培养方案，进行营地管理和户外活动组织等方面的人才培养，以适应行业发展的需求。

3.旅游职业教育体系更加科学、完整

山东省对构建职业教育体系的探索一直不曾停歇，也取得了丰硕成果。根据《山东省职业教育规划》安排，山东省将在2020年系统构建中职、专科、本科、专业学位研究生教育培养体系，形成定位清晰、结构合理、形式多样、有机衔接的旅游职业教育人才培养格局。建立体现终身教育理念，适应发展需求、产教深度融合、中高等职业教育衔接、职业学历教育与职业技能培训并重、职业教育与普通教育沟通，具有山东特色、国内领先的现代职业教育体系。随着此项工作的不断推进，这一目标实现指日可待。

4.旅游职业教育国际合作更加深入

随着国际合作的不断加强，合作方式更加深入和多样化，在教育部门的指导下，各院校在国际合作方面也在进行有益探索。2016年，在山东省教育厅的引荐下，山东旅游职业学院与澳大利亚南澳职业技术学院深度合作，选拔19位教师接受了澳大利亚南澳职业技术学院合作的TAFE培训课程，考核成绩优秀，取得了“澳洲职业教育教师资格证书（TAFE四级证书）”，在旅游职业教育国际标准和国际理念的课程与师资队伍建设方面取得了重要突破，未来将借助孵化效应辐射至全省。山东旅游职业学院自2016年起，与蒙古财经大学合作办学，合作采取“1+2+1”的全英文教学模式，两校学分互认，学生可同时获得山东旅游职业学院和蒙古财经大学的毕业证。随着国际合作路径的不断拓展，山东旅游职业教育的国际化程度将逐步提高，更具国际范儿。

（本报告由山东旅游职业学院课题组完成，作者：宋斐红、李冉）

河南省旅游职业教育发展研究报告

随着旅游业的蓬勃发展及经济全球化影响的加剧，旅游市场竞争日趋激烈。持续发展和变化的旅游市场将不断催生新的人才培养理念及培养模式，要实现从世界旅游大国向世界旅游强国跨越的梦想，加快实施科教兴旅、人才强旅战略乃是当务之急。旅游职业教育将面临前所未有的重大发展机遇和挑战，旅游职业教育如果坚守传统的培养模式不求创新，必然会被日新月异的经济社会发展所抛弃。

河南省地处中部，域内旅游资源丰富，借力于国家发展战略的调整，地域优势日趋显现，经济增长迅速，尤其是旅游产业正经历着由旅游资源大省向旅游资源强省的过渡。随之而来的是旅游人才的缺口日渐增大，这种缺口不仅仅是数量，还有一些旅游产业新业态所新增的岗位。但由于自身存在的一些问题和滞后于产业发展的现状，造成河南省旅游职业教育很长一段时间出现了人才培养良莠不齐，学校人才培养目标脱离市场需求。职业特色不突出等问题，导致河南旅游教育对旅游人才供给的结构失衡；教育模式不灵活，导致旅游教育对旅游人才供给的职业素养偏低；旅游教育资源缺乏有效整合，课程设置不合理，缺乏针对性等许多问题，导致旅游教育对旅游人才供给的总量不足。一方面，旅游企业急需人才；另一方面，学生就业难的困境显得越来越突出。

面对困境，河南旅游职业教育人没有止步，而是通过探索、调整、充电、互助、创新等多种方式积极解决，短期内取得了国内令人瞩目的成绩，一些新的教育理念、人才模式受到了行业的极大关注。旅游职业教育也迎来了蓬勃大发展时期。统计资料显示，截至 2016 年，河南省开设旅游类专业的高等院校达到 170 所，其中本科 40 所，高职高专 130 所。其旅游高等教育规模在国内名列前茅；中等专业学校旅游专业在校生人数达到 35 565 人，当年招生数突破 12 997 人，保持高位稳定状态。

本报告通过对河南旅游职业教育创新成果的深度剖析，结合河南省旅游产业的发展现状，利用旅游学和教育学的观点，从宏观和微观方面对河南省旅游职业教育创新与实践发展取得的成果进行了分析，从办学理念、专业结构、校企合作、国际化视野、办学保障、人才培养模式、课程设置、教学内容与手段、实践教学等方面着手总结经验、提炼内涵、打造品牌。为旅游职业教育良性发展提供借鉴及参考。

一、回归教育本质，培养复合型人才

教育的目的主要不是传授知识，而是激发学习兴趣，唤醒自己，成为一个有正确价值观和人生观、能够自立于社会的人。美国著名心理学家弗洛姆认为，教育的真正目的和功能是唤醒，人的成长就是不断建构的过程。旅游职业教育要承担的任务是，通过知识素养、专业素养和职业素养的锻造，把一个对旅游行业有兴趣的学生，锻造成为一个旅游行业合格的从业人员。这是旅游职业教育要承担的社会使命，与此同时，由于旅游业是综合性行业。是跨界的行业。随着旅游者的素质越来越高，对旅游从业者素质提出了更高的要求，因此，旅游职业教育要以培养复合型人才为中心，不但要注重学生业务素质和技能的培养，而且要注重人文素质、道德素质的培养。不但要注重旅游服务技能的"硬实力"，还要注重服务未来发展的人文素养等"软实力"的提升，两者并重，相得益彰。

作为河南省旅游职业教育的领头羊，郑州旅游职业学院在人才培养方面既强调接地气的业务技能，同时也要求雅致的人文和道德素养。接地气，是确保学生培养规格与校企零距离对接，确保技能培养处于国内领先水平；雅致，是为了培养学生可持续发展的能力，为旅游业储备充足的高素质人才。

近年，郑州旅游职业学院学生在国家、省、市各级各类职业能力竞赛中问鼎夺魁、各类大奖收获囊中；毕业生遍及京、津、粤、沪、浙等经济发达地区就业，不少毕业生走上管理岗位。目前，全球知名酒店品牌中，几乎都有郑州旅院毕业生的身影，JW 万豪、喜来登、洲际酒店集团等还与学院签订了共建协议。由于学生素质高，郑州旅院毕业生工作 3 年就晋升主管、工作 5 年就升任部门经理的现象，在用人单位比比皆是。旅游业、酒店业都离不开流行元素，但职业院校的学生大多来自农村，刚入校时，不少学生相比城市孩子，显得内向、腼腆、缺乏自信、视野不宽，对个人形象和礼仪重视不够。针对这种情况，学校注重全方位培养学生，除专业技能知识外，更注重的是人文素养、气质品位。在日常的学习生活中，要求学生做到"三敢""四肯"。"三敢"，即开会敢坐前排，发言敢先举手，敢于和领导、专家接触；"四肯"，即肯干活、肯受委屈、肯出力、肯受累。锻炼学生的自信心，做事做人要落落大方、不卑不亢……通过老师们的言传身教，丑小鸭变成了白天鹅，职业院校飞出了金凤凰。

郑州旅游职业学院是中国旅游协会教育分会副会长单位、全国旅游教育五星联盟单位、河南省旅游高等职业教育集团理事长单位、河南省教育厅旅游管理专业骨干教师培训基地，学院按照省市领导要求，认真履行自己的职责，充分利用既有渠道，将成熟的教育理念和实践成果与旅游职业教育同行分享，取得了较好的认同感与收获。一花独放不是春，百花齐放春满园，资源共享、相互协助在河南旅游职业教育人中业已形成共识，已成为支撑河南旅游职业教育快速发展的强大内在动力。

二、深化教学改革，创新人才培养手段

教学是旅游职业院校的生命线，是职业院校工作的中心，面对瞬息万变的旅游行业和旅游职业教育的状况，必须要摈弃陈腐和过时的教育教学理念。

河南省旅游职业院校在此方面做了许多大胆尝试。郑州工程技术学院、郑州旅游职业

学院、洛阳市旅游学校等旅游职业院校大胆引进“微课、翻转课堂”项目教学等形式，采用工学结合的方式，使课堂丰富多彩、寓教于乐，高效有趣；各学校在充分调研的基础上，依据旅游行业动态，除巩固传统的旅行社、酒店管理和烹饪等专业外，还大胆结合旅游行业发展现状，开设新的专业，如，旅游产品设计、旅游电子商务、旅游市场营销、珠宝加工与鉴赏等；课程设置方面，以专业课为中心，兼顾实训和提升人文素养的综合科，注重开设提升学生可持续发展能力的课程；依据行业特点，充分利用河南旅游职业教育集团的影响力，召集各旅游职业院校编撰适合年龄特点，具备创新性、操作性、实用性、趣味性的旅游中高职教材。

郑州旅游职业学院在深化教学改革上，更是高歌猛进，坚持“立足本位，瞄准社会，行业基准，就业驱动”的原则，坚持“知行统一，能力本位，理论坚实，能力为重”“立德树人、求是致用”，积极构建“双链对接、双教结合、双证融通、双元互动”的“四双”育人模式，以提高质量为核心，深化教育教学改革，培养学生的综合素养和实践能力。近 3 年来获得国家教学成果二等奖 1 项、省级教学成果特等奖 1 项、一等奖 2 项、二等奖 1 项，承担教育部门旅游管理专业国家教学标准研究项目 1 项，承担省部级课题 38 项、地厅级课题 153 项、发表论文 983 篇，其中核心期刊 339 篇，出版著作、教材 37 部。建有高等职业教育、旅游规划、酒店咨询 3 个研究中心。

该院开展“三课”和教改课活动：认真组织优质课评选、新进年轻教师达标课、骨干教师录制标准课“三课”和教师说课、教案及课件评比、教师技能展示等教学活动。学院近期开展了两届教改课活动，按照全员性、过程性、示范性、引领性的要求，经过教研室初选、系（部）选拔、学院展示三个阶段，24 名教师脱颖而出。对于这些教师，评优、评先、外出学习、提拔提干等优先考虑，并连续两年在教师津贴上给予体现。

该院还非常重视教学模式改革。采取启发式教学、案例教学等，鼓励引导教师探索能力本位的教学方法、教学模式。变传统的课堂教学模式为动态教学模式，以职业教育的基本理念为出发点，教师与学生以问题、项目、任务、活动或学科为中心，在各类教学场所，以各种形式和方法展开互动式的教学过程。这边是旅游管理系课堂上，任务引领、团队协作、自主探究、成果共享的教学模式；那边是旅游外语系结合专业特点，情景营造、团队竞争、淡化语法教学、突出口语训练，极大地激发了学生的学习兴趣。一个曾经的“学困生”打趣地说：“老师们讲得兴致勃勃，我们听得津津有味，慢慢地开始摸着门道了。班上的学习氛围这么好，现在是想不好好学都难了。”

郑州工程技术学院的旅游教育发展，则制定了围绕学校“建设对地方经济社会发展有一定支撑作用、在省内外有一定影响力的应用型本科院校”的战略目标，积极实现本专业“教学质量、管理水平、创新创业”三个跃升；确保专业“师资队伍素质显著增强、教学科研水平显著增强、学生综合能力显著增强、发展活力显著增强”等四个方面的显著增强，培养出更多更好的旅游职业人才，为河南省郑州市旅游经济发展做出了新贡献。

多年来河南省旅游职业教育始终坚持课程开设的两化工作，即专业基础课程专业化、专业技能课程竞赛化，努力打造特色专业。河南省教育厅领导多次提出旅游职业教学改革要从教学理念变革开始，强化基地建设“引企入教”实施课程开发，高职中职旅游职业教育衔接融通，包括教育教学优势互补融通、校企协会资源共享整合、高职中职课程衔接渗透、实习教学基地共建创新、专业建设品牌共创共享。认为课程开发与教材建设成为教学改革中心内容;引进“能工巧匠”兼职教师组建“双师教学团队”;校园文化氛围和标识系统也是基地建设内容。职业技术教育与企业技术培训的本质区别,在于“技术超前性”与“课程系统性”。强调课程的地方化是专业特色化的重要基础。实践中,郑州旅游职业学院在课程地方化研究中取得了一系列研究成果,受到国内同行的关注。

三、以师资队伍建设为着力点,大力推进人才强校战略

师资队伍是旅游职业教育锐意创新的内部动力源泉。河南旅游职业院校紧紧围绕师资队伍建设做文章,谱写了精彩华章,《中国教育报》《河南日报》相继大篇幅对河南多所学校进行了报道,在国内引起了强烈反响。如,郑州旅游职业学院、郑州工程技术学院的“一、二、三、四”人才队伍建设工程,以及河南职业技术学院围绕学生专业素养打造师资队伍的“三项工程”建设均是可圈可点。

近年来,郑州旅游职业学院坚持引进和培养相结合、专职与兼职并重的原则,大力实施“一、二、三、四”人才队伍建设工程,营造出了事业留人、感情留人、人才辈出的氛围。其中:

“一”,指一个“忠诚”,即加强师德建设。学院完善师德考核机制,实行师德“一票否决制”。认真组织开展师德师风教育活动。广大教职工坚定了社会主义理想信念,恪守职业道德规范,忠诚党的教育事业,教书育人的自觉性不断增强。

“二”,指“双师型”教师队伍建设。坚持“一人一企”的双师型队伍培养模式,建立了教师深入行业、企业一线的工作机制;坚持“不为所有,但为所用”的原则,建立企业技术人员进入教师队伍的机制,建立兼职教师专家库,充分发挥兼职教师在指导专业建设,培养青年教师、人才、技能等方面的作用。

“三”,指“三高”引领。即制定政策,引进“三高”(高学历、高职称、高素质)人才;出台激励办法,提高教师的学历层次和职称层次,搭建干事创业的平台,鼓励教职工成才、成家、成名。

“四”,指“四个优化”。即优化师资队伍的“职称、学历、年龄”等结构。学院制定政策,调动教师职称转评的积极性;鼓励教师参加国内外教学业务能力培训;选拔部分教师做访问学者,或深入企业挂职学习;组织开展校级“专业带头人”“骨干教师”“青年骨干教师”评选活动;鼓励青年教师脱产、进修、培训;实施“青蓝工程”,开展“拜师结对”活动,促进了青年教师业务素质的不断提高。

目前,学院师资队伍的职称、学历、年龄等结构日趋合理、充满活力,发展态势良好,形成了以硕士学位为主,讲师为骨干的专任青年教师队伍。博士及在读博士 14 人,硕士 322 人。国家行业大师 4 人,省职教专家 3 人、教学名师 1 人、省教育部门学术技术带头人 12 人,市职教专家 4 人、专业技术拔尖人才 4 人、地方高校特聘高层次人才 8 人。双师型教师 374 人,兼职教师 49 人,同时还聘请多名行业企业专家及一线岗位技术能手担任兼职教师。

为提升教师教学能力,推进教师培训工作的规范化、制度化、常态化,郑州旅游职业学院开展全院中层干部培训、教师寒暑假集中培训、教师分类业务培训、新教师岗前培训、教师业务知识(技能)专题培训和网络培训等工作,并构建了提升教师教育教学能力的几种渠道:

一是定期举办专家讲座。邀请国家旅游部门相关领导、中央民族大学魏小安教授、南开大学姚艳波教授、行业专家周旭东等众多知名专家学者来院讲学,聘其为客座教授,畅谈教育教学前沿,更新教师教育教学理念;二是举办“办学理念大讨论”“对口学”“开放办学”等活动,搭建交流平台,共享教育经验,解决疑难问题;三是出国出境考察学习,开拓教师国际化视野。近几年来,共派出教师30多人次赴奥地利、澳大利亚、美国、俄罗斯、德国、韩国、波兰、匈牙利、日本、意大利等国家及台湾地区的高校考察学习;四是国内进修,提高教师的教学与学术水平,选派教师到清华大学、河南大学等高校进修,组织教师到洲际、丽思卡尔顿酒店顶岗实习等。

2017年初,河南职业技术学院领导班子谋划出台了“三项工程”实施方案。这是该院结合实际,在全国高职院校中率先提出的三项重点工程建设。“实施‘三项工程’,重在内涵建设,蓄积发展能量,提升办学水平。”该院旅游专业结合学校“学生人文素养培育工程”重点是加强“第一课堂”建设——加强教师职业道德,提升教师职业精神,加强学生公共艺术教育等;注重“第二课堂”建设——开展学生校园文化、社团建设、社会实践活动;强化“第三课堂”(“双自课堂”)建设——引导学生自主学习、自我管理,培育学生“自我学习、自我管理、自我服务、自我成长”的能力的要求,在本专业建设中认真落实,在教学见习、学生社会实践、课堂教学、综合素质拓展等诸多方面,加以贯彻融合。旅游专业学生综合素质实现了多抓手提升渠道,专业各项建设也有了长足进步。

四、构建以旅游职业能力、素养提升和职业习惯养成为中心的递进实践教学模式

旅游行业人才不是创作型和研究型人才,而是属于经验型人才。旅游人才的成长和培养不能一蹴而就,而是一个循序渐进的过程。旅游职业教育要强调实践教学,要遵循学生认知规律,进行阶梯式实践,使学生的综合职业能力得以螺旋式提升。以郑州旅游职业学院所构建的“岗教对接、四步递进人才培养模式”为例:

第一步:岗位认知见习,即新生入学第一学期,以专业为单位组织学生到景区、旅游企业观摩学习,培养学生对旅游的职业兴趣,形成对职业和岗位的直观认识。

第二步:职业意识养成训练,即“校内模拟职业实训”,是指第二学期以专业为单位组织学生在校内各公共区域提供讲解、会务、餐饮、文明礼仪执勤等服务,初步完成学生的职业体验,强化学生的职业意识。

第三步:岗位技能实训,即“企业岗位实习1个月”,是指第三学期以专业为单位组织学生到校企合作成员企业,进行1个月的专项技能实践,实现岗位拜师,让课堂与岗位贯通。

第四步:顶岗实习半年,即统筹安排学生到校企合作单位开展为期半年的毕业顶岗实习,实现学校与就业企业对接。解决学生对就业单位的系统认知及对未来职业宏观谋划的作用。

五、拓宽办学渠道,融入国际化办学思维

在互联网时代,地球变成“地球村”,国际之间的交流已经变得普遍,旅游行业涉外性特

征，促使旅游职业教育办学国际化趋势势在必行，国际化思维办学应该成为当今旅游职业教育的一个新动向。通过扩大国际化办学渠道、创新国际化教学模式、打造国际化教学团队，逐步实现学生实习就业国际化、课程建设国际化、学术科研国际化，培养出一大批能够适应经济建设、应对未来挑战、参与国际竞争的旅游行业优秀人才。近年来郑州旅游职业学院、郑州工程技术学院、开封大学就积极拓展国际化办学合作的渠道，开设日本研修项目、美国互惠生、奥地利互惠生、韩国互惠生等项目，收到良好效果。其中，郑州旅游职业学院借助于“五星联盟”校的平台，与皇家加勒比邮轮公司、美国奥兰多迪士尼等国际旅游企业展开实习与就业方面的合作，每年有数百名学生因此而走出国门，得以在国际舞台上展现自己的风采。

六、科学构建产学研一体化现代职业教育体系

根据经济社会和旅游产业转型升级对人才的需求，河南省旅游职业教育始终遵循职业教育规律，按照工学结合，校企合作的要求，创新人才培养模式，构建产、学、研一体化现代职业教育机制。

郑州旅游职业学院重视探索和完善产教融合的旅游人才培养模式，构建了校企合作的“四共”模式，即学校与企业“人才共育、师资共享、基地共建、课程共研”。

郑州工程技术学院则重视借力于职业教育发达地区经验，成为京豫合作 7 所“一对一合作模式”高校之一，将校校合作提升到战略发展阶段，合作内容也扩展到学术交流、教师访学、专家讲学、专题研修互聘兼职教授、互聘优秀学术带头人、中层管理干部挂职锻炼、重大科研项目合作、联合申报国家重点研发计划项目等诸多方面，合作层次与深度都有了质的提升。通过合作，学校的人才培养方案修订、学术骨干培养、国家级教学质量工程项目的申报及建设、教师教育特色建设都得到了跨越式发展。

黄河水利职业技术学院旅游系通过开办“现代学徒制”试点班、“品牌酒店订单班”等校企合作育人的新举措，扩大学校招生影响力，为旅游企业方增加人才储备，逐步成为该校创新人才培养模式、增强服务经济社会发展能力的有效途径。

旅游业的发展永远是旅游职业教育的办学向导，而旅游职业教育则是旅游业持续发展的动力。旅游业是直接面对“人”的服务，游客是来体验和享受旅游的愉悦的，往往对员工的素养、技能、情商要求更高。这就要求旅游职业教育创新人才培养模式，培养出具有较好综合素质的旅游从业人员。河南旅游产业发展日新月异，旅游职业教育同样面临良好的发展契机。河南旅游职业教育在各方的支持下，近年在办学模式、人才培养、国际合作、校企合作等很多方面均取得了丰硕成果。面对旅游职业教育发展新的机遇与挑战，河南旅游职业教育人必将齐心协力、锐意创新，迎来河南旅游职业教育的春天，为打造“中国特色、国际水平”的旅游职业教育添砖加瓦。

（本报告由郑州旅游职业学院课题组完成，作者：樊豫陇、胡华、杨森）

云南省旅游职业教育发展研究报告

2016年是云南旅游发展“十三五”时期谋篇布局打基础的开局之年。服务区域经济和社会发展，是职业院校社会职能的必然要求，也是学校自身发展的内在要求。云南旅游职业学院是云南省旅游行业唯一一所高职院校，立足于云南省旅游产业，以专业设置与建设、校企深度合作、高技能人才服务云南省旅游经济发展，为其不断注入强劲动力和活力，促进云南旅游业的可持续发展。

一、总体情况

旅游产业是云南省八大重点产业之一。“十二五”期间，云南省旅游经济快速增长，产业体系不断完善。2015年，全省旅游总收入3281.79亿元，年均增长率26.7%；旅游业增加值907亿元，占全省国内生产总值的6.6%。截至2015年底，云南省各类旅游企业已经突破1万余家。《云南省旅游产业“十三五”发展规划》明确提出，将旅游产业转型升级作为旅游强省建设的着力点和加速引擎，全面构建旅游综合实力强、市场竞争力强、带动功能强、产业贡献强和安全有保障的现代旅游产业体系，将旅游产业培育成全省经济社会发展的重要战略性支柱产业和人民群众更加满意的现代服务业。

云南省旅游行业企业资源丰富，市场规模庞大。云南旅游职业学院（以下简称“云南旅职院”）是云南省旅游行业唯一一所高职院校，直属云南省旅游发展委员会，享有得天独厚的行业资源。云南省旅游行业内的企事业单位为学校开展校企合作办学、学生实习实训、教师实践锻炼等提供了支撑（见表1）。

表1　云南省旅游产业发展情况

	具　体　内　容
“十二五”发展现状	• 投入营运的旅游景区点638个，住宿设施3000多家，星级旅行社企业424家
	• 拥有世界遗产5处，成为仅次于北京（6处）的世界遗产大省；国家旅游度假区3个，AAAAA级景区6个，AAAA级景区76个，国家生态旅游示范区3个，国家级旅游景区232个，国家级、省级旅游城镇38个，省级旅游特色村350个

续表

	具 体 内 容
“十三五”发展目标	•打造丽江古城、石林、三江并流、元阳哈尼梯田和澄江古生物化石群等5大世界遗产旅游地
	•完善提升昆明滇池、阳宗海、西双版纳等10个国家级、省级旅游度假区;创建20个省级旅游度假区
	•重点培育20个以上温泉康养度假区
	•重点建设40个旅游森林公园和45个旅游湿地公园
	•改造提升50个传统旅游景区,力争形成100个以上的AAAAA级、AAAA级精品旅游景区
	•累计建成运营60家以上国际知名品牌酒店、10个以上国际性健康服务公司、赛事经纪公司、户外运动公司、养生养老机构
	•打造一批跨界融合的大型产业集团,做大做强10户以上综合型龙头旅游企业,做精做优120户专业型骨干旅游企业,做特做活1000户中小型特色旅游企业,扶持10户以上大型旅游企业上市或在新三板挂牌

(一)发展背景

云南省是中国通往东南亚、南亚的窗口和门户,拥有面向“三亚”、肩挑“两洋”的独特区域优势,是新亚欧大陆桥的交会枢纽,是中国—东盟自由贸易区、大湄公河次区域经济合作、泛珠三角经济圈及孟、中、印、缅经济走廊四国合作的交会点,是中国面向西南开放的桥头堡,也是“一带一路”建设的重要省份。

昆明是云南省省会,全省政治、经济、文化的中心和交通枢纽,具有“东连黔桂通沿海,北经川渝进中原,南下越老达泰柬,西接缅甸连印巴”的独特区位优势,在国家“一带一路”倡议、长江经济带战略中有着重要地位和作用。《云南省国民经济和社会发展第十三个五年规划纲要》明确提出,要把昆明建设成为面向南亚、东南亚的区域性国际中心城市。这将大力提升昆明在全国经济发展及对外开放格局中的战略地位。

随着国家“一带一路”倡议、长江经济带、孟中印缅经济走廊等国家重大战略的深入实施,云南的发展已经上升到国家发展战略的层面。学校位于云南省昆明市,必然拥有其他旅游类院校所不具备的区位优势。

根据教育部2016年公布的高等院校名单,云南省现有41所高等职业院校。初步统计41所高职院校旅游类专业设置情况(见表2),可知全省目前有18所(含云南旅游职业学院)高职院校开设旅游类专业。纵观18所高职院校旅游类专业设置情况,云南旅游职业学院专业设置种类最为齐全,已开设6个旅游类专业,占教育部公布的《普通高等学校高等职业教育(专科)专业目录(2015年)》中旅游类专业数量的一半。其余17所高职院校开设的旅游类专业数量较少,大部分学校仅开设2~3个旅游类专业。学校具有明显的旅游专业群优势。

表 2　云南省高职院校旅游类专业开设情况表

序号	学　校	具　体　专　业
1	云南经贸外事职业学院	烹调工艺与营养、旅游管理、酒店管理
2	云南外事外语职业学院	酒店管理
3	云南旅游职业学院	酒店管理、烹调工艺与营养、导游、旅行社经营管理、休闲服务与管理、景区开发与管理
4	云南现代职业技术学院	酒店管理、烹饪工艺与营养
5	云南商务职业学院	酒店管理、旅游管理
6	德宏职业学院	旅游服务与管理
7	云南三鑫职业技术学院	航空服务
8	德宏师范高等专科学校	导游、酒店管理
9	丽江师范高等专科学校	导游、酒店管理、旅游管理
10	云南城市建设职业学院	烹调工艺与营养
11	云南林业职业技术学院	休闲服务与管理专业、酒店管理
12	昆明艺术职业学院	旅游管理、旅游管理与服务
13	西双版纳职业技术学院	酒店管理、旅游管理
14	云南科技信息职业学院	旅游管理
15	云南文化艺术职业学院	旅游管理
16	云南农业职业技术学院	景区开发与管理
17	云南国土资源职业学院	旅游管理、导游、酒店管理、休闲服务与管理
18	昆明冶金高等专科学校	旅游管理

(二)发展现状

1.院校基本情况

云南旅游职业学院的前身是1956年创建的地质部“昆明地质学校”。1965年昆明地质学校与重庆地质学校和四川地质技工学校“三校合并”，1997年12月，“昆明地质学校”改建为“云南省旅游职业学院”,2011年5月,云南旅游职业学院跻身高等教育院校行列,办学历史已达60年。目前,学院占地面积14.4公顷,建筑面积10.5万余平方米,下设酒店管理学院、旅游管理学院、经济管理学院、外语学院、信息传媒学院、资源工程学院、文化艺术学院7个学院及基础部、思政部、体育部、继教中心、国际交流中心。开设以旅游类专业为主、以语言类和国土资源类专业为辅、以信息技术类等其他专业为补充的专业结构,涵盖旅游、财经商贸、语言、计算机、土木建筑、文化艺术、公共管理与服务、交通运输等8大专业类别,25

个高职/大专专业，专业设置基本渗透旅游“食、住、行、游、购、娱”各环节。

现有教师 298 名，其中校内专任教师 173 名，已形成一支品德高尚、素质优良、结构合理、规模适当、专兼结合的高素质专业化教师队伍。学院生源以云南省为主，覆盖川、渝、黔等省份，拥有全日制在校生 5620 人。

60 年的办学历史，学院积淀深厚，形成了以“以人为本”为根基，制度管理为基础，目标管理为手段，执行力为保证，民主参与为监督，团结干事的科学规范的管理体系；形成了“厚德通道，博学知行”的校训，“知行并尚，化育延芳”的办学理念，“团结、勤奋、求实、创新”的优良校风，“依法、科学、民主、和谐”的治校理念等校园文化体系；形成了自主办学与合作办学相结合，学历教育与职业培训相结合，普通教育与成人教育相结合，国内教育与国际教育相衔接，校企合作、工学交替的办学模式。建校至今，已累计为社会培养输送各类专业技能型人才近30 000多人，并成就了众多社会栋梁人才。

良好的办学水平和教学质量，赢得了社会和政府的充分肯定。云南旅游职业学院被教育部确定为“全国重点建设职业教育师资培训基地”、国家旅游局授予的“中国—东盟旅游人才教育培训基地”、中国科协认定的“全国科普教育基地”、中国旅游协会常务理事单位、中国旅游协会旅游教育分会副会长单位、云南省文明单位、云南省旅游职业教育教学指导委员会主任单位、云南省职教学会副会长单位。

2.育人机制和教学质量

云南旅游职业学院生源以云南省为主，覆盖川、渝、黔等西部省份。学院全面贯彻党的教育方针，贯彻社会主义核心价值体系，结合当代大学生的身心特点，注重学生发展。立足校情，学院不断探索育人工作的方式方法，全面提升大学生综合素养，实现学生个人梦想与地方经济社会建设和旅游产业发展需要有机融合，探索出了适合学生、适合学校、适合社会发展需要的育人机制与管理模式。学院将思想政治教育贯穿人才培养全过程，构建全员、全方位、全过程育人的思想政治教育体系；构建通识教育课程体系和职业生涯教育课程体系，提高学生综合素质；加强第二课堂建设，将学生多维度能力素养的提升，融入课题以外的活动与生活中，全面提升在校大学生的综合素质。

2016 年度，学院在各级各类技能大赛中取得了优良的成绩。在全国旅游院校服务技能大赛中，学院共获得一等奖 1 项、团体一等奖 1 项、二等奖 1 项、最佳才艺奖 1 项、最佳讲解奖 1 项、高校英语讲解服务赛项二等奖 1 项、高校英语讲解服务赛项三等奖 1 项。获得省部级技能大赛奖励 17 项，获得省部级科技文化作品奖励 3 项，学生还获得省部级其他类别的大赛奖励 10 项（详见表 3）。

表 3　云南旅游职业学院 2016 年学生获奖情况

项目类别	级别	获奖日期（年）	获奖数量（项）
技能大赛	全国旅游院校服务	2016	7
技能大赛	省部级	2016	17
科技文化作品	省部级	2016	3

续表

项目类别	级别	获奖日期(年)	获奖数量(项)
其他	省部级	2016	10
总计			37

数据来源:高等职业院校人才培养工作状态数据采集与管理平台(2016 年 8 月底)。

3.教学改革和专业设置

云南旅游职业学院高度重视教学改革工作,先后投入教学改革和研究经费 442 万元。按照以服务为宗旨,以就业为导向的要求,切实推进教育教学改革,人才培养质量不断提高。依据旅游的“食、住、行、游、娱、购”等要素特征和旅游产业链所涉及行业的发展需要,结合学院办学条件,学院建设为以旅游类专业为主、以语言类和国土资源类专业为辅、以信息技术类等其他专业为补充的专业结构。

4.毕业生就业率

截至 2016 年 8 月底,云南旅游职业学院 2016 届毕业生总人数为 617 人,直接就业率①为 87.03%,其中旅游管理系和酒店管理系的直接就业率均超过了 90.00%,分别达到 96.55% 和 91.56%;休闲服务与管理、应用泰国语这 2 个专业的直接就业率达 100.00%。学院总体就业率②为 97.08%(见图 1、表 4)。

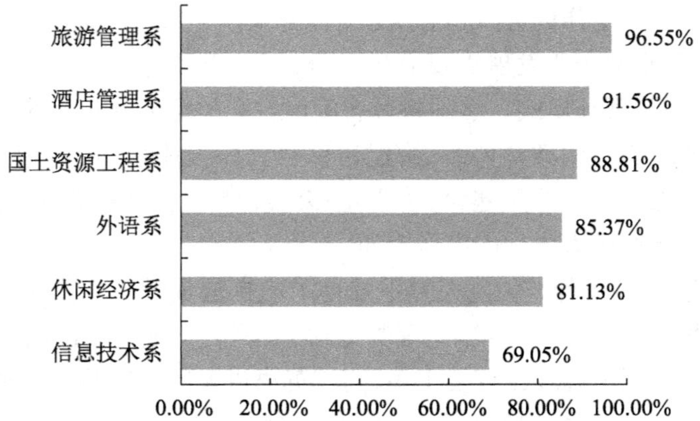

图 1　云南旅游职业学院 2016 届各系毕业生直接就业率

数据来源:高等职业院校人才培养工作状态数据采集与管理平台(2016 年 8 月底)。

① 根据“高等职业院校人才培养工作状态数据采集与管理平台”统计口径,直接就业率=(就业人数+创业人数)÷毕业生总人数。

② 根据“高等职业院校人才培养工作状态数据采集与管理平台”统计口径,就业率=(就业人数+创业人数+专升本人数+留学人数+参军人数)÷毕业生总人数。

表 4 云南旅游职业学院 2016 届毕业生各专业直接就业率

专业	直接就业率(%)	专业	直接就业率(%)
休闲服务与管理	100.00	工程测量技术	88.10
应用泰国语	100.00	宝玉石鉴定与加工技术	87.10
导游	98.25	区域地质调查及矿产普查	81.25
烹饪工艺与营养	94.12	旅游英语	80.00
建筑工程管理	93.33	计算机信息管理	78.95
旅行社经营管理	93.33	会计与审计	76.99
酒店管理	90.29	广告设计与制作	60.87
航空服务	89.19	总计	87.03

数据来源:高等职业院校人才培养工作状态数据采集与管理平台(2016 年 8 月底)。

5.服务社会,政府支持

云南旅游职业学院重视发挥高校服务社会功能,毕业生就业地区主要集中在省内,为地方旅游行业发展提供重要的人才支撑;毕业生就业岗位主要集中在住宿、餐饮、旅游与居民服务等方面,服务于相关产业发展。学院从多方面开展社会服务工作,利用校内资源为有关地方政府及企业提供从业人员培训等服务;大力开展社区服务,通过"义工服务""义务支教""三下乡"等活动为社区群众提供爱心服务,并取得了良好的社会反响。

与政府部门、行业协会及社会培训机构建立了稳定的合作关系,积极开展社会培训工作,极大地提升了学院服务地方经济发展的能力。政府购买服务到款额 2013 年为 102 万元,2014 年为 145.02 万元,2015 年为 127 万元;技术服务到款额 2013 年为 282.11 万元,2014 年为 143.26 万元,2015 年 192.52 万元。

为提高云南旅游职业学院的社会服务能力,学院是教育部认定的"全国重点建设职业教育师资培训基地"、国家旅游局授予的"中国—东盟旅游人才教育培训基地"、中国科协认定的"全国科普教育基地"。同时学院专门设有继续教育中心,其下有云南省第 128 职业技能鉴定所,国际交流中心专门运作东盟旅游人才教育培训重大项目。

二、面临的主要问题

《国际教育标准分类法》中将"教育活动"界定为:"旨在引发学习的某种形式的有组织的持续的交流。"杨进先生进一步解释说:"教育的关键是为了引发学习,而学习是个人通过经历、实践、探究、听讲而在信息、知识、理解力、态度、价值观、技能、胜任力或者行为方面的获取或者改变。"在职业教育中,"职业教育是具有产品观、顾客观、质量观的"①,那么因为具有了这"三观",所以要弄清楚旅游职业教育存在的问题,就必须首先回答两个问题,第一

① 资料来源:杨进《职业教育若干观念的转变》。

"旅游产业需要什么样的人",和"怎样培养这类适应旅游产业的人"。

旅游业是直接面对"人"的服务,游客是来体验和享受旅游愉悦的,往往对员工的素质、技能、情商要求更高。因此,旅游职业教育要加强综合素质的培养,让旅游从业人员具有良好的素养、娴熟的技能、温馨的服务。为了满足旅游业的人才需求,对现今的旅游职业教育进行剖析并发现问题,具体表现在以下几个方面。

(一)产教深度融合遭遇发展瓶颈

校企合作是职业教育培养高素质人才的重要途径。校企合作模式主要有专业/院校共建、订单培养(冠名班)、共建实训基地(校中厂、厂中校)、现代学徒制、产学研合作育人、协同创新等。校企合作层次分为三种:浅层次合作模式,是学校与企业签订专业实习协议,在企业建立实习基地,聘请企业技术人员进行辅导,逐步形成产学合作体;中层次合作模式,是学校为企业提供咨询、培训等服务,建立横向联合体,校企共建专业指导委员会,共同育人;深层次合作,是企业与学校互相渗透,学校针对企业的发展需要设定攻关项目,对项目进行研究并将成果进行产品转化,企业主动向学校投资,建立利益共享关系,真正实现校企"双赢"。

云南旅游职业学院开展的校企合作形式较为单一,主要是订单培养、共建实训基地、顶岗实习等。《云南旅游职业学院高等职业教育质量年度报告》(2017)显示,截至 2016 年 8 月底,校企合作的企业数量达 116 个,校外实习实训基地 55 个,订单培养学生数量 116 人,顶岗实习 475 人,接受毕业生 210 人,校企共同开发 9 门课程(见表 5)。可以看出,学校现阶段的校企合作还停留在浅层次和中级层次的初始阶段,深层次的合作,如校企协同创新、建立产学研共同体等还未涉及,未来亟须深化校企合作。

表 5 云南旅游职业学院校企合作情况表

专业	合作企业数量(个)	订单培养数(人)	顶岗实习数(人)	接受毕业生就业数(人)
旅游英语	3	0	20	5
会计与审计	20	0	113	55
航空服务	1	0	10	3
酒店管理	9	106	95	39
广告设计与制作	5	0	4	2
工程测量技术	5	0	10	5
区域地质调查及矿产普查	5	0	16	7
建筑工程管理	5	0	0	0
休闲服务与管理	3	0	9	9
计算机信息管理	3	0	0	1
应用泰国语	10	0	12	1

续表

专业	合作企业数量(个)	订单培养数(人)	顶岗实习数(人)	接受毕业生就业数(人)
旅游英语	12	0	16	7
烹饪工艺与营养	5	0	48	10
导游	12	0	112	56
旅行社经营管理	10	0	0	0
景区开发与管理	6	0	0	0
宝玉石鉴定与加工技术	2	10	10	10
总计	116	116	475	210

(二)对区域经济发展带动力不足

云南旅游职业学院与境外20多个著名院校、教育机构、政府部门及企业建立了合作关系,开展人员互访、中外合作办学、中外学术交流、学生海外留学和实习,中外师生文化交流等项目,办学国际化程度居省内同类院校前列,对于区域经济发展的动力作用仍需努力。

专业与云南省地方旅游产业对接不够紧密,与国内旅游类高职院校、省内同层次院校相比,优势和特色不明显。主要表现在:第一,专业设置局限在传统旅游业态,涉及旅游新兴业态很少,专业发展后劲不足;第二,没有形成专业集群,无法形成合力;第三,缺少基于"旅游+云南省优势产业"而衍生出的创新专业方向。

《云南省旅游产业转型升级三年(2016—2018)行动计划》指出:要按照"国际化、高端化、特色化"的要求打造云南旅游文化产业;《云南省旅游业"十三五"发展规划》指出:把云南建成国内一流、国际著名的旅游目的地和面向南亚、东南亚的旅游辐射中心。云南旅游职业学院作为中国—东盟旅游人才教育培训基地和云南省唯一一所公办旅游类高等职业院校,应主动融入国家和地方经济社会发展战略,以服务云南省乃至以国家旅游产业"国际化、高端化、特色化"为导向,抢抓机遇,迎接挑战,加快国际化办学进程,在服务云南旅游产业国际化中实现更高水平的国际化办学,培养更多国际化的旅游人才。

(三)毕业生行业内就业率持续走低

为加快旅游强省建设进程,云南省实施传统产品提升、新业态培育、全域旅游富民、市场主体培育、旅游对外开放、智慧旅游建设、服务质量提升、城乡环境整治等八大工程,加快旅游产品供给侧结构性改革,推动旅游产业转型升级迈向中高端。旅游产业向中高端转型升级,亟须一支高水平、高质量的专业人才队伍支撑。这就对学校旅游专业人才培养规格与培养质量提出了更高要求。

云南旅游职业学院每年都对当年毕业生进行"毕业生就业质量调查",对比2015届与2016届毕业生就业质量发现:

2015届毕业生专业对口度为75.61%;就业满意度为96.34%;对母校各项就业指导服务的参与度均在98%以上,满意度在85%以上。

2016 届毕业生目前就职岗位与所学专业的相关度较高(73.88%);其中“很相关”(27.61%)比例最高。

(四)创新创业教育建设水平落后

《关于深化高等学校创新创业教育改革的实施意见》提出,“到 2020 年建立健全课堂教学、自主学习、结合实践、指导帮扶、文化引领融为一体的高校创新创业教育体系,人才培养质量显著提升,学生的创新精神、创业意识和创新创业能力明显增强,投身创业实践的学生显著增加”。云南旅游职业学院暂未系统开展创新创业教育。创新创业教育的体系不健全,实践教学基地缺乏,以创新创业教育为核心驱动教育教学改革不明显。

三、目前的发展趋势

旅游行业综合性强、关联度大、涉及面广,具备生产消费、娱乐体验、人际交往、学习教育、传播交流等诸多功能。旅游活动是涉及行、游、住、食、购、娱多个环节的复杂过程。同时,“十三五”期间云南省旅游产业发展的重点建设项目包括:“智慧旅游和基础设施建设工程、传统旅游产品提升工程、旅游新业态培育工程、全城旅游富民工程、旅游对外开放工程、市场主体培育工程、旅游商品和装备制造业建设工程、旅游服务质量提升工程、城乡环境整治工程、旅游建设项目和投资计划”十大建设工程和项目①,旅游产业的发展需要的必将是适应以上工程和项目的人。基于此,怎样培养这方面的学生就成了现阶段的首要任务。

云南旅游职业学院作为云南省唯一一所旅游类公办大专层次高等职业学院和“中国—东盟旅游人才教育培训基地”就要切实担负起适应的旅游职业教育和周边国家旅游教育培训交流的重任。基于之前提到的主要问题,云南旅游职业学院的发展趋势如下。

(一)专业结构逐步优化

适应旅游产业结构调整,积极培育特色专业。根据国家职业教育发展和旅游发展的有关文件精神,依据旅游的“食、住、行、游、娱、购”等要素特征和旅游产业链所涉及行业的发展需要,结合云南旅游职业学院的办学条件,学院组织完成了 2016—2020 年专业建设定位规划的编制工作,并按专业建设定位规划的总体要求,2016 年学院新增了“软件技术(原软件开发与项目管理)”“市场营销”“工艺美术品设计(原旅游工艺品设计与制作)”“应用日语”“婚庆服务与管理”5 个专业,现有三年制高职专业 25 个,23 个专业实现招生。完成了“民族表演艺术”“测绘地理信息技术”“旅游管理”“应用外语(应用老挝语)”“电子商务”5 个专业对应专业的申报材料、调研报告和人才培养方案的编制工作,待教育厅审查批准后 2017 年即可招生。

充分发挥学院行业管理的优势,重点发展旅游类及其相关专业。根据云南旅游发展的区位优势,积极发展面向东南亚、南亚小语种等专业,申报应用外语(应用老挝语)专业;根据民族文化强省建设的要求,结合旅游产业的需求,拓展文化艺术类专业,申报“民族表演艺术”专业;根据现代旅游发展的特点,发展计算机类和现代公共服务类专业。专业设置情况见表 6。

① 《云南省旅游产业“十三五”发展规划》。

表 6　云南旅游职业学院 2016 年专业设置情况一览表(2016 年 12 月)

序号	专业代码	专业名称	所属系部	重点专业	特色专业
1	520301	工程测量技术	国土资源工程系	★	
2	520105	宝玉石鉴定与加工	国土资源工程系		●
3	520102	地质调查及矿产普查	国土资源工程系		
4	540501	建设工程管理	国土资源工程系		
5	640105	酒店管理	酒店管理系	★	
6	640202	烹调工艺与营养	酒店管理系		
7	640102	导游	旅游管理系	★	●
8	640104	旅行社经营管理	旅游管理系		
9	670204	旅游英语	外语系		●
10	650103	广告设计与制作	信息技术系		
11	610203	计算机信息管理	信息技术系		
12	630302	会计	休闲经济系		
13	640161	休闲服务与管理	休闲经济系		●
14	600405	空中乘务	休闲经济系		
15	640104	景区开发与管理	旅游管理系		
16	650122	人物形象设计	酒店管理系		
17	670214	应用泰语	外语系		
18	540302	地下与隧道工程技术	国土资源工程系		
19	610111	电子制造技术与设备	信息技术系		
20	540404	建筑智能化工程技术	信息技术系		
21	610205	软件技术	信息技术系		
22	630701	市场营销	休闲经济系		
23	650119	工艺美术品设计	信息技术系		
24	670206	应用日语	外语系		
25	690303	婚庆服务与管理	酒店管理系		●

注:★为重点专业;●为特色专业。

(二)办学类型日益丰富

1.人才培养模式改革与创新

人才培养模式改革创新是高职院校持续发展的重要任务。人才培养模式改革创新既是社会的现实需要,也是职业院校创新发展的必然趋势。探索与实施多元化的人才培养模式,进一步丰富人才培养模式所包含的教育理念和改革创新思路,是高职院校深化人才培养模式改革创新的必由之路。

云南旅游职业学院以《世界银行贷款云南职业教育发展项目——云南旅游职业学院子项目》建设为契机,主动适应云南经济社会发展和云南旅游产业发展需求,坚持"以立德树人为根本;以服务发展为宗旨,以促进就业为导向;以学生为中心;以能力为本位"的改革创新人才培养模式。重新制定人才培养目标和人才培养规格,改革不合理的课程体系、管理制度和评价方法,创新人才培养方式等,使其顺应时代的发展潮流,适应专业教学、人才培养等方面的需求,成效显著。

其中,酒店管理专业构建"基于职业热爱和职业能力提升"的"HOTEL"人才培养模式。"HOTEL"人才培养模式具体内容和思路是:以泛酒店管理行业的优质就业为导向,以培养学生核心竞争力为主线,以"四性"(创新性、体验性、开放性、国际性)为培养原则和培养目标。人才培养中以"五力合一,知行化育"为实施构架,通过"知(学习领域)""行(行动领域)"的融合教育,达到教师教研能力、学生终身学习能力、实践实操能力、校企合作能力、社会服务能力的"五力"协调统一,形成"五个动能",即:文化内涵动能、职业素养动能、职业基础动能、职业进阶动能和职业拓展动能。"五力合一"使"HOTEL"人才培养模式具有社会与教学双向"反哺"效应;"五个动能"则形成了课程体系的5个模块,具有能力递进、职业生涯递进的作用。"HOTEL"人才培养模式流程,见图2所示。

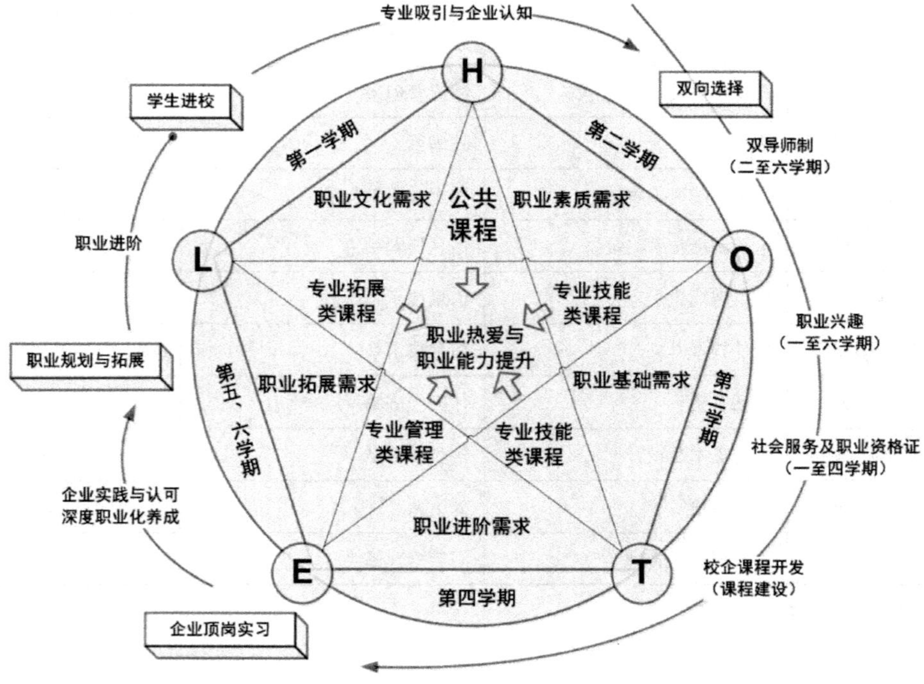

图2 "HOTEL"人才培养模式流程图

导游专业形成“工学交融,全真实训”人才培养模式。遵循“以促进就业为导向,以培养能力为本位,以产学合作为途径”的原则,通过校企合作,以旅游景点具体项目为导向,以“教学专业化、技能实用化、管理人文化、发展国际化”为专业办学理念,构建了“双循环工学交替,全真实训”的人才培养模式。具体内容和思路是:通过分析导游面对的工作岗位或岗位群——岗位典型工作任务分析——职业能力分析确定专业目标,构建了以职业能力为导向的导游专业课程体系,注重与企业合作(校外实训基地),工学结合进行教学。工学结合,是依托导游专业与实习基地签订的协议中关于2016年3~5月旅行社组织中小学开展的春游团和9~10月开展的秋游团,都由专业学生作为导游员,采用工学交替的方式参与其中。每门课程中都建立了大量的多媒体课程学习内容和专业实训课程,增强了学生的学习积极性和实践能力,教学效果明显,学生欢迎度较高。

2.课程建设与改革

积极推进课程模式和课程内容改革。课程是专业建设的核心。积极推进课程模式和课程内容的改革,按照人才培养目标的要求,结合职业资格标准,整合课程内容,按照“课、岗、证融通”“教、学、做合一”的课程建设理念,改革和优化基础教育课程和专业实践技能课程。运用现代教育技术,加大课程改革力度。改革考试方法,突出能力培养,积极推进“知识+技能”“教学过程考核评价方式”的改革进程。积极推进精品资源共享课程建设工作。

学院各专业以专业调研为基础,以职业能力培养为主线,在岗位(群)职业能力分析的基础上,提炼职业要求的知识点和能力点,科学构建课程体系,调整课程结构和课程内容,融合职业资格标准,校企合作制订人才培养方案。学院在新一轮人才培养方案中,大力推行工学结合,推出实践教学环节,实践类课时在各专业中均占到总学时的50%以上。酒店管理系制定了“数字化课程资源包”的建设构想,继续完善《Golden Service》等特色课程的教学方式,除增加授课课时外,还增加了各模块的实践、实操技能比例,并以《饭店业概论》和《Golden Service》课程为试点,开展课酬、考核、学生管理等方面的改进。按照工作过程和服务流程,重组课程内容,使课程内容更加贴近工作实际、贴近工作流程,并及时向学生传授工作过程中的新知识、新工艺、新流程。

针对不同专业课程的特性,结合学生教学和顶岗实习,在酒店管理专业、休闲服务与管理专业(高尔夫方向)率先实施了课程进企业的试点工作,两个专业开设的十门课程开展课程进企业教学。定期派出专业教师进入企业进行授课,企业派出中、高级管理人员对学生进行授课,学生不仅学到理论知识,还能通过企业高管授课,提升专业实践技能。

改进课程教学评价方法,实现“过程化考核”与“职业资格证书”挂钩,积极实行“双证书”制度,全面提升学生的职业岗位能力。根据各职业岗位群和各专业教学计划的要求,加强“双证书”重要性的宣传,鼓励学生考取与专业相关的职业资格证书,定期安排学生参加人社部(局)、行业协会等相关部门组织的职业技能鉴定考试,目前学院毕业生获得职业资格证书率达90.97%,中级及以上职业资格证书占职业资格证书总数的44.51%。

加强校企合作,大力支持各系部通过校企合作开发特色课程和教材,增强实践性教学。各专业在广泛听取企业专家意见的基础上,就实践课内容和教学实习项目及顶岗实习的教学内容和方法进行相应调整，并经常听取实践基地一线专家意见，编写各门课程实验（训）大纲，开发了一系列校企合作课程。

2016 年学院以世行贷款项目、省级质量工程项目建设为契机，投入专项课改经费，校企合作完成了《旅游服务英语》《职业生涯规划与就业创业指导》《旅游服务礼仪》《前厅运营与管理》《旅游电子商务》《模拟现场导游》《矿物学基础》《宝玉石鉴定与检测技术》《翡翠鉴赏与文化基础》9 门课程的市场调研、人才培养方案、课程标准的修订及课程开发工作，并通过了“两委会”评审。

比如，旅游管理系校企合作培养学生。近年来，旅游管理系与校外实训基地昆明假日国际旅行社联合开展工学交替带团实习的教学实践。每年市内中小学生开展春、秋游的时候，安排学生担任春秋游团队的辅导员工作，也就是实习导游带团工作。在教学实践环节中，学生可以把所学的核心课程理论内容与实际工作相结合，及时对学习成果进行检验，及时进行个人学习反思，能对职业需求、职业岗位形成更为全面、深刻的理解，并针对职业岗位需求制定相应的学习规划，为将来就业打下坚实的基础。同时，学生每人每天还可以得到旅行社发放的补贴，实现了学院、企业及学生的三赢。2015 年开始，昆明“假日国旅”设立了“假日精英”企业奖学金，每个学期表彰一批在教学实践环节中表现优异的学生，通过树立榜样，在学生中起到了带头引领的作用。

（三）实践教学备受重视

实践教学是高等职业院校人才培养的重要环节，是职业教育的优势所在，也是我国旅游职业教育更能够适应行业发展的优势所在。本年度，云南旅游职业学院继续深化校企合作、产教融合，进一步加强校内实践基地建设，提升实训基地的使用功能，同时增加了校外实习实训基地，实践教学条件更加完善。

云南旅游职业学院利用世界银行贷款项目，加强校内实践基地建设。截至 2016 年 12 月，投入经费 1231 余万元，重点建设校内实习实训室 18 个，具体项目，详见表 7。

表 7　云南旅游职业学院校内新增实习实训室一览表

序号	实习实训室名称
01	多媒体教室
02	监控系统部分
03	广告设计与制件——艺术设计制作实训室
04	教学公共数据存储
05	酒店前厅实训室
06	酒店形象实训室
07	酒店管理专业实训基地(酒店类课程数字化整体解决方案)
08	航空服务实训室
09	景区规划
10	建筑工程管理实训室
11	旅游会计实训室 1
12	旅游会计实训室 2
13	旅游电子商务+在线教学考试
14	高尔夫仿真实训室
15	地质仪器室
16	宝玉石实习实训室
17	旅游外语情景实训室
18	图书馆设备及电子资源

截至 2016 年 8 月底,学院有校内实践基地 11 个,实践基地总面积达 9761.16 平方米。2015—2016 学年,校内使用频率 566 396 人/时,社会使用频率 5312 人/时,详见表 8。

表 8　云南旅游职业学院 2015—2016 学年校内实践基地一览表

基地名称	学年使用频率(人/时)	
	校内	社会
宝玉石鉴定与加工技术专业实习实训基地	69 136	1000
博物馆	5600	1000
导游实训基地	0	0
国土资源工程类实习实训基地	136 060	0

续表

基地名称	学年使用频率(人/时)	
	校内	社会
会计与审计专业实训基地	49 248	152
计算机信息管理专业校内实训基地	18 000	0
酒店管理系实训楼	161 856	2700
形体训练基地	0	0
休闲服务与管理专业实训基地	4896	0
语言类校内实训基地	100 000	60
航空实训室	21 600	400
合计	566 396	5312

数据来源:高等职业院校人才培养工作状态数据采集与管理平台(2016 年 8 月底)。

做好校内实践基地建设的同时也不忘校外实习实训基地建设。把校企结合作为人才培养模式改革的切入点,与行业企业深度合作。截至 2016 年 8 月底,校企合作的企业数量达 116 个,订单培养学生数量 116 人,顶岗实习 475 人,接受毕业生 210 人。共拥有校外实习实训基地 55 个,共接待学生 3054 人次,使用 8126 天(见表 9)。

在世行贷款“云南职教发展项目”的支持下,学院酒店管理专业完善了校外实习实训基地建设,与洲际集团云南区域 7 家酒店及昆明豪生、豪庭、翠湖宾馆、海埂会堂等建立校外实习实训基地,满足了酒店专业学生的认识实习、轮训和顶岗实习的需要。

表 9　云南旅游职业学院 2016 年校外实习实训基地使用统计表

基地数量(个)	接待学生量(人次)	使用天数(天)
55	3054	8126

数据来源:高等职业院校人才培养工作状态数据采集与管理平台(2016 年 8 月底)。

学院持续完善校企合作机制,利用“全国科普教育基地”,提高了学院声誉,并积极拓展地矿类专业和地矿类企业的深度融合。借助“全国职业教育师资培训基地”,为社会、企业提供技术、师资、人员培训等社会服务。依托“中国—东盟人才培训基地”,实现了工学实践国际化、社会服务国际化。2014 年至今,学院每年承担旅游人才对外培训任务,借助国际交流活动、专家服务团等形式,共计培训旅游企业人员 954 人次,涉及 8 个东南亚、南亚国家,外方满意度高,培训效果极佳。学院非常重视校企合作,定期组织学生深入企业参观学习,响应了教育部、财政部、人力资源社会保障部、安全监管总局、保监会联合印发的《教育部等五部门关于印发〈职业学校学生实习管理规定〉的通知》。改革考核方式,校企合作评价学生,对优秀实习生给予表彰。这也响应了《国务院关于加快发展现代职业教育的决定》的要求,强化了以育人为目标的实习实训考核评价。校企合作情况详见表 10。

表 10　云南旅游职业学院校企合作情况表

专业	合作企业数量(个)	订单培养数(人)	顶岗实习数(人)	接受毕业生就业数(人)
旅游英语	3	0	20	5
会计与审计	20	0	113	55
航空服务	1	0	10	3
酒店管理	9	106	95	39
广告设计与制作	5	0	4	2
工程测量技术	5	0	10	5
区域地质调查及矿产普查	5	0	16	7
建筑工程管理	5	0	0	0
休闲服务与管理	3	0	9	9
计算机信息管理	3	0	0	1
应用泰国语	10	0	12	1
旅游英语	12	0	16	7
烹饪工艺与营养	5	0	48	10
导游	12	0	112	56
旅行社经营管理	10	0	0	0
景区开发与管理	6	0	0	0
宝玉石鉴定与加工技术	2	10	10	10
总计	116	116	475	210

数据来源:高等职业院校人才培养工作状态数据采集与管理平台(2016 年 8 月底)。

(四)行业指导得以强化

国家旅游局、教育部联合出台的《加快发展现代旅游职业教育的指导意见》(以下简称《意见》)中指出,充分发挥全国旅游职业教育教学指导委员会在旅游职业教育中的研究、咨询、指导和服务作用,支持旅游行业参与职业院校旅游类教学工作的诊断与改进,进一步规范旅游职业教育办学,建立优胜劣汰机制,扩大优质教育资源示范辐射效应,推动区域内院校协同均衡发展。积极开展人才需求预测、毕业生跟踪调查、用人单位满意度调查等。发挥桥梁纽带作用,搭建校企政、产学研多种形式的对话合作平台,提高教育与行业、产业、市场的对接,促进产业资源向教育资源转化。针对旅游职业教育发展中的重点难点问题,开展教育教学研究。参与旅游职业教育教材质量监测与评价,引导规范教材开发和使用。

云南旅游职业学院始终坚持行业指导,顺应新中国建设需要成立的地质部昆明地质学校,伴随云南旅游支柱产业地位的确定,顺应蓬勃发展的旅游市场需求,将昆明地质学校改建为云南省旅游职业学院，顺应云南旅游强省建设需要，云南旅游职业学院跻身高等教育院校行列。

（五）信息化建设初见成效

“十二五”以来，云南旅游职业学院不断推进教育信息化建设，以信息化促进教育现代化，取得一定成效。一是基础网络建设。1999 年底，投资 80 万元建成千兆光纤校园网。目前，有线网络已覆盖所有办公、教学区域，各办公、教学区域分别根据自身需要布设了Wi-Fi。二是信息化应用。学校在教务管理、学生管理、资产管理方面采购了管理系统，各二级学院根据自身情况各自配置了若干信息化设备与设施，如，多媒体教室、录播系统、虚拟仿真软件；酒店管理学院等部分二级学院用于教学的信息化辅助手段比较完善。三是数字化资源建设。学校建立了数字教学资源，如，图书信息资源中心自主学习平台收集的教学资源。师生可以在电子阅览室进行网上评教、网上选课、网上查分，学习精品课程；进行馆藏文献资源检索，如，图书、期刊、随书光盘等。

“十三五”期间，学院从新校区建设的实际需求出发，遵循国家信息化和安全标准，建立一个集云计算、大数据、移动互联等先进技术，融网络、技术、服务为一体的智能个性化数字校园，形成具有感知全面、响应及时、智能综合、随需应变、高效运行等特征的新一代校园环境，实现了人、设备、环境、资源与社会的有机整合。

[结语]

建校 60 年来，云南旅游职业学院办学实力得到明显提升，整体发展取得了巨大的成绩与突破，人才培养质量进一步提高。但是，面对区域经济发展的新形势与新机遇，学院也清醒地认识到，人才培养过程中逐渐显现出来一些问题和矛盾。

目前，学院主要面临三方面的挑战：一是办学条件有待提升。新校区虽已经开工建设，但由于工程量大，需要学院领导班子深入研究，进一步厘清思路，不断改进和完善。规模大、时间紧迫，建设尚未完成，学院办学基础条件尚未得到彻底改善，一定程度上影响了学院的快速发展。二是教育教学改革还需进一步深化。学院清楚地意识到，师资队伍、专业质量和数量、实践性教学条件、课程开发和信息化建设等方面还有较大的提升空间，高职教育教学理念、实践技能、教学方法等方面还有待进一步改革和创新。三是管理体制需要进一步改革，目前学院行政、教学管理、规章制度、管理体制、运行机制等与现代大学管理还有一定的差距，存在管理粗放、效率不高等问题。

学院未来 5 年的主要建设目标是：构建以昆明本部为中心，辐射全省，衔接中高职和应用本科的旅游职业教育办学格局，构建以在南亚、东南亚设点办学为基础的国际化特色办学体系，切实担负起与全省唯一一所旅游类公办大专层次高等职业学院和“中国—东盟旅游人才教育培训基地”相适应的旅游职业教育和周边国家旅游教育培训交流的重任。

（本报告由云南旅游职业学院课题组完成，作者：赵杰、李莉叶、王华锋）

山西省旅游职业教育发展研究报告

一、山西旅游教育发展现状

旅游人才是山西旅游业发展的第一资源，而各级各类旅游院校是旅游人才培养的主渠道。山西旅游教育伴随着山西旅游业改革开放以来30多年的发展，目前已形成从研究生、本科教育到高职高专、中等职业教育四个培养层次。截至2015年底，全省涉旅院校（包括完全的旅游院校和开设有旅游专业的院校）共计53所，其中开设本科涉旅专业的院校11所（约占全省本科院校的33%）；高职高专涉旅院校24所（约占全省高职高专院校的51%）；中等职业涉旅学校18所（约占全省中职院校的20%）[①]。从以上数据可以看出，山西旅游教育已呈现出层次丰富、规模可观的形势，已基本能够满足山西旅游业发展的需要。

（一）旅游高等教育层次齐全，规模初具

山西的旅游高等教育起始于20世纪90年代，全面发展于2000年以后。目前，旅游高等院校由本科院校和高职高专院校两部分组成，涵盖了硕士研究生、本科和专科三个层次。涉旅高校（尤其是高职高专院校）的数量在21世纪头10年飞速增长，由2001年的2所发展为2015年的36所[②]。涉旅高校数量与在校生数量2001年以来的发展变化，如表1、表2所示：

表1　山西涉旅高校数量变化表

年份	2001	2003	2005	2007	2009	2011	2013	2015
高校数	2	9	22	30	30	34	35	36

表2　山西涉旅高校在校生数量变化表

年份	2001	2003	2005	2007	2009	2011	2013	2015
在校生	878	995	5943	5296	13 001	51 914	48 536	49 835

① 根据《山西省2016年教育事业发展统计公报》数据：截至2015年底，普通高校80所（独立学院计入校数），其中本科院校25所、独立学院8所、专科院校47所（高等专科学校6所，高等职业学校41所）。全省共有普通中等专业学校92所，其中中等技术学校88所、中等师范学校4所。

② 数据来源：中国旅游网《2015年全国旅游教育培训统计》和山西省旅发委《2015年全省旅游教育培训统计》。

1.涉旅本科院校概况

20 世纪 90 年代,山西旅游业迅猛发展,旅游人才供需矛盾日渐突出。自 1993 年山西大学与山西省旅游局联合开办旅游管理专业大专班(1995 年改为旅游管理专业本科)之后,山西财经大学、太原师范学院、山西师范大学等高校也从自身的优势教育资源出发,在许多一级学科之下开设了旅游专业,开始了山西旅游高等教育的步伐。截至 2015 年底,山西省本科涉旅院校①如表 3 所示。

表 3 山西本科涉旅院校一览表

序号	院校(学院、系)名称	开设时间※	涉旅专业
1	山西大学旅游学院	1993 年	旅游管理、旅游管理硕士
2	山西财经大学旅游管理学院	1998 年	旅游管理、旅游管理硕士
3	山西师范大学历史与旅游文化学院	2002 年	旅游管理
4	山西大学商务学院	2004 年	旅游管理
5	太原师范学院城市与旅游学院	2002 年	旅游管理
6	大同大学商学院旅游管理系	1998 年	旅游管理
7	忻州师范学院地理系	1999 年(专) 2004 年(本)	旅游管理(本科/高职各一个)
8	晋中学院旅游管理学院	2007 年	旅游管理(含会展/酒店等 3 个方向)
9	长治学院历史文化与旅游管理系	2002 年	旅游管理
10	运城学院经济管理系	2005 年	旅游管理
11	山西工商学院酒店管理学院	2004 年	旅游管理/酒店管理/烹饪工艺与营养(1 个本科专业 3 个高职专业)

※"开设时间"为该校开设首个涉旅专业时间,下同。

(1)专业设置。包括旅游管理本科专业和旅游管理硕士专业。

旅游管理本科专业面向现代旅游业,根据旅游业形势的发展培养拥护党的路线,适应生产、管理、服务第一线需要的德、智、体、美等方面全面发展的高等技术应用型专门人才。根据 2012 年 10 月教育部颁布的《普通高等学校本科专业目录(2012 年)》,旅游管理目前已成为一级学科。

旅游管理硕士专业学位(Master of Tourism Administration),英文缩写为 MTA,主要招收具有一定实践经验,并在未来愿意从事旅游业工作的人员。其目标是培养具有社会责任感和旅游职业精神、掌握旅游管理基础理论、知识和技能,具备国际化视野和战略思维能力、敢于挑战现代旅游业跨国发展的高级应用型旅游管理人才。目前,山西大学、山西财经大学均开设有旅游管理硕士专业。

① 数据来源:以山西省旅游局《2012 年山西旅游人才调查统计数据分析报告》为基础,补充了近 5 年数据。下同。

(2)师资队伍。本科院校师资队伍大部分由历史、地理等相近专业转型而来,科班出身的旅游专业教师较少。但经过多年的发展与积累,师资队伍的专业化素质正在逐步提升。全省本科院校教师中,女性占64%;35岁以下的青年教师占53%;职称结构呈正态分布,中级职称占62%,搭配合理;学历结构中硕士研究生占59%,学位结构也以硕士为主,整体素质较高。

(3)人才培养。2000年以来,随着涉旅高校数量的增加,人才培养数量也随之增加。本科旅游管理专业毕业生有的进入各级旅游行政管理部门,有的进入各类旅游企业,有的攻读硕士研究生,成为高级旅游研究与教育人才。这些毕业生正逐步成为我省旅游业的骨干人才。与人才培养的数量增长相对应,人才培养质量也在不断提升,各院校更加注重工学结合与校企合作,重视人才的实践能力培养,适应了旅游行业对人才的需求。

2. 涉旅高职高专院校概况

山西专科层次的旅游人才培养开始于20世纪末,在21世纪初国家大力发展职业教育政策的推动下,一批旅游高职高专院校开始出现,如,太原旅游职业学院(原太原旅游学校)和山西旅游职业学院(原山西计划统计学校)均于2005年转型升格为旅游高职高专。山西高职高专涉旅院校如表4所示。

表4　山西高职高专涉旅院校一览表

序号	院校(学院、系)名称	开设时间※	涉旅专业
1	太原学院旅游系	1999年	旅游管理/酒店管理
2	太原旅游职业学院	1985年(中专) 2005年(大专)	导游/酒店管理/旅游管理/旅行社经营管理/烹饪工艺与营养/景区开发与管理/空中乘务/英语/韩语/日语/德语/俄语/会展策划与管理/营销与策划/广告设计与制作(旅游方向)/邮轮旅游/休闲旅游与管理/西餐工艺
3	山西旅游职业学院	2005年	导游/酒店管理/旅游管理/涉外旅游/烹饪工艺与营养/景区开发与管理/英语/韩语/日语/航空服务/宝玉石鉴定与营销/文物鉴定与修复/表演艺术/艺术设计
4	山西职业技术学院商贸旅游学院	2002年	旅游管理/酒店管理
5	山西省艺术职业学院旅游系	2002年	涉外旅游(英语方向)/艺术设计(旅游工艺品设计与制作)
6	山西煤炭管理干部学院	1998年	酒店管理/旅游英语
7	山西林业职业技术学院	1999年	森林生态旅游/导游(生态方向)/景区开发与管理
8	山西经济管理干部学院/山西经贸职业学院旅游管理系	2002年	旅游管理/酒店管理/会展策划/旅游英语

续表

序号	院校(学院、系)名称	开设时间※	涉旅专业
9	山西青年职业学院	2002年	旅游管理/酒店管理
10	山西戏剧职业学院	2002年	导游/酒店管理
11	山西财贸职业技术学院旅游系	2002年	涉外旅游/商务英语/旅游管理/旅游工业品设计与制作
12	山西财经大学经济技术学院	2002年	旅游管理
13	山西兴华职业学院	2002年	高职:旅游管理/酒店管理/导游 中职:旅游服务与管理/酒店服务与管理
14	太原理工大学阳泉学院/阳泉职业技术学院	2004年	旅游管理
15	太原理工大学轻纺美院	2004年	旅游管理
16	忻州职业技术学院旅游管理系	2004年	旅游服务与管理
17	晋中职业技术学院	2005年	旅游管理
18	临汾职业技术学院	2004年	高职:旅游英语/旅游管理/酒店管理 中职:旅游英语/旅游管理/酒店管理/导游/烹饪
19	山西管理职业学院公共管理系	2004年	导游
20	长治职业技术学院人文系	2004年	导游专业
21	朔州市职业技术学院社会管理系	2004年	酒店管理、导游
22	晋城职业技术学院旅游与酒店管理系	2003年	高职:旅游管理/酒店管理 中职:旅游服务与管理/饭店服务与管理
23	山西华澳商贸职业学院旅游系	2005年	酒店管理/涉外旅游
24	山西省财政税务专科学校旅游管理系	2005年	旅游管理/酒店管理

※因部分本科院校同时开设高职专业、部分高职院校同时开设中职专业,归类时按照就高不就低的原则合并计算,以避免重复统计。如,忻州师院设本科专业1个,高职专业1个;山西工商学院酒店管理学院设本科专业1个,高职专业3个。这两所院校归入本科院校统计。太原旅游职业学院设高职专业20个,中职专业6个;晋城职业技术学院设高职专业2个,中职专业2个。这两所院校归入高职高专院校统计。下同。

(1)专业设置。目前山西省高职高专涉旅专业主要有:旅游管理、酒店管理(酒店服务与管理)、导游、景区开发与管理等28个,基本涵盖了旅游产业链中的各类企业和岗位,详见表4。

(2)师资队伍。高职高专涉旅院校教师中,女性占76%,性别比例差异明显;35岁以下的青年教师占54%;职称结构,呈阶梯形,高级、中级与初级比例分别为19%、40%和41%;学历结构中,本科占62%,硕士研究生占36%,博士研究生与专科生均为1%;学位结构,也以硕士为主,学士为辅。高职高专的师资队伍兼顾理论修养与实践技能,以太原旅游职业学院为代表的资深旅游院校,经过多年的磨砺,近年来更是涌现出一批得到行业认可的"双师型"教学名师与优秀教师。

(3)人才培养。2000年以来,随着涉旅高职高专院校数量的增加,每年向旅游行业输送的旅游专业人才数量也出现了倍增,基本满足了省内旅行社、星级酒店和旅游景区等企业的人才需求。同时,我省高职高专院校以就业为导向,以服务为宗旨,走产学结合的发展道路,大力推进校企联合,产学研一体化,依托行业办学,推进合作办学和"订单式"办学模式,人才培养的质量稳步提升,适应了行业对高素质技能型旅游人才的需求。目前,高职高专院校已发展成为山西省旅游人才培养中的主力军。

(二)旅游中等职业教育规模缩减、办学分散

以1985年太原旅游学校(太原旅游职业学院前身)的成立为标志,山西的旅游中职教育开始起步。近年来,随着部分中职院校升格为高职高专,旅游中职教育在院校数量与招生规模上呈现萎缩趋势,但在中职免费政策的刺激下和基层县市旅游人才需求的拉动下,仍是我省旅游职业人才培养中的一支重要力量。涉旅中职院校数量与在校生数量,2001年以来的发展变化如表5、表6所示。

表5 山西涉旅中职院校数量变化表

年份	2001	2003	2005	2007	2009	2011	2013	2015	2017
院校数	3	9	12	14	18	15	18	19	18

表6 山西涉旅中职院校在校生数量变化表

年份	2001	2003	2005	2007	2009	2011	2013	2015	2017
在校生	1640	3413	4293	4641	7456	2207	2641	2899	2736

山西涉旅中职院校目前主要分布在各基层地市,满足了当地旅游发展对人才的需求,如表7所示。

表7 山西涉旅中职院校一览表

序号	院校(学院、系)名称	开设时间※	涉旅专业
1	山西经贸学校	1998年	酒店服务与管理/导游/烹饪
2	山西省好艺中等专业学校	1998年	旅游管理
3	大同市第一高级职业中学	1995年	旅游服务与管理/餐饮服务与管理/旅游外语(韩语)/旅游外语(日语)

续表

序号	院校(学院、系)名称	开设时间※	涉旅专业
4	晋城市中等专业学校旅游系	2007 年	旅游服务与管理/酒店服务与管理
5	晋城市高级技工学校	1999 年	旅游与酒店管理
6	运城市关圣旅游学校	2003 年	导游/酒店管理/餐饮服务及外事接待
7	运城市河东旅游学校	2003 年	旅游服务与管理/导游/酒店服务与管理/航空服务
8	运城永济市职业中专学校	2003 年	旅游服务与酒店管理/烹饪
9	永济市旅游职业(技术)学校	2003 年	旅游管理
10	长治高级技工学校	2000 年	酒店服务与旅游管理
11	长治市第一职业高级中学	2000 年	旅游管理/酒店管理
12	山西省(平遥)农机校	2003 年	旅游服务与管理
13	平遥现代工程技术学校	1998 年	旅游服务与管理
14	阳城县职业高中	1999 年	旅游管理
15	太原市财政金融学校	2005 年	中餐烹饪/西餐烹饪/酒店服务与管理
16	太原第五职业中学	2006 年	酒店服务与管理/导游
17	清徐县职业教育中心	2006 年	酒店管理
18	山西冶金高级技工学校	2006 年	旅游与酒店管理

1. 专业设置

目前我省中职涉旅专业主要有旅游服务与管理、酒店服务与管理、导游等,都是侧重动手能力与实际操作的专业,以满足基层旅游服务岗位的需要(详见表 7)。

2. 师资队伍

中职院校师资侧重于经验型与实践型,教师队伍中女性占 74%;35 岁以下的青年教师占 58%;职称结构呈正态分布,搭配合理;学历结构中本科占 80%,硕士研究生与专科很少,学位结构也以学士为主。

3.人才培养

中职涉旅院校人才培养在招生与就业中都立足本地,很好地服务于本地旅游经济发展的需要。以太原旅游职业学院和大同市第一高级职业中学等为代表的一批品牌中职涉旅院校,在全省中职旅游人才培养中发挥了标杆与引领作用。

除正规的学历教育培养旅游人才之外,非学历教育也承担了劳动力转移、转岗、职业技能人才的培养和训练。如,全省各级旅游培训机构承担的导游岗前培训、领队培训、年审培训等任务。本文在此不再赘述。

综上所述,山西省已形成初具规模、层次齐全的旅游教育格局,为山西旅游业 30 多年的高速发展提供了强有力的支撑和保障。但同时我们也要清醒地看到,山西旅游教育规格和质量与行业人才需求还存在较大差距,与国内发达地区旅游教育相比还有差距。旅游教育总体投入不足,专业建设水平总体不高,结构和布局不尽合理,教育国际化水平、与产业融合程度有待大力提高。

二、山西旅游教育问题分析

目前山西省旅游教育主要呈现出五个特点。

(一)旅游教育规模增长迅速,但质量提升滞后

在旅游市场旺盛的用人需求催生下,山西旅游教育规模在近 10 年出现了爆发式增长,开设涉旅专业的院系和专业旅游院校纷纷涌现,招生数量和毕业生数量屡创新高。但不少涉旅院校不同程度存在投入不足,缺少专业师资,缺少专业实践条件的情况,整个旅游教育质量只能在低水平徘徊。大多数旅游院校远远不能达到办学的规模效益,而且各院校专业简单重复,口径狭窄,布局不合理,造成现有教育资源的闲置和浪费。

(二)旅游教育蓬勃发展,但与旅游市场存在结构性失衡

一是旅游教育领导体制造成的学界与业界的隔阂。我省旅游教育的现状是涉旅院校直接隶属于教育部门,旅游主管部门仅是业务上的间接指导,而这种领导体制又长期欠缺补偿性沟通机制。造成旅游行业与旅游院校之间存在信息、人员和资源的沟通壁垒,行业无法指导院校,院校不了解行业。而像北京、浙江等省份或是通过行业教学指导委员会或是通过旅游行政部门直管旅游院校,已逐步实现行业与院校的良性互动。

二是理论化的课程体系造成人才培养与岗位需求错位。培养目标是学校一切教学活动的出发点和归结点,而课程体系则是培养目标全面和具体的体现。目前部分涉旅院校在培养目标、专业设置和课程体系设置方面存在着一定的盲目性,在对旅游市场发展的内在规律、发展现状和发展趋势缺乏了解的情况下,仅凭自己原先所在学科的优势为出发点,通过对国内外旅游院校专业设置和课程体系的“编辑组合”来确立专业和课程体系,致使专业设置缺乏专业性和适应性。如,有些旅游专业是由地理、历史、外语、经济等系(科)转向建立的,专业背景往往过重,显出较为浓厚的母体色彩,与旅游企业具体岗位用人需求相去甚远。

三是长期与行业脱节办学积累的人才供求数量与结构的问题。有数据显示,经过多年发展,山西旅游市场对中文导游与旅游管理人才的需求已接近饱和,而旅游院校招生近年来仍以这两个专业为主,导致人才培养处于半盲目状态。旅游市场发展日新月异,各类新业态萌生了大量新的人才需求,如,旅游电子商务、旅游营销、外语导游、计调师等,旅游教育对新业态人才的需求反应滞后,给学生就业增添了难度。

(三)师资数量增长较快,但具有实践经验的“双师型”教师较少

随着招生规模的扩大,旅游院校近年来也不断扩充师资队伍,但理论型教师数量明显多于实践型教师,体现为:一是旅游院校的专业课教师有相当一部分是从其他学科中转过来的,造成旅游学科学术研究水平不高,科研成果不够;二是高校教师队伍中普遍存在重学历不重能力的倾向。引进的师资都是硕士、博士,但他们大多偏重于理论研究,具体实践操作水平却有待提高;三是中等职业学校的教师因代课任务繁重,多重于技能教育的培训,而在

学术研究上缺乏信心和热情，没有接受过系统的理论指导，搞科研的动力不足；四是部分旅游院校很少从社会上聘请一些理论水平高、实践经验丰富的行业专家到学校做专题报告或作兼职教师，“双师型”教师十分缺乏，师资结构日趋单调。

（四）办学院校多，但重复分散

一是旅游教育院校在办学过程中各自为政，与兄弟院校之间的联系较少，以至于信息闭塞；二是各院校在实习基地开拓、实训场所建设及与旅游企业联合办学等方面没有建立交流机制，造成优质教育资源无法共享；三是旅游专业办学分散现象仍存在，人才培养质量良莠不齐。这一现象在旅游中职教育中尤为典型。目前除大同第一职业中学、太原旅游职业学院中职部等少数四星、五星中职院校外，分散在各市的许多地方中职旅游院校在师资、实训、实习等方面水平不高；四是专业发展彼此相对独立且分散的现象普遍存在于全省各旅游院校，校际间的学术交流和专业学科研讨会举办得不多，教学经验缺乏跨校的探讨交流。

（五）旅游市场有待研究，但旅游院校科研与社会服务能力薄弱

旅游教育的发展有赖于旅游科研活动的开展，旅游科研和旅游专业教学是相辅相成的，旅游科研特别是旅游教研活动的深入开展，也会相应地推动旅游教学质量的进一步提高。目前我省旅游发展面临诸多深层次问题，亟须相关院校科研力量加强研究，为决策提供依据。但旅游教育科研与社会服务中却存在以下问题：一是尚未设立省级旅游科研专项基金、奖项，也没有每年发布的省级旅游课题，旅游院校尤其是职业院校的科研风气不浓，许多年轻教师不愿从事科研工作，特别是不愿从事基础性的理论研究；二是旅游研究方法比较落后，大多旅游院校的教师从事研究工作仅仅局限于图书、期刊等二手资料，对旅游业发展中的实际问题研究较少，不能对地方旅游业发展的重大问题提供决策和政策依据，科研成果很少能转化为生产力；三是在学校完成教学工作的教师因没有机会参与旅游实践，不能拓展自己的专业学科面，科研水平得不到提高；四是社会服务能力需加强，领域需拓宽。

此外，山西旅游教育中还存在生源质量逐年走低，学生行业就业率不高，毕业生 3 年内流失率攀升等问题，需要通过深度产学融合与提高人才培养质量来解决。

三、影响未来山西旅游教育的政府与市场因素分析

随着山西省旅游市场和教育领域综合改革的不断深化，随着全域旅游和“旅游+”的持续拓展，山西旅游教育在未来几年的走向也必将发生深刻变化。“十三五”时期，山西旅游业将以习近平总书记系列重要讲话精神为指引，以“创新、协调、绿色、开放、共享”五大发展理念为遵循，深化供给侧结构性改革，激发市场主体活力，实施大项目建设、大企业运作，加快把文化旅游业培育成战略性支柱产业，早日建成富有特色和魅力的文化旅游强省。① 从政府与市场两方面可以分析出山西旅游教育未来几年面临的机遇和挑战。

1.政府方面：本科应用型人才培养的推广、现代职业教育体系的建立、中高职产教融合的深化与山西旅游的转型升级

应用型本科教育转型带来新调整。随着《关于全面提高高等教育质量的若干意见》的深

① 《山西省“十三五”旅游业发展规划》。

入贯彻实施,强化学生的实践能力成为提高高等教育质量的一项重要措施,许多高校的旅游管理本科专业开始强化实践育人环节,增加实践教学比重。2014 年 2 月,国务院召开常务会议进一步明确,要"引导一批普通本科高校向应用技术型高校转型",也就是开展本科层次职业教育。这就为部分高校尤其是新建本科高校旅游管理专业的发展进一步指明了方向。随着国家和省里对高校向应用型方向转型发展的投入保障机制、人才评价机制及政策激励机制的完善,旅游管理本科专业或将迎来人才培养方向的大调整。

建设现代职业教育体系带来新机遇。2014 年国务院出台了《国务院关于加快发展现代职业教育的决定》和《现代职业教育体系建设规划(2014—2020 年)》,这些政策文件提出了建立相互衔接的现代职业教育体系的设想。这些建设现代职教体系政策文件的颁布和贯彻落实,已经并将继续为旅游职业教育的发展带来新的机遇。

2. 市场方面:全域旅游持续发展、"旅游+"成为旅游市场发展趋势

山西省旅游发展委员会提出①,要以"旅游+"为主要抓手,大力推动全域旅游发展。发展全域旅游是从单纯景区建设转变为多业融合发展,实现旅游资源全域整合、产业全域融合、要素全域配套、社会全域参与、服务全域提升,"旅游+"是重要抓手、基本方式。

未来旅游市场将是全域旅游条件下"旅游+"的持续拓展,在区域经济社会发展规划布局中强化旅游要素定位,在基础建设、项目开发和管理服务上赋予旅游内涵、体现旅游内容、突出旅游功能,通过旅游与其他相关产业的融合,逐步发展生态游、商务游、休闲游、旅游养老、会展旅游、体育旅游等新业态。另一方面,旅游业也更多重视"+旅游",主动与其他行业跟踪对接,在各行各业的发展过程中积极增加旅游的属性,强化旅游功能,客观上形成部门共同发力、全社会共建共享的旅游融合发展新机制。在山西推进旅游业与其他产业的融合发展,首当其冲的是与文化产业融合。这就为山西旅游教育提出了新的要求。旅游教育要为我省旅游转型升级提供强有力的人才和智力支持,就需要更加注重全域旅游条件下旅游人才需求的新特点,注重旅游人才的宽基础、强技能和广适应。

此外,智慧旅游、乡村旅游、自驾车旅游等新业态发展对旅游人才的需求,对未来山西旅游人才培养走向产生的影响将逐步显现。

四、山西旅游教育未来发展趋势预判及政策建议

从以上对政府和市场因素的分析可见,山西旅游教育面临机遇和挑战并存的局面。把握机遇,进一步开拓创新、改革发展是山西旅游教育未来的使命。

1. 稳定招生规模和调整专业结构

如前所述,我省旅游教育已初具规模,基本能够满足市场用人需要。而近期旅游市场处于调整期,对传统旅游人才(如,导游、酒店服务与管理)的需求会有所减少,为避免毕业生出现行业就业率低或流失率高的情况,招生规模宜保持稳定,近两年不能增加,甚至要适度缩减。这也是旅游市场需求倒逼条件下应做出的理性选择。

---

① 《山西省旅游局局长在 2017 年全省旅游工作会议上的讲话》。

在稳定培养规模的同时，要调整专业结构，提高培养的针对性。本科院校要进一步明确旅游管理专业培养目标和就业定位，细化培养方向，如，少数学生考研深造、少数学生考公务员、大部分学生则瞄准旅游企业就业，从事技能型岗位。教师在专业教学中则应处理好学科的完整性与知识应用性的关系，处理好课堂理论教学与生产应用实践的关系，处理好个人学术发展与“双师型”教师队伍建设的关系。

职业院校要大力推动专业设置与产业需求、课程内容与职业标准、教学过程与生产过程“三对接”，积极推进学历证书和职业资格证书“双证书”制度，做到学以致用。小院校尤其是市县中职院校涉旅专业，应积极寻求转型或借助政府推广“三二分段”培养模式的契机寻求与大院校联合办学。

2. 旅游教育资源整合和集团化办学

如前所述，山西省旅游教育在发展中形成了教育资源分散且存在院校壁垒的局面，造成师资、实训、资源的浪费。集团化办学是目前国内整合旅游教育资源的模式之一，兄弟省份有许多成功的先例。集团化办学契合了旅游是综合性产业的特点，有利于整合分散的旅游教育资源，有利于促进产学结合。其实山西省早在 2008 年就成立了“山西旅游职业教育集团”，其宗旨是“以旅游专业发展为纽带，以校企合作为重点，实现旅游职业教育与市场需求的对接。通过组建旅游职业教育集团，加强旅游企业、学校、科研院所、行业协会之间的全方位合作，促进资源的集成和共享，实现优势互补，互惠互利，有效推进职业院校依托产业办专业、办好专业促产业”。但由于种种原因，这个组织一直未能发挥太大作用。若能在教育行政部门的主导下，将这一组织升格为“山西旅游教育集团”，并真正能够整合全省各级旅游教育资源，则不仅顺应了旅游教育规律，而且可在旅游教育资源整合中实现旅游人才培养的跨越式发展。

同时，中职与高职人才培养的融通将在政府的主导下进一步推进。山西省教育厅提出要以五年制“三二分段”人才培养为切入点，深入推进中高职衔接，深化教育教学改革和人才培养模式创新，为山西省旅游发展培养更多高素质技能型人才。这也将成为山西省旅游职业教育资源整合的一个亮点。

3. 建立健全旅游行业指导委员会和对接市场

山西旅游教育要走出与行业不对接的困境，必须借鉴兄弟省市经验，在省旅游行政主管部门的主导下健全山西旅游行业指导委员会（简称“行指委”）。根据国家和其他省市“行指委”的成功经验，“行指委”在助推旅游教育改革创新、发挥专家组织作用方面有很大优势，具体包括发布行业人才需求与专业设置年度指导报告，引领旅游教育发展；发布行业指导旅游教育年度报告，总结旅游教育发展规律和经验；联合本行业骨干企业共同制定旅游院校学生顶岗实习等相关标准；组织开展本行业相关专业教材质量抽查；开发相关专业企业生产实际教学案例库等。

同时，“行指委”作用的充分发挥还将形成旅游教育与产业对话机制，密切人才培养与行业企业人才需求的联系；通过联合召开旅游教育工作会议，出台支持旅游教育发展的有关政策文件；强化行业参与旅游教育决策的工作机制，提高行业在旅游教育重大政策和事项上的决策权重和作用，制定提升行业指导能力的意见。

4. 借助集团化办学和“行指委”提升旅游教育科研能力

旅游院校尤其是旅游职业院校的科研能力,一直是制约旅游人才培养与社会服务能力的瓶颈。借助集团化办学和“行指委”的力量,把全省的旅游院校组织起来,指导旅游院校间开展多形式、多层次的经验交流和学术研讨活动,包括推动国内外旅游高校的合作和交流,形成整体旅游教育合力。设立旅游发展科研基金,建立旅游科研立项招投标制度和旅游科研评奖制度,鼓励广大旅游院校的教师投身旅游科研活动,关注旅游实践与旅游教育中的新问题、新趋势,提出对策建议,为政府部门的科学决策提供依据。

5.加强对旅游职业教育的指导和支持

加强对旅游职业教育改革发展的统筹指导和综合保障,加快建立适应旅游产业发展需求、产教深度融合、中高职有机衔接、布局结构更加合理的现代旅游职业教育体系。引导职业院校适应“互联网+”和“旅游+”,优化专业结构、完善课程体系、建立教学标准、创新实习实训模式。推动适应旅游业发展新形势的教材建设和数字化课程资源的共建共享。加强旅游专业“双师型”教师培养,推动完善到旅游企业挂职交流制度。强化实习实训,积极探索现代学徒制,推广“多学期、分段式”“淡旺季工学交替”等顶岗实习模式,提高“双师型”教师和企业兼职教师承担教学任务的比例。深化校企合作,依托重点院校、龙头企业、社会机构,建设一批示范性旅游职业教育实习实训基地。培育一批示范性校企合作项目,支持开展校企联合招生、联合培养、一体化育人。支持龙头企业牵头组建旅游职业教育集团或举办旅游职业教育。

打造山西旅游业升级版,核心在人才,关键在教育。在山西旅游业进入转型升级的新阶段,对高素质人才的需求,比以往任何时期都更为紧迫和强烈。山西旅游教育界要以历史使命感,以改革创新的胆识,以敢于担当的勇气,紧紧围绕《山西省“十三五”旅游业发展规划》提出的“旅游行政管理人才、旅游经营管理人才、旅游专业技术人才、旅游服务技能人才、旅游导游解说人才和乡村旅游创业人才”六支人才队伍建设培养人才,积极探索创新人才培养模式。学历教育要引起重视,职业教育要加快发展,技能培训要适应需求,共同促进山西旅游教育质量水平的提高,培养更多的符合旅游业需要的高素质人才。

(本报告由太原旅游职业学院课题组完成,作者:韩一武)

专家视野

旅游职业创新创业教育与服务地方产业发展

党的十八大明确提出将“创新型国家”和“创业带动就业”列入国家发展战略，并从“大众创新、万众创业”理念教育中，培养大学生的创新精神、创业意识和创造能力。旅游业作为国民经济发展的重要产业之一，已成为“大众创业、万众创新”的重要平台，也已成为促进就业、拉动经济增长的主要举措。

据国家旅游局数据中心发布的《2015年中国旅游业统计公报》显示，2015年，全国旅游业对GDP的直接贡献为3.32万亿元，占GDP总量比重的4.9%；旅游直接就业2798万人，旅游直接和间接就业7911万人，占全国就业总人口的10.2%。旅游产业规模的不断扩大，对旅游类人才需求提出了新的更高要求。对于旅游类高职院校而言，着力提升旅游人才的实践能力、创新能力，强化旅游类人才的职业综合素能培养显得尤为重要。同时，旅游职业创新创业教育的成效，应体现在旅游类高职院校人才培养的质量和水平上，最终落脚在专业服务能力上，也就是专业对产业发展的贡献力上。

一、旅游职业创新创业教育的实现路径

旅游职业创新创业教育，应注重强化顶层设计，准确把握时代脉搏和学生特点，全面推进创新创业教育，着重强化学生创新意识、培养创新思维、培育创业精神、训练创造能力，探索有鲜明特色的学生创新创业教育模式，为学生搭建创新创业教育平台，助力学生成长成才。

1.动能保障：强化旅游职业创新创业教育的政策扶持

开展创新创业教育，体制机制是前提。旅游类高职院校应制定并实施创新创业学分管理、休学创业管理、创新创业教育实践基地建设与管理等，促进创新创业人才培养的管理制度，实施创新创业学分转换、弹性学制和保留学籍休学创业，解决有创新创业动机学生的后顾之忧，推动院校的创新创业工作。院校还应从人事分配制度改革入手，在教师考核、经费保障、培养培训、职称评聘等方面，对从事创新创业教育工作的教师给予倾斜和支持，激发教师从事创新创业教育的热情。

开展创新创业教育，师资队伍是保障。旅游类高职院校应按照“内培为主，引培并举；专职为主，专兼结合”的思路，加大创新创业师资培养力度，通过积极引进人才、骨干教师培训、教师企业挂职锻炼、加强“双师”素质培养、聘请企业骨干兼职创业指导教师等方式，建设一支素质优良、理论扎实、实践经验丰富的师资队伍，为创新创业教育提供保障。同时，将教师开展创新创业教育工作纳入业绩考核，规定一定的工作量和任务目标。

开展创新创业教育,资金保障是关键。旅游类高职院校应通过内部投入和外部争取两个途径,加大对创新创业工作的经费保障力度。一方面,院校应加大创新创业经费投入,从办学经费中专项列支经费,并纳入年度预算;另一方面,应积极争取上级专项经费和企业赞助,设立创新创业扶持基金,用于资助学生创业项目、表彰创新创业教育先进集体和优秀个人、开展创业教育师资培训、课程建设和创业实训实践基地建设,开展相关的调研学习、宣传交流、系列讲座等活动,以及大学生创业实践和成果孵化的扶持。

2.根基保障:重构旅游职业创新创业教育的课程体系

创新创业教育的核心在于培养人,而培养人的重要途径是课程。旅游类高职院校应从修订人才培养方案入手,在具体教学环节上着手构建"通识型""嵌入式""活动类"创新创业课程体系,同时充分发挥第二课堂作用,促进创新创业教育全面融入教学主渠道,将创新创业教育纳入人才培养全过程,为创新创业引领就业计划夯实基础。

"通识型"课程,进行创新创业启蒙教育。旅游类高职院校应面向全体学生开展创新创业教育,开设《创新创业教育》通识课程,将创新创业教育纳入教学工作,贯穿人才培养全过程,着眼于创新创业教育的广泛性和普及性,着力提高全体学生的创新精神、创业意识和创造能力,使学生成为具有创新创业意识的高素质技术技能型人才。

"嵌入式"课程,促进创新创业教育与专业教育融合。创新创业日益趋向细分、精细化,旅游类高职院校创新创业教育必须根植专业、立足实际,将创新创业教育与专业教育有机融合,让学生获得足够的技能支撑,防止专业教育和创新创业教育"两张皮"现象,让创新创业教育增强"含金量"。为此,院校应结合各专业的不同特点,开设"嵌入式"创新创业教育课程,实现创新创业教育与专业教育的融合发展,引导学生根据专业特长进行创新创业,实现对本专业学生的个性化创新创业教育。

"活动类"课程,全面提升创新创业素质。除主课堂课程外,旅游类高职院校还应构建第二课堂素质拓展训练活动课程,包括户外素质拓展训练、通用职业能力训练、心理素质训练等系列活动类课程,重点训练学生的创新创业素质和能力。活动类课程应以选修拓展课的形式,规定学时和学分。同时,为将活动类课程实施落到实处,还应着手建设户外素质拓展训练基地、企业文化展示中心、校友事迹展示中心、心理素质训练辅导中心,开发基本职业能力训练项目、心理素质训练课程、户外素质拓展训练项目课程。

3.环境保障:营造旅游职业创新创业教育的良好氛围

众所周知,体制机制是创业的基石,文化建设是创新创业的灵魂。创业文化的培育和引领,能从根源上解决创业源动力不足的问题,增强创业活力,逐步形成"人人创新、人人创业、人人创造"的创新创业校园文化氛围。

积极营造创新创业教育的良好宣传氛围。旅游类高职院校应利用宣传栏、文化墙、校园网、电视、广播、官微等宣传阵地,积极宣传创新创业典型人物的创业经历、励志故事、成功经验;同时,利用课堂教学、主题班会、演讲比赛等多种形式,广泛宣传创新创业教育,使学生了解创新创业,引导学生正确认识创新创业。通过大力宣传,引导学生学习创新创业成功者的激情和拼搏精神,在校园内形成学习创新、崇尚创业的浓厚氛围。

开展竞赛活动提升学生的创新创业能力。旅游类高职院校应定期开展发明创新比赛,举办“科技文化艺术节”“社团风采月”和“校园大卖场”等全校性的赛事，并结合各自专业特点积极开展导游路线设计比赛、创新菜品比赛、展会设计方案比赛等具有专业特色的赛事，通过组织学生广泛参与创新竞赛，提高学生的创新创业能力和动手能力，让创新创业精神辐射整个校园。

举行讲座论坛，点燃学生的创新创业激情。旅游类高职院校应定期组织各类专题讲座、论坛、报告会，邀请优秀企业家、创业成功者、杰出校友来校分享成功经验、提供创业咨询服务，传授创业技能。同时，积极引入社会资源，充分利用创业孵化基地，通过参观考察等形式，激发学生的创新创业热情。

二、旅游职业创新创业教育带动专业建设、服务地方发展的实践探索

旅游职业创新创业教育的基本出发点，是提高人才培养质量和水平，促进学生的成长成才，根本落脚点是强化专业建设，以专业建设的成效服务于旅游业转型升级和地方产业发展。青岛酒店管理职业技术学院作为全国第一所独立设置的酒店管理学院，开设有 7 个旅游大类专业，通过坚持特色办学和内涵发展，在创新创业教育带动专业建设、服务地方产业发展中取得了一定的工作成效，进行了有益的工作探索。

1.专业支点：契合产业发展需要

专业是高职院校人才培养的载体，是高职院校与社会需求的结合点，也是体现院校办学水平、办学特色、办学内涵的显著特征。其专业设置应灵活反映区域经济社会发展的产业布局和战略方向，适应社会发展需要，实现院校专业灵活设置与产业优化调整的良性互动。

青岛市作为山东半岛蓝色经济区的核心，重要的经济中心城市、沿海开放城市，具有旅游度假、空港服务、港口贸易、金融服务等优势与开发潜力，地位日益显要。《2016 年青岛市国民经济和社会发展统计公报》显示，全年全市接待游客总人数 8081.1 万人次，实现旅游消费总额 1438.7 亿元。拥有 A 级旅游景区 120 处，拥有星级酒店 112 个，其中五星级酒店 9 个；拥有旅行社 484 个，其中经营出境旅游业务旅行社 46 个。旅游业的快速发展，亟须强有力的人才支撑。学院坚持专业设置适应区域经济社会发展需求，依托青岛市战略性支柱产业，主动适应区域经济社会发展，专业设置高度聚焦，形成了以旅游酒店类专业为核心，有机辐射餐饮服务、酒店财务、酒店工程、酒店信息管理、酒店装潢等相关产业领域的专业布局，基本涵盖旅游业全科型产业链。

学院以构建旅游全科型专业链为目标，加大了对专业布局的调控力度。青岛作为中国邮轮旅游发展实验区，确定了青岛港老港区转型升级、投资千亿元打造国际邮轮港城的规划，推进建设世界级的邮轮母港。围绕这一产业发展，学院新增国际邮轮乘务、空中乘务等专业，旅游全科型专业链进一步完备。学院建立了适应区域经济社会发展的专业设置与动态调整机制，重点打造“国家、省市、学院”多级优势专业体系，深化专业建设项目管理机制，开展了基于项目管理理念的专业分类管理改革，初步形成了专业核心竞争力，累计建成中央财政支持建设专业 2 个、中央财政支持实训基地 1 个、省级重点建设实训基地 1 个、国家级教学成果奖 1 项、省级教学成果奖 8 项、省级教学团队 4 个、省级示范专业 2 个、省级特色专业 7 个、青岛市高职重点建设专业 4 个、青岛市中高职办学联盟 2 个、省级精品课程 32 门、省级优秀教材 2 部、

省级教学改革研究项目 25 项，牵头完成了 4 个省级专业教学标准的开发工作。

学院的专业建设得到了社会各界的普遍好评，在 2015 年中国旅游协会旅游教育分会发布的“旅游高职高专院校核心竞争力排名”中，学院酒店管理、旅游管理、会展策划与管理、烹饪工艺与营养四大专业综合实力均进入全国前四强，全部被列为最高级别五星级专业；学院旅游专业大类办学实力连续 6 年排名山东省高职院校第一位。

2.人才支撑：提高学生培养质量

高等职业教育以培养生产、建设、服务、管理第一线的高端技术技能型专门人才为主要任务，通过人才培养模式改革、师资队伍建设、课程体系重构、课堂教学改革等工作，提高人才培养质量，满足地方产业发展对人才的需求，培养用得上、留得住的技术技能型专门人才，有力地为地方产业发展提供了人才支撑。

学院借鉴国际旅游人才培养模式，按照校企合作、工学结合的总体要求，协同推进专业人才培养模式改革，实践形成了一年专业基础理论教学、一年企业实践教学、一年专业教学提升的旅游类“1+1+1”理实交互式人才培养模式；同时探索定向培养、联合培养、订单培养和现代学徒制等多样化的人才培养模式，提升校企协同育人效果；按照确保学生职业能力、人文素质、职业素养整体提升的要求，以“基础模块+专业模块”的形式，系统构建专业课程体系；引入行业企业的新知识、新技术、新标准、新设备、新工艺、新成果和国际通用的技能型人才职业资格标准，动态更新教学内容；改革教学方法和手段，深入开展项目教学、现场教学、案例教学、模拟教学，以作为核心，真正实现“教、学、做”一体；利用信息化手段，开展混合式课程建设，推进教学资源库建设，课堂教学信息化水平得到不断提升。

学院毕业生就业质量和就业对口率不断提高。近 3 年，累计为区域培养高素质技术技能型人才 12 000 多名；近年来，各类规模招聘会场次数逐年增加，生均就业岗位达到 4 个以上；与洲际酒店集团、海信集团等知名企业开展订单教育，定向培养学生 3600 余人，成为山东半岛蓝色战略重要人才培养基地；《学院 2016 届毕业生跟踪调查报告》显示，学院 80%的毕业生选择留青工作，在旅游、住宿和餐饮业就业的达到 35%；同时，依托学院青岛市国家职业技能鉴定九所和国家邮政技能鉴定站等 30 多个职业技能鉴定站，面向学生开展职业技能鉴定，实施双证书制度，毕业生双证书获取率达到 100%。

毕业生可持续发展能力持续增强，以酒店管理专业为例，年均保持 1000 人左右的毕业生规模，其中，毕业生 3 年行业停留率达 75%以上，远高于 10%的行业平均水平；毕业生 3 年管理岗位升迁率达 50%以上，担任总监以上学生比例超过 10%；境外就业工程成效显著，近 3 年，先后有 400 余名历届毕业生赴新加坡、迪拜、澳门等地实现高质量就业，平均起薪折合人民币均在 8000 元以上。以青岛海景花园大酒店为例，该酒店目前主管级管理岗位中 48%是本学院毕业生，经理及总监岗位的比例也接近 20%，高质量的人才培养为产业发展提供了强大的人才支撑。

3.智力支持：服务产业升级发展

高职院校开展社会服务，是区域经济社会发展的客观要求，也是院校自身生存发展的需要。高职院校社会服务的主要任务，是向区域和行业提供技术应用型和高技能型的人才培训与培养，提供技术创新、推广和服务，实施先进文化的传播和辐射，使院校成为区域的技术技能培训中心、新技术的研发推广中心、区域学习型社会中心，具有鲜明的区域性和行业性特征。

开展校地融合发展。学院分别与李沧区人民政府、青岛市旅游发展委员会签署了全面战略合作协议，着力在科研服务、技能培训、校企合作、就业创业、公益事业等方面开展政校合作，深入推进合作项目实施，联合开展了《青岛市智慧旅游企业建设标准》6 项横向科研课题研究，共同开展饭店服务、烹饪大赛，共同申报国家众创空间，培育出了多项合作成果。

主导行业标准制定。融会青岛市战略性支柱产业，自主开发和制定了《青岛市智慧景区建设标准》《鲁菜标准化工艺流程》等 5 项行业标准，其中《青岛市智慧景区建设标准》《青岛市智慧旅行社建设标准》和《青岛市智慧酒店建设标准》三项成果被纳入青岛市地方标准体系，成为指导青岛市智慧旅游企业建设的标准文件，引领区域行业发展，助力青岛市智慧旅游城市建设。

组建职教办学联盟。作为牵头单位，联合相关学校、企事业单位、行业机构、科研院所、政府主管部门，组建了青岛市酒店管理专业中高职办学联盟和青岛市旅游管理专业中高职办学联盟，达到了资源共享和优势互补，规范了专业设置、培养目标、教学管理等教学组织活动，发挥了联盟效益。

实施高端服务培训。依托青岛中易酒店管理有限公司校办实体，开展青岛市星级酒店总经理业务培训等高端培训工作，以委托管理、顾问咨询、培训服务为输出方式，累计开展开业筹备、发展诊断、企业咨询等项目 210 项；建有山东省乡村旅游培训基地、全国邮政行业高技能人才培养基地、青岛国际邮轮职业培训基地、全国国际商务人才培训基地，在旅游、邮政、电子商务等方面开展高端服务培训。

创新创业教育任重而道远，探索永无止境。旅游类高职院校应结合院校自身实际，立足学生现状，在探索完善旅游职业创新创业教育实施路径基础上，以专业建设成果服务地方产业发展，进而丰富旅游职业创新创业教育内容，发挥旅游类职业院校在实施“大众创业、万众创新”国家战略中的突出作用。

（作者：青岛酒店管理职业技术学院党委书记、高级经济师　李达）

［参考文献］

［1］国家旅游局数据中心. 2015 年中国旅游业统计公报［EB/OL］.http://www.ctaweb.org/html/2016-10/2016-10-18-15-55-68599.html，2017-6.

［2］马勇，李家乐，郭田田，周宵.基于双轮驱动的高校旅游双创人才培养模式实施效果研究［J］.旅游纵览（下半月），2016（01）.

［3］高爱颖.新常态背景下高校旅游创新创业人才培养的思考［J］.中国成人教育，2015（16）.

［4］方法林.高职院校创新创业人才培养与发展的困境与破局——以南京旅游职业学院为例［J］. 职业教育（中旬刊），2016（04）.

［5］罗震宇.旅游类高职院校创新创业教育的困境与出路［J］.旅游纵览（下半月），2015（01）.

全域旅游背景下的产教协同育人路径变革

“全域旅游”从概念的提出到成为国家旅游业发展实践性政策，正在带来全产业发展模式的巨大变化，推进中国旅游业由景点旅游发展模式向全域旅游发展模式大步迈进，促进旅游业实现资源单一性向区域资源整合性转变、重在观光性向产业融合性转变、少数人享用性向社会共建共享性转变等至少三个方面的大变革。并且，国家旅游业发展的十三五规划中也非常明确地提出，要创建500个全域旅游示范区，目前正在实施之中。中国旅游业的全域化实践对旅游人才培养提出了新的课题，尤其是视校企合作、产教协同育人为“命门”的中国旅游职业教育，将在多业融合的全域旅游发展模式下发生重大变革。

一、全域旅游带来从业者的变化

1.业态多样化促使从业者专业背景发生变化

全域旅游模式下，旅游业态呈现出多业融合、全域联动的态势，众多行业产业均可按“旅游+”的方式进行资源整合、产业融合，整合出新的旅游业态来，尤其是在国家推进“城镇化、新型工业化、农业现代化、信息化”的新“四化”发展进程中，旅游业全面跨界势不可当。如，“旅游+城镇化”衍生出数千个旅游风情小镇、特色景观名镇，“旅游+新型工业化”催生出工业遗产旅游、旅游装备制造基地，“旅游+农业现代化”也是让广大乡村成为观光、休闲的向往之地，“旅游+信息化”更是衍生出旅游电子商务等各类在线旅游的业态来。旅游与“新四化”的资源整合、产业融合后致使旅游业态日益丰富多彩，如，观光旅游、休闲旅游、体验旅游、养生旅游、研学旅游、购物旅游、养老旅游等，数不胜数。

全域旅游发展模式下，旅游业态多样化必然导致从业者们不再局限于受过旅游专业教育或技能训练的专门人才了。旅游业态的高度融合要求旅游产业不仅需要旅游专业人才，更需要那些可能略懂旅游知识或常识，但却具备相当专业知识和技能的专业性人才。如，潜水、航海、帆船、高山滑雪等体育旅游项目中，对体育专业人才的要求重过对旅游专业人才的要求。

2.产业规模化促使从业者数量发生变化

在全域旅游发展模式下，中国旅游业正在释放出巨大的发展能量，未来旅游业快速增长将是不争的事实。从国家层面看，2015年的旅游业总收入是4.13万亿元，国内旅游人数是

40 亿人次，旅游业投资规模 1.1 万亿元，旅游业综合贡献度 10.8%；到 2020 年，旅游业总收入将攀升到 7 万亿元，国内旅游人数将超过 4 亿人次，旅游业投资规模将翻升到 2 万亿元，对国民经济的综合贡献度会达到 12%（尤其对餐饮、住宿、民航、铁路客运业的综合贡献率达到 85%以上）。从地方个案——中国著名旅游城市苏州看，2015 年的旅游业总收入已达 1884 亿元，国内旅游人数 10 630.6 万人次，入境旅游人数 151.2 万人次，旅游业增加值占 GDP 比重达 4.9%；到 2020 年，苏州旅游业总收入将超过 3000 亿元，国内旅游人数将超过 12 455万人次，入境旅游人数将超过 220 万人次，旅游业增加值占 GDP 比重也将超过 6%。

上述的数据告诉我们，旅游业在全域旅游发展模式下的迅猛发展，对劳动力的吸纳，尤其是对受过一定专业技能训练劳动力的吸纳能力将是非常巨大的。国家旅游业十三五规划预测性数据显示：到 2020 年，旅游业直接就业人口将达到 3300 万人，年均增长就业人口 100 万人以上；苏州地方旅游业到 2020 年总就业人口将超过 45 万人。未来中国各地旅游业将会面临严重的技能人才荒。

3.旅游生活化促使从业者技能发生变化

在全域旅游发展模式下，旅游已经从以前的少数人的奢侈品变成了普通大众的消费品，旅游生活化将是中国旅游业发展越来越显著的趋势和特征。当旅游成为国民日常生活的重要组成部分后，旅游者外出旅游的方式将会发生根本性改变。当前，自助游、自驾游正在成为大部分国民的主要出游方式，2016 年数据显示：国民自助游超过 85%、自驾游超过 60%。旅游生活化促使人们不断地萌发出异地体验一下生活情趣或异地审视环境美感的念头和行动，以满足自己的感官需要和精神生活需求。

旅游生活化后，对旅游服务的需求和要求也将变得多样化，从业者单一的知识和技能已经不能应付来自旅游者的多样化需要了。以导游为例，传统模式下的导游是和旅游巴士司机乃至翻译组合起来，服务于旅行社模式下的旅游者；但在当下流行的“私人订制”自助型旅游产品供给模式中，在导游自由执业发展趋势中，自助旅游者可能在要求导游详尽讲解所在旅游区域的历史文化、名胜遗迹、风土人情之外，还会要求导游能够为其提供驾驶、充当旅游导购及旅游过程中可能需要的其他服务。苏州日前推出的“导游兼司机、翻译等”计划，就是适应了当前大众旅游的变化。由此看来，旅游从业者尤其是导游，仅仅是个会讲故事的专才是远远不够的，“一专多能”才是未来旅游从业者的王道。

4.服务全民化促使从业者素质发生变化

旅游生活化后，自助游、自驾游的旅行者们摆脱了程式化、组织化的跟团出行旅游方式，由此景区景点已经不再是满足旅游者感官享受的唯一去处，旅游目的地的整体社会环境、公共服务体系及所有旅游服务要素无不影响着旅游者的旅游情趣，其中最能影响旅游者心情的就是旅游目的地的全体居民。旅游目的地居民的善良、友好及旅游直接从业者的礼貌待客、童叟无欺都能激发出自助、自驾而来的旅游者们的好感、愉快和兴奋。

从某种意义上说，全域旅游模式下的旅游服务者不再局限于导游、酒店服务人员等少量的旅游从业者，区域内的全体居民已经从旅游服务旁观者变成了旅游服务参与者、从旅游业的局外人变成了旅游业的受益人，区域内的人都应该是当地旅游业的形象大使。因某一个体的粗暴待客行为而导致旅游目的地整体形象受损的案例屡见不鲜，甚至会对区域旅游产业的发展造成毁灭性打击。全域旅游模式下全体居民不经意都成了“从业者”，全面提升他们的旅游意识、文明素质及养成旅游目的地的主人翁意识成为当务之急。

二、全域旅游带来产教协同育人路径变革

2014 年国家提出构建现代职业教育体系以来，深化校企合作、产教协同育人已经成为职业教育发展的主旋律，旅游职业教育也不例外。无论是国家《“十三五”旅游业发展规划》，还是国家教育部和国家旅游局联合发布的《加快发展现代旅游职业教育的指导意见》，都非常明确地提出要加快建立适应旅游产业发展需求、产教深度融合、中高职有机衔接、布局结构更加合理的现代旅游职业教育体系。全域旅游发展模式下，旅游市场的就业岗位已经如上所述发生了新变化。现代旅游职业教育体系的核心和关键，就是要“强化行业企业的支持和参与度”，变革产教协同育人的路径，以此达到“显著提升旅游专业学生和行业从业人员的人文素养、职业道德、职业技能和可持续发展能力”的目的。旅游职业教育的产教协同育人将具体体现在以下四个方面的转变。

1.由单业态合作向多业态合作转变

在传统景点旅游模式下，景区是封闭的，旅游者是在旅行社的管理下有组织、有计划地进行景区观光或历史文化欣赏活动。旅游者的活动也是在旅行社导游们的安排下，活动空间局限在景区景点、酒店或旅游购物等旅游目的地的几个少数地点。由此，旅游职业教育的校企合作也就仅仅局限于景区、酒店、旅行社等几大旅游业态中，职业院校所设置的专业也就局限于旅游管理、酒店管理等少数几个专业范围内。

在全域旅游模式下，旅游和其他产业的高度融合，衍生出来无数个适合大众旅游消费的产业，如，旅游和农业融合就会衍生出农业旅游，旅游和工业融合就会衍生工业旅游，旅游和体育融合就会衍生出体育旅游，旅游和商业融合就会衍生出购物旅游，等等。旅游和多业态融合致使旅游新业态层出不穷，从而也促使旅游职业教育的校企合作不再局限于景区、旅行社、酒店等老三样了。全域旅游正在推动旅游职业教育从景区、旅行社、酒店等传统旅游领域内的合作向工业、农业、商业、体育、教育、文博、娱乐等多领域合作转变，旅游院校的专业也从旅游管理、酒店管理、导游等逐渐向旅游休闲、旅游工艺，以及与旅游密切关联的更广泛的专业拓展。如，苏州旅游与财经高等职业技术学校适应苏州“城市即旅游，旅游即生活”的全域化发展模式，逐渐加强同城市园林、文化创意、休闲运动等业态的企业深度合作，不仅合作培养了大量支撑苏州旅游发展的关联性人才，而且还和企业一起研发出了大量的旅游衍生产品。

2.由单一点式合作向多向网式合作转变

职业教育从其诞生之初就和产业紧紧地联系在一起，校企合作伴随着职业教育发展的全部历程。但是，现代职业教育又有别于工业革命以前的“做中学、学中做”的学徒制，现代职业教育是一种成建制的学校教育制度，尤其是现代职业教育体系构建之前强调产教结合的育人模式下，学校与企业合作的目的是为了让学生能够就业，企业与学校合作的目的是能够找到理想的员工。景点观光旅游时代的职业教育和外部合作的对象主要是企业，合作的目的如前所述，就是为了让学生能够找到如意的工作岗位，酒店、旅行社等旅游企业和学校

合作就是为了解决劳动力的问题。但到了今天的全域旅游时代，职业院校的合作对象不再仅限于企业了，除企业外，政府、行业组织乃至个体经营者都成为职业院校合作的对象，特别是具有产业自我约束力的旅游行业组织介入职业教育后，正在发挥着巨大的作用。此时的产教协同育人的校企合作，已经是在政府或行业组织搭台下的政府、行业组织、学校、企业、个体经营者、家长、学生等多方组成的网状合作模式。现在，几乎所有的旅游院校不仅要和众多业态的企业合作，而且更要和行业主管部门、行业协会及从事文化旅游产业的个体经营者进行全方位合作，以求得人才培养效益的最大化。

3.由以就业为导向的功利性合作向以育人为目的的过程性合作转变

以就业为导向的功利性合作，是指学校将受过一定技能训练的人力资源移交给企业使用的协作过程。功利性合作，是以对接性的产教结合为基础，以企业劳动力需求为导向的合作，在一定时期发挥着重要作用。功利性合作主导下的育人模式，是“理论教学+仿真实训教学+顶岗实习（就业）”，校企之间没有多少交叉，只有连接，一旦连接不好就要脱节。功利性合作的产教协同育人效果，只有在企业劳动力非常短缺的情况下才能够取得双赢，其人才培养的质量可能会不高。

以育人为目的的过程性合作，是指在产教融合的基础上，企业和学校之间的合作贯穿于职业人才培养的全过程，如，企业向职业院校提供岗位能力要求和技术标准、参与制定人才培养方案和课程标准、介入教学过程和质量评价等。过程性合作主导下的育人模式是“工学结合”的育人模式，旅游职业教育的理想育人模式，就是“理实一体化（理论教学—仿真实训教学）—跟岗实习教学—顶岗实习（就业）”，企业和学校之间是产教融合关系，学校人才培养和企业的岗位要求非常匹配。这种合作模式推进的效果非常明显，因企业的全过程参与，使得企业、学校、学生等多主体受益，培养的人才质量一定会高。

当前，国家旅游局在推进校企合作、培养优秀旅游职业人才方面做了大量细致的工作，并且从照顾各方利益的角度提出“淡旺季”的工学交替人才培养模式，强化企业参与人才培养的责任，也出现了一批诸如广州南沙大酒店的企业热衷于旅游人才的培养工作。今后，再通过国家的顶层政策性设计，构建并强力推广产教之间的育人过程性合作模式，以此培养出胜任全域旅游发展模式的优秀职业人才，将会对国家旅游业的发展起到极大的助推作用。

4.由国内封闭型合作向境外开放型合作转变

国内封闭型合作，是指旅游职业院校以国内旅游企业为主要合作对象，为提高教育教学质量和学生实习就业而开展的协作过程。虽然有少量旅游职业院校很早就已经开展了境外合作，将学生送出国门实习，但数量极少，大部分学生不能适应境外工作环境或不具备国际化工作能力。境外开放型合作，指的是旅游职业院校的合作对象不仅是国内旅游企业，还包括大批的境外国际旅游组织和企业；学生实习就业可以在国内或国际两类企业中随意切换；旅游职业院校办学具备国际化能力和实力，而且还能够走出国门，开拓国际旅游教育市场，传播中国优秀民族文化。

随着我国综合国力的增强，全域旅游发展所带来的旅游环境不断改善、文化旅游产品质量不断提升，旅游业的国际影响力也将不断得到加强。在旅游经济全球一体化及国家实施“一带一路”倡议背景下，更加迫切需要中国旅游职业院校能够适应旅游人才培养国际化的这一大趋势，通过“请进来”和“走出去”的方式，加强与国际旅游组织、旅游院校及有关企业合作，培养出具有国际化工作能力、适应国际化工作环境的旅游人才，同时传播好中国的优秀民族文化，彰显中国文化的软实力。国家旅游局、教育部联合出台《加快发展现代旅游职业教育的指导意见》也已经非常明确地提出，要支持旅游职业院校开展国际交流与合作，拓展海外实训实习渠道，扩大海外实习规模，并支持有条件的职业院校开办国际化专业，招收留学生。因此，对于旅游职业院校来说，当务之急是广泛建立国际合作渠道，大力开展国际化旅游人才的培养工作。

三、全域旅游模式下产教协同育人的重点任务

1.素质提升将是协同培养培训旅游从业者的首要工作

在景点观光为主导的旅游时代，通过产教结合、校企合作的方式，大幅提升了旅游职业人才的技能，尤其是在全国职业院校技能大赛的引领下，旅游教育的技能教学标准日趋成熟和完善，基本上实现了与企业岗位标准的零距离对接。但在正在到来的全域旅游时代，旅游从业者仅仅具有服务技能是远远不够的。旅游从业者的综合素质往往比其技能更加重要。旅游生活化后国民旅游目的是为了获得赏心悦目的观感及得到优质服务后的精神愉悦，旅游从业者的一言一行均会影响到旅游者的心情。对于旅游从业者来说，能否为旅游者提供敬业的服务及与旅游者进行恰当的沟通和情感交流显得非常重要。来自旅游企业的调查显示：员工的敬业精神和沟通能力等综合素质远比动手的技能更为重要。因此，未来旅游职业必须加强和产业合作，通过职前培养和职后培训等手段，携手提升旅游从业者的综合素质，重在提升从业者的敬业精神、情感沟通能力、文明素养等，以塑造“讲文明、重礼仪、讲诚信、重品行、讲热情、树形象”的旅游文化环境。

2.创业教育将是协同培养培训旅游从业者的重要板块

旅游产业是富民产业，尤其是在全域旅游时代，旅游从业者不一定都要成为隶属于大型旅游企业组织的员工，旅游产业更适合培养孵化出千百万个创新型小微企业和优秀的个体从业者。在这“万众创新、大众创业”的好时代，国家“十三五”的旅游产业规划清晰提出要实施“旅游创业就业计划”，并要开展国家旅游文创示范园区、国家旅游创业示范园区等创业平台建设，通过互联网约车、民宿旅游接待、旅游工艺品制作出售等方式，培养培训出数以万计的创新创业型旅游从业者。全域旅游发展模式下的创业新动向，也再次告诉旅游职业教育一定要和产业密切协作，把培养学生的创新精神、创业能力作为产教协同育人的重要工作抓好、抓实。旅游职业教育还可以和产业深度合作，协同建立创新创业基地，搭建起旅游创业平台，让那些有志于旅游创业的从业者在平台上能够受到良好的创新创业培训，学习到切实的旅游创新创业课程和新技术、新方法。

3.在线教育将是协同培养培训旅游从业者的重要途径

在线教育是通过互联网进行的网上教育方式，针对不同人群、不同年龄、不同文化程度提供的一个综合的智能化教育平台。通过网络智能化教育教学，学生与教师即使相隔万里也可以开展教学活动；通过网络提供的课件，学生们可以随时随地进行学习。网络智能化教育教学真正打破了时间和空间的限制，对于工作繁忙、学习时间不固定的旅游从业者而言，

网络远程教育是最方便不过的学习方式。地域广阔的中国虽然有东西南北经济发展的巨大落差,但旅游服务不应该存在巨大差别,全域旅游下的旅游者并不会因为某地区经济落后就不再要求提供优质的旅游服务。缩小东西南北旅游服务差距的良好办法,就是通过已经形成或正在形成的网络智能化旅游教学资源库,为全国各地旅游从业者提供便捷的学习和培训,以提高旅游从业者的综合服务素质和服务技能。

(作者:苏州旅游与财经高等职业技术学校校长、正高级讲师　臧其林)

酒店行业人才需求预测与旅游院校人才培养质量研究

一、关于课题研究的背景

《酒店行业人才需求预测与旅游院校人才培养质量研究》是教育部行业职业教育教学指导委员根据国务院《现代职业教育体系建设规划(2014—2020年)》有关精神与要求,委托全国旅游行业职业教育教学指导委员会开展的课题研究项目。

课题研发的总体要求,是要回答好三个问题:酒店行业需要的是什么?今天的学生需要学什么?学校的老师应该教什么?课题研究的职业教育层次为中职、高职、应用型本科和MTA。课题研究的技术路线,如图1所示。

二、中国酒店行业人才现状与需求分析

在中国《旅游饭店星级的划分与评定》(GB/14308—2010)的国家标准中,对酒店的定义是:"以间(套)夜为时间单位出租客房,以住宿服务为主,并提供商务、会议、休闲、度假等相应服务的住宿设施,按不同习惯可能也被称为宾馆、饭店、旅馆、旅社、宾舍、度假村、俱乐部、大厦、中心等。"酒店业的迅猛发展,也给当地社会的政治、经济、文化等方面的发展带来重要影响,是一个地区整体发展水平的重要标志之一。

1.酒店行业人才现状分析

根据国家统计局公布的数据,截至2015年底,全国纳入星级酒店统计管理系统的星级酒店共12 776家,拥有客房170.94万间,床位303.09万张;拥有固定资产原值6381.14亿元;实现营业收入总额2461.65亿元;上缴营业税金159.49亿元;全年平均客房出租率为54.2%。在纳入统计的星级饭店中:五星级饭店789家;四星级饭店2375家;三星级饭店5098家,二星级饭店2197家;一星级饭店91家。同时,以近10年迅猛发展的经济型酒店为主体,没有纳入星级标准范畴的酒店数已达15 000余家,超过星级酒店的规模总数。

在本土酒店管理集团方面,高星级酒店的发展占据主导地位,四、五星级酒店在本土酒店管理集团中所占比例高达70%以上。与此同时,如家等经济型集团快速扩张,均已进入全球酒店集团50强。而国际酒店管理集团方面,在中国市场都拥有相当数量的高端五星级酒

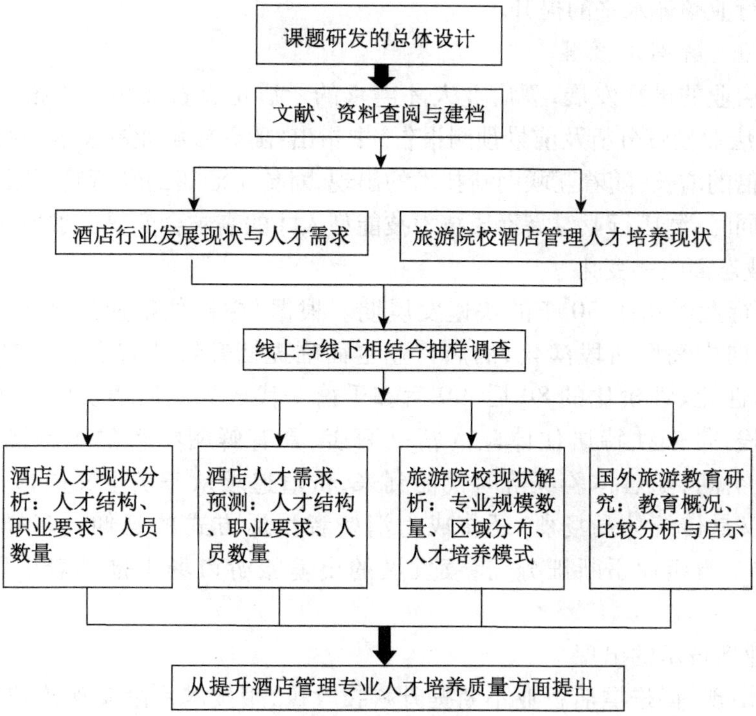

图 1　课题研究思路

店、众多的中档酒店及经济型快捷酒店。

酒店业作为旅游业的支柱产业，从业人员约占全旅游行业总人数的 1/4。2015 年，全国旅游就业总人数（包括直接就业和间接就业）为 7911 万人，其中旅游直接就业人数为 1525 万人，酒店住宿业直接就业人数约为 403.35 万人。

表 1　酒店行业从业人员的年均数量与学历层次（2015）

指标	单位	五星级	四星级	三星级	二星级	一星级	其他住宿业	合计
从业人员年均数	万人	36.86	55.39	57.62	11.11	0.22	241.80	403
大专以上学历	万人	9.75	10.51	9.09	1.38	0.04	46.11	76.85

资料来源：基础数据来源于《中国旅游教育年度报告（2015）》。

酒店业作为旅游业的支柱产业，从业人员约占旅游行业总人数的 1/4，星级酒店占住宿业从业人员总数的 2/5，新兴业态发展较快，从业人员的总体规模较大。酒店行业大专以上学历从业人员的比例为 19.07%，总经理岗位本科及以上学历人员占比低于 50%，从业人员的学历层次与其他行业相比明显偏低。酒店行业从业人员的整体素质不理想，在一定程度上制约了酒店行业整体水平的提升。

2. 酒店行业人才需求预测

伴随着酒店业的迅猛发展,酒店业人才需求的矛盾也日益突出。中投顾问在《2016—2020 年中国酒店业投资分析及前景预测报告》中指出:随着旅游业的发展,对休闲度假酒店的需求将有成倍的增长;随着互联网新技术的出现,对传统酒店的经营管理模式也会带来新的挑战。与此同时,酒店行业对高素质技术技能型人才的需求会变得更加迫切。

(1)酒店业态面临的变化

中国酒店行业经历了 30 年的快速发展期。根据“中国住宿业发展报告”,大众旅游正从初级阶段向中高级阶段演化,酒店行业也面临提档升级的需要。随着追求时尚、新潮、反传统、个性化、性价比的 80 后、90 后和千禧一代成为酒店消费的主力军,“返璞归真”的民宿客栈、带来独特居住体验的精品酒店、具有鲜明特色的主题酒店,在未来会有较大的发展空间;随着体验经济时代的到来,价值追求从务实主义向追求愉悦体验转变,酒店不仅仅是传统休憩场所,还将成为消费者生活方式的延伸。多样化、个性化的住宿需求正推动酒店业不断细分,持续发展的出境旅游市场也推动着中国酒店业的全球化布局。

(2)酒店业新技术的出现

互联网的出现,促进酒店行业不断提升科技含量,用技术手段实现传统产品配置的升级换代,从根本上改变老旧产品结构和落后的服务流程。今天,酒店业正经历着大规模的技术革命,即一种以大规模产品、大众传播媒体及大众化营销手段为特点的机制,正在被一种全新的模式,即“一对一服务”所替代。互联网技术和智能手机的普及,使酒店可以与个体直接联系,更精准地把握顾客对产品和服务的需求,高度适应不同客人的个性化需求。

(3)行业发展带来的人才需求

全国酒店行业以每月新增约 500 家的速度在扩展,每年新增约 50 万人的从业人员。同时,酒店业所面临的需求变化和新技术的出现,不仅对酒店从业人员的数量补充带来严峻的挑战,更对酒店从业人员的“态度、知识和技能”结构要素带来了新的诉求。酒店行业急需一大批具有国际视野、知晓新一代消费者需求、掌握互联网技术的高素质技术技能型人才,酒店业正面临从业人员十分紧缺的严峻态势,见表 2。

表 2 酒店业从业人员数

年份	星级酒店从业人员数	其他住宿业从业人员数	年平均增长率	合计
2015	161.20	242.15	5%	403.35
2016	169.26	254.25	5%	423.51
2017	177.72	271.21	6%	448.93
2018	186.09	289.77	6%	475.86

资料来源:基础数据来源于行业报告与市场调研。

表 3　人才需求量

学历	人才需求量(万人)	比例
研究生及以上	23.79	5%
本科	95.17	20%
大专或高职	190.34	40%
中职或以下	166.55	35%
总数	475.86	100%

资料来源:基础数据来源于行业报告与市场调研。

表 4　酒店行业技术技能人才结构

地区	酒店从业人数	比例	酒店行业技术技能人才结构		
			经营管理人员	专业技术人员	一线服务人员
东部	327	68.82	42.51	140.61	143.88
中部	81	17.07	10.53	34.83	35.64
西部	67	14.11	8.71	28.81	29.48
总计	475	100%	61.75 (13%)	204.25 (43%)	209.00 (44%)

资料来源:基础数据来源于行业报告与市场调研。

从酒店行业市场调研的结果可知:与酒店行业发展同步,从业人员的需求总量呈稳步增长态势;随着酒店高新科技含量的提升,凸显专业技术人员严重不足;随着酒店行业从经验管理到科学管理的变革,对高学历人才的需求在不断增加。

三、旅游院校酒店管理专业设置与人才培养质量研究

2016 年,全国开设旅游管理类本科专业的普通高等院校 604 所,共招生 5.8 万人,毕业 4.9 万人,在校生 22.1 万人。其中,开设酒店管理专业的院校 202 所,共招生 1.5 万人,毕业 3885 人,在校生 4.6 万人。2016 年,全国开设旅游管理类高职高专专业的高等院校 1086 所,共招生 11.6 万人。其中,开设酒店管理专业的院校 668 所,共招生 4.5 万人。

2016 年,全国开设旅游类相关专业的中等职业学校 924 所,共招生 10.4 万人,毕业 8 万人,在校生 23.2 万人。其中,酒店管理专业招生 2 万人,毕业 1.7 万人,在校生 5.4 万人。

1.酒店管理专业招生数及区域分布(见表 5)

表 5　酒店管理专业招生数及区域分布

年份	2011	2012	2013	2014	2015	2016
本科院校数	19	30	38	119	137	202
招生人数	2614	3777	6943	11 349	13 029	15 000

续表

年份	2011	2012	2013	2014	2015	2016
专业比例	4.8%	7.1%	13.0%	21.2%	23.4%	32.7%
高职院校数	529	574	605	655	644	668
招生人数	50 134	52 199	47 140	47 300	43 306	45 000
专业比例	36.7%	38.7%	40.8%	36.6%	39.0%	38.8%
中职院校数	956	995	981	877	798	790
招生人数	25 400	23 000	23 500	22 050	21 000	20 000
专业比例	27.4%	24.6%	23.8%	23.1%	22.6%	19.23%

资料来源：基础数据来源于《2016 全国旅游教育培训统计》。

从旅游院校现状调研的结果可知：全国旅游院校酒店管理专业招生的区域分布与酒店业的发展基本同步，即酒店业发达的地区，开设酒店管理专业的院校数和招生数也相对较多；但酒店管理专业的中职生招生比例在下降，高职生招生情况基本稳定。本科生的招生比例增幅虽然较大，但由于本科生的基数较低，在校生规模总量仍然偏小。与中国酒店行业对专业人才的巨大需求量比较，旅游院校在酒店管理专业人才培养的数量方面，与行业需求仍有很大差距。

根据国家旅游局公布的 2016 年全国旅游教育数据统计显示，2016 年本科、高职、中职共招收旅游类新生 278 632 人，其中本科招生 58 415 人，高职招生 116 271 人，中职招生 103 949人（见图 2）。本科、高职及中职旅游类专业招生总人数前五位的省份分别是河南省 27 114 人、广东省 25 594 人、山东省 23 588 人、江苏省 22 332 人、四川省 20 381 人。

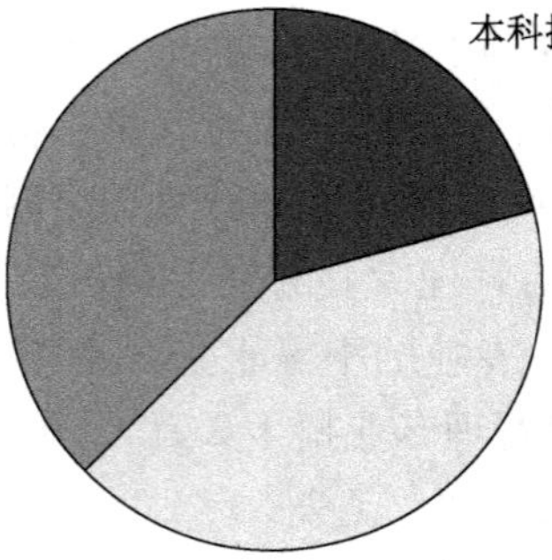

图 2　2016 年旅游类专业招生示意图

2. 行业需求与院校供给质量的匹配度分析

调研结果表明，酒店业高级人才匮乏，特别是具有国际视野的跨国经营人才和能从事连锁经营的高级管理人才奇缺。互联网和高新科技的发展，也使酒店业的技术型人才出现空缺。经济型酒店、民宿客栈、精品酒店、长住公寓等一大批住宿新业态的不断涌现，也使酒店行业对这类企业所需的“全面型”经营管理人才产生了巨大需求。

目前，酒店行业紧缺人才的能力要素结构，大致可包括三个基本要素：良好的职业素养、娴熟的专业技能和持续的发展能力，详见图3。

图3　酒店行业所需人才能力要素图

从酒店行业所需人才能力要素与旅游院校培养质量的匹配度分析，二者之间还存在着许多脱节：中职生的职业习惯与实操能力较强，但缺乏管理与创新思维，发展后劲不足，导致行业对中职生的吸引力在下降；高职生的职业习惯与技能较强，具备一定的管理与技术思维；本科生与研究生虽然创新能力与发展后劲强，但职业素养与专业技能较弱，毕业后选择酒店行业的比例很低，详见图4。

能力结构	职业素养			专业技能			发展能力		
学历层次	文化知识	服务态度	职业习惯	实操能力	沟通能力	学习能力	管理思维	技术思维	创新思维
研究生	强	弱	弱	弱	较弱	强	较强	强	强
本科生	较强	弱	弱	较弱	较强	较强	较强	较强	较强
高职生	较弱	强	强	较强	强	较弱	较弱	较强	较弱
中职生	弱	强	较强	强	较弱	弱	弱	弱	弱

图4　旅游院校酒店管理专业学生能力分析图

资料来源：基础数据来源于行业报告与市场调研。

调研结果表明，中职生的职业取向很明确，职业忠诚度较高，但发展的后劲不足；高职生的职业取向较明确，职业忠诚度较高，有一定的发展后劲；本科生的职业取向不明确，虽具备发展后劲，但职业忠诚度不高。根据专业机构2016年的全国教育满意度调查，目前阶段高职教育的社会满意度高于本科教育。

四、相关政策建议与教育改革的探索

酒店行业紧缺人才，具有注重职业道德与人文素养、行业岗位技术含量比较高、技术技能训练周期比较长、专业熟练程度要求比较高的培养特点，必须改革现有旅游院校的传统教学模式，创新“校企合作、工学结合、产教融合”的应用型高素质技术技能型人才培养模式。面对酒店行业发展的新形势和新挑战，旅游院校在构建适应现代酒店行业人才培养模式的机制建设方面，可进行有益的尝试。在现阶段，旅游院校教育改革的“难处”是体制；教育改革的“深处”是课程；教育改革的“痛处”是教师。

1.构建学校的分类评价体系

要构建“学科导向”与“应用导向”二类不同学校的分类评价体系。中国科技领先世界的研发型人才，需要学术研究型教育；中国经济领先世界的应用型人才，需要应用技术型教育，详见图 5、图 6。

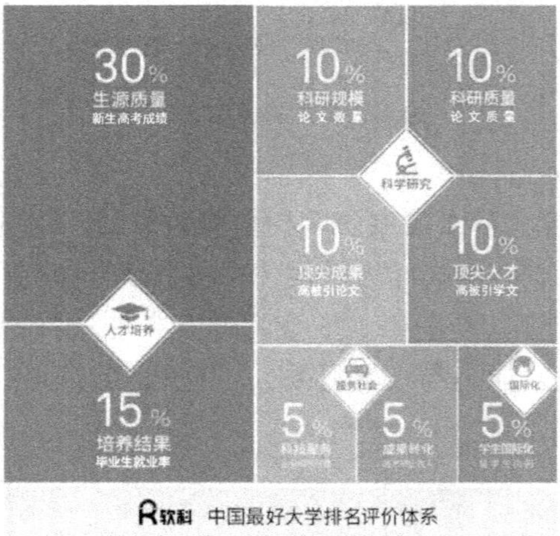

图 5　注重学术研究成果的学科导向评价体系

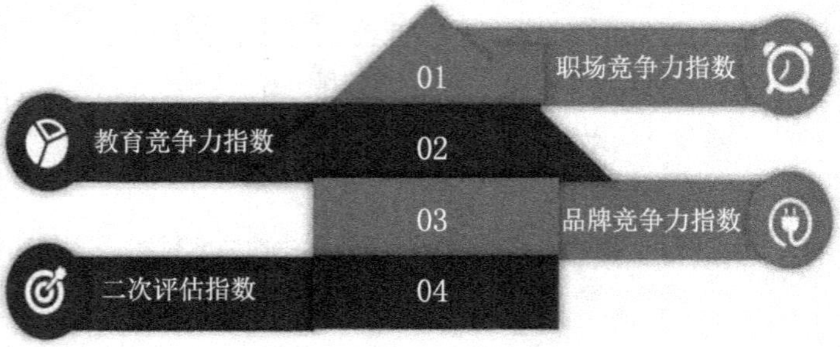

图 6　注重人才培养质量的应用导向评价体系

学科导向型大学，强调与社会保持适当距离，遵循学科逻辑，学科建设与人才培养不过分强调与社会直接对接，坚持办学的非功利主义。应用导向型旅游院校，应强调与主流社会相互融合，坚持社会需求逻辑，人才培养面向经济建设的主战场，科学研究注重服务于社会经济发展。

2.明确应用型人才的培养规格

在旅游院校，应用型人才的培养规格，可分为经验、策略和战略三个层面。中职生定位于经验层面，“怎么做、为什么”；高职生定位于“经验与策略并重”，还可以怎样去做；本科生定位于策略层面，应是“解决问题的高手”；MTA 则定位于战略层面，“未来需要做什么”。这几个层面，都具有鲜明的应用型特征。这是因为现代社会知识传递的机制正发生着巨大变化：知识的传递已突破了时间和空间的限制，课堂不再是传授知识的唯一场所；教材和教师已不再是学生的主要知识来源。今天，随时随地获取信息和知识不再困难，应用知识远比拥有知识重要！

调查发现，学术型普通高校的学生，在逻辑熟悉智能、语音智能和内省智能等方面的特征比较突出，而应用型职业院校的学生，在视觉空间智能、自然观察智能、音乐智能等方面的特征比较突出。应用型人才培养的规格定位，更适合旅游院校学生的智能特征，可以给学生更适合的教育，为行业培养更适合的人才，详见图 7。

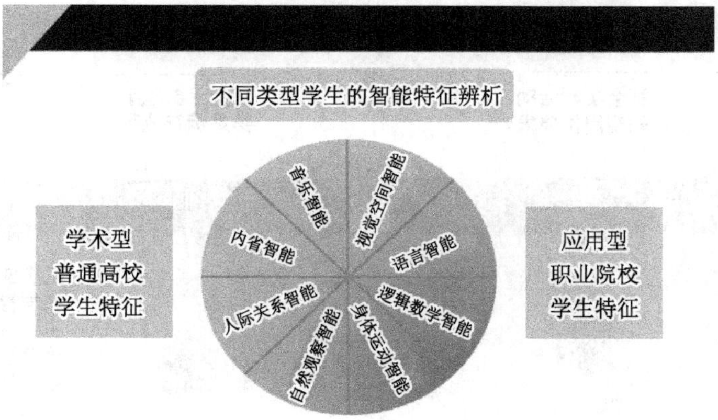

图 7　不同类型学生的智能特征辨析

在现阶段，旅游院校应用型人才的培养，应该直面国民经济和酒店行业的主战场，具备的素质要求也越来越全面化。不仅要具备专门的应用能力，即能够利用科学技术和原理，解决酒店行业现实中的问题；同时，还需要应对行业未来的发展，具有创新的意识和能力。不仅要关注学生的当下，还要关注学生的未来发展。

3.明晰专业建设目标与路径

要围绕“国际视野、行业前沿”的专业建设目标，制订“校企合作、产教融合”的人才培养方案。明晰从“双师”队伍的构建、课程体系与教材的开发、实训基地建设和实践教学设计与推进、“双证融通”的贯彻等酒店行业所需的应用型高素质技术技能型人才培养路径，详见图 8。

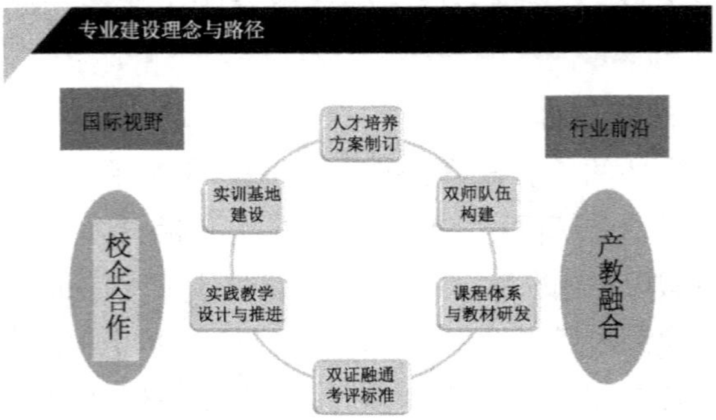

图 8　专业建设目标与人才培养路径

要特别重视应用型人才培养的实践教学环节，从酒店认知、社会实践、校内实训、酒店顶岗实习到管理见习，形成从酒店服务生手、技术能手到管理高手的职业生涯上升通道，见图 9。

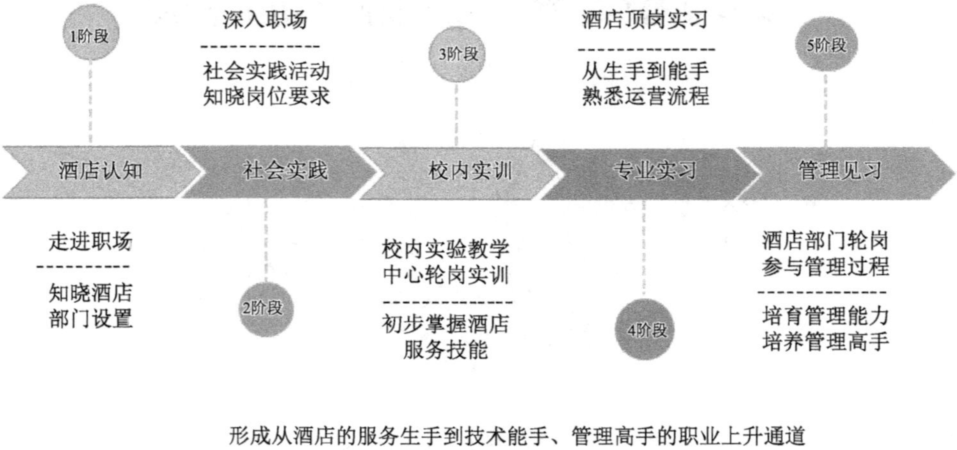

图 9　酒店职业上升通道

4.构建专业教师的科学考量指标

要加快构建应用型院校专业教师的科学考量指标体系，重视“双师型”教师队伍的建设，推动师资队伍由单纯考核学术指标，向提升学术水平与为企业提供技术创新并重转型。酒店管理专业教育作为一种“跨界的教育”，也必然需要专业教师具备“跨界的能力”，见图 10、图 11。

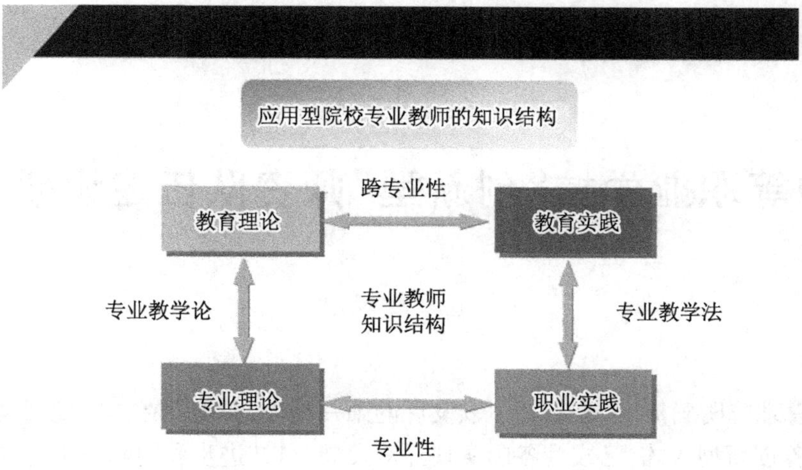

图 10　应用型院校专业教师知识结构图

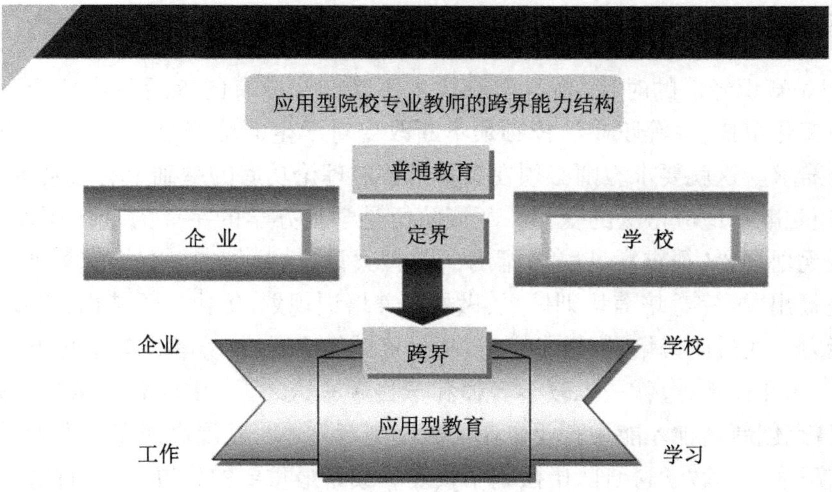

图 11　应用型院校专业教师的跨界能力结构图

（作者:上海师范大学 MTA 教学中心主任、上海旅游高等专科学校酒店研究院院长、教授　朱承强）

中等职业学校“创新型”师资队伍建设研究

李克强总理曾明确提出“创新是引领发展的第一动力，必须摆在国家发展全局的核心位置”，大力培养创新型人才，已成为各国实现经济发展、科技进步和国际竞争力提升的重要战略举措。教师富有创新精神才能为行业企业培养出创新人才，发展高质量的职业教育，必须要把建设一支勇于创新、善于创新的教师队伍摆到学校发展战略最重要的位置，集中优势资源，创造各种条件促进高水平师资队伍的形成与发展。

一、研究的背景

21 世纪是知识经济的时代，新科学新技术不断淘汰原有的落后专业理论，市场对学生的就业导向变化很快，中等职业学校必须不断改变对学生的培养目标、方式和内容，以适应市场经济的需求。这就要求教师必须在具备足够的理论功底的基础上有较强的适应能力和创新能力，随时准备适应市场的变化。师资队伍是学校办学的主要力量，《国家中长期教育改革和发展规划纲要（征求意见稿）》指出：“教育大计，教师为本。有好的教师，才有好的教育。”同时还提出“要完善培养培训体系，做好培养培训规划，优化队伍结构，提高教师专业水平和教学能力。通过研修培训、学术交流、项目资助等方式，培养教育教学骨干、‘双师型’教师、学术带头人和校长，造就一批教学名师和学科领军人才”。中职教师从事的是创造性的工作，教师富有创新精神才能为行业企业培养出创新人才。发展高质量的职业教育，必须要把建设一支高水平的教学科研队伍摆到学校发展战略最重要的位置，集中优势资源，创造各种条件促进高水平师资队伍的形成与发展。在创新型人才培养体系中，创新型师资队伍的建设具有前瞻性、基础性和战略性的意义。

为了了解中职学校师资队伍的发展建设情况，课题组首先以北京市西城区 4 所职业学校的教师为样本，进行了关于创新意识和创新能力等问题的问卷调查。调查结果显示：51%的教师创新意识不强，教师个人内在创新动力不足，主要体现在过半教师的职业理想停留在做合格教师即可；学校营造的创新氛围不足以调动教师的创新积极性；43%的教师创新能力不足，教师的知识结构主要是“学科知识+教育学知识”，更高层次的能力，如外语能力、课程开发能力、行业创新方向等方面尚存不足。64%的教师教育科研能力不足，主要表现在对课程改革、新专业、新课程开发缺乏探索精神，对相近行业发展状况、新兴技术的研究、专业的势态变化等相关内容缺乏跟踪了解的意识，不能创造性地形成解决新问题的方案。

西城区职业教育在全市乃至全国范围内都有着重要的影响力,但问卷调查所反映出的问题,是否就可以代表中等职业学校中带有普适性的问题呢?为了解除这个疑惑,课题组进而查阅了大量文献资料。通过文献研究发现,中职学校现有的教师队伍基本熟悉本专业的知识和技能,能运用现代信息技术进行授课,但更高层次的课程开发能力、行业创新方向等方面尚存不足;教师能积极参与科研课题的研究,成果比较显著,但能够达到具有创新意识、创新思维能力的“名师”凤毛麟角。目前各类中职学校普遍存在着缺乏培养“创新型”教师的平台,包括制度平台、活动平台、评价平台等问题。

针对上述情况,课题组认为:开展“创新型”师资队伍建设的研究工作,对培养创新型教师具有重要意义。希望通过“创新型”教师标准的制定及教师团队建设等相关内容的研究,对中等职业学校教师素质的提高有所贡献。

二、研究目标与内容

(一)研究目标

(1)通过研究确立中等职业学校创新型教师的标准,明确创新型教师的培养目标。

(2)通过研究寻找中等职业学校创新型教师的途径,形成创新型教师培养模式。

(3)通过研究完善创新型教师的培养机制,为创新教师的培养创造良好的氛围与环境。

(二)研究内容

(1)通过查阅文献,界定中等职业学校创新型教师的概念,明确中职学校创新型教师的特征,确定创新型教师的认定维度及具体指标。

(2)以教师培训为抓手,针对不同水平、不同专业的教师开展多层次、多学科、内容充实、形式多样的培训,开展创新型师资队伍建设的实践研究,形成利于中职学校创新型教师成长的培养模式并逐步完善。

(3)通过分析创新型教师成长环境,总结适宜创新型教师成长的学校制度,以此为基础,教学、科研、德育多部门联合发力,完善学校制度,打造适宜创新型教师成长的校园环境,形成更人性化的人才管理制度。

三、研究成果

(一)明确创新型教师的概念及特征

本研究借鉴各家所长并结合各自学校特点,将“创新型教师”界定为具有创新意识,具备一定创新能力的教师。职业教育有着不同于普通教育而富含职业教育根本属性的类型特征。通过调研分析,制定出《北京市外事学校创新型教师标准》:

1.具备创新意识

体现在教师根据职业教育发展的形势,不断更新教育观念,树立工作过程为导向的课程观、行动导向的教学观,并主动运用于教学实践。

2.具备创新能力

(1)教师能够与企业保持密切联系,及时掌握行业现状与企业最新需求,具备企业沟通与实践的能力。

(2)以职业能力培养为重点,具备基于工作过程的课程开发与设计的能力。

(3)教学改革有创新,创新教学模式,具备较强以工作过程为导向课程开发与实施的能力。

(4)具备推广学校课程,承担企业培训的能力。

(5)具备运用现代教育技术承担网络课程开发、资源建设的能力。

(6)具备团队组织能力,能在团队活动中,创新活动的内容和形式。

(二)形成了"创新型"师资队伍培养模式

1.创新型教师"纵向阶梯+横向条块"网状培养模式

师资队伍建设应该涵盖全体教师,帮助不同层次的教师都能得到充分完善的发展,才有可能形成数量足、素质优、水平高、结构好,能适应中职学校发展需要的创新型师资队伍。针对不同年龄、不同阶段、不同专业的教师,从学校层面采取"纵向阶梯+横向条块"的网状培养模式惠及每一位教师。

(1)纵向阶梯式培养。在开展教师个人发展及培训需求调研的基础上,学校根据教师不同的年龄阶段及个人需求,制订培养目标和计划,在相应制度的保障下形成青年教师学历进修→中年教师企业实践→中老年教师国外培训交流的纵向阶梯式培养途径,详见图 1。

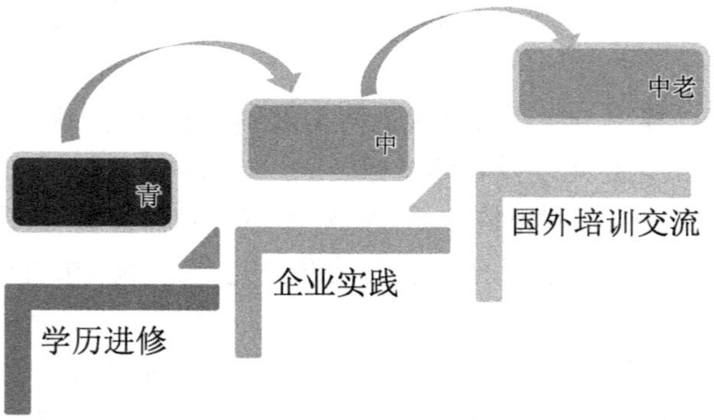

图 1　纵向阶梯式教师培养途径

对于青年教师普遍关注的学历进修问题,学校制定了《北京市外事学校学历进修及继续教育管理办法》,明确规定学历进修教师的选拔标准、管理程序、考核办法、经费资助等,为青年教师明确个人提升方向。自 2010 年以来,每年学校都有计划地选派青年教师参加北京师范大学、北京理工大学及首都师范大学等高校组织的在职攻读"硕士研究生"的学习。截至目前,已有 18 名青年教师完成了学历进修。这些教师已经成为学校各专业团队的主力军。

在以工作过程为导向的课程改革背景下,教师走进企业才能明确企业用人需求,提高教师技能。据此学校制定了教师企业实践制度,有计划地选派专业教师深入企业一线实践、锻炼,或者到学校实习饭店顶岗工作。教师将企业实践经验融入专业教学中,以鲜活的企业实践案例呈现给学生,将企业最新的前沿信息传递给学生。这些具有企业实践经历的青年教师在教学工作中得心应手。同时,按照专业需求,定期分批选派素质好的专业教师参加劳动部门专业技能脱产培训、考级;利用假期举办教学业务和实践技能培训班。2011—2015 年,每年送 4~5 名中青年教师到北京饭店、瑞吉酒店、西国贸大酒店等五星级酒店的各个岗位轮岗实践。

中老年教师大多已是学校业务骨干,有丰富的教学经验。学校根据专业需求为其提供国外考察交流的机会,学习国外职业教育办学理念、教学方法、人才培养模式等课程,拓宽教师视野、接受先进的教育教学理论。学校分别送两名新入职教师去韩国进修 1 年,2011 年 13 名教师赴澳大利亚 TAFE 学院学习,2013 年有 12 名教师赴新加坡南洋理工学院学习。从 2014—2016 年,每年都有 4~5 名教师被派往荷兰、法国等地交流。教师在参与国外交流活动中对先进的教育教学理论有了更深的理解和体会。教师将交流和学习的收获融入教育教学中,课堂交流互动活动更有实效,教育管理更人文化,师生的相互尊重更加自然而真诚,这是对教育最好的理解和诠释。

纵向阶梯式培养方法为各年龄阶段教师由低到高量身定做培训方案,虽因自身情况处在不同阶梯,但每名教师都是专业团队或学科团队中的一员,不同阶梯的教师在团队建设的氛围中互相指导,每个人的收获都是团队的共享知识。因此,纵向阶梯式培养方法以阶梯的"线"带团队的"面",以不同阶梯参加培训的几个人带动整个团队的学习,最终实现的是整个师资队伍水平的提升。

(2)横向条块式培养。横向条块式培养,是指以学校职能部门培训为条、以重点项目培训为块的复合型培养方式。条式培养,依托德育、教学、科研、信息中心四大职能部门,针对工作内容面向全体教师开展教育教学教研活动;块式培养,依托市、区、校等重点项目、针对教师专项能力开展培训或研修。横向条块式培养,是条式培养与块式培养的有机结合,是全面培养与重点培养的有机结合,其目的在于提高教师的创新能力。

条式培养:学校以德育处、教学处、科研室、信息中心四大部门为组织架构,围绕德育管理能力、教学能力、科研能力、信息技术能力等方面的创新能力为"条",开展培训及各种活动,为教师搭建提升创新能力的平台。每个"条"中,又依据本系列管理范围,设置培训"块"。

块式培养:学校根据培养创新型教师标准所需的能力,设立培训"块",如,针对创新型教师标准中的课程开发能力、教材研发能力、企业实践能力、课题研究能力、资源开发能力等,学校一方面,聘请专家进行专家讲座、材料学习,引导教师学习新的教育教学理念与具体的操作方式方法;另一方面,选派教师外出参加教育部、职教学会等机构组织的专题培训,如"团队建设""课程改革""信息化教学"等专题,培训项目从理论到实践,培训内容丰富多彩,为教师自主创新、教学研究等能力的提升起到了积极的促进作用。

条块式培养以创新型教师标准为依据,与纵向阶梯式培养相结合,形成了创新型教师"纵向阶梯+横向条块"网状培养模式。

2.运用组织管理理论打造"雁式创新团队"

组织管理,是对管理中建立健全管理机构,合理配备人员,制定各项规章制度等工作的总称。具体地说,就是为了有效地配置企事业单位内部的有限资源,为了实现一定的共同目标而按照一定的规则和程序构成的一种责权结构安排和人事安排。其目的,在于确保以最高的效率,实现组织目标。纵观管理学各学派,虽各有所长,各有不同,但在共性方面均重视人的因素。重视人的因素，就是要注意人的社会性，对人的需要予以研究和探索，在一定的环境条件下，尽最大可能满足人们的需要，以保证组织中全体成员齐心协力地为完成组织目标而自觉做出贡献。创新团队建设是一个过程，只有科学的管理，才能发挥团队成员的优势，凝聚团队团结、协作、创新的精神。团队是由团队带头人和团队成员组成的一个共同体，团队带头人是创新团队的“领头雁”，团队成员根据其能力作用的发挥排列雁群的两翼。团队合理利用每个成员的知识和技能协同工作，解决问题，实现团队的共同目标。北京市外事学校在相关理论的指导下，借鉴北京市专业创新团队评选的条件和经验，以教师基本功建设为基础，以鼓励创新为原则，以发挥团队力量为抓手，大力推进创新团队建设，形成“团队带头人+优秀团队”的人才格局，打造“雁式创新团队”，发挥创新团队的引领作用，从而带动整个师资队伍的建设。

(1)选准带头人，打造“领头雁”。领导是影响和指引他人或组织在一定条件下实现其目标的行为过程。而领导者则是发挥主导影响力作用的人。在创新团队建设中，选取合适的领导者是首要任务。作为团队的领导者，不仅要充分发挥“领头雁”的组织服务功能，其自身更需要具备创新意识，有能力完成团队目标的制定、合理配置团队资源及建立适用于本团队的规章制度。同时还要能够做好团队成员间的沟通协调工作。带头人是否称职将直接决定团队建设的成功与否。因此，团队带头人在市、区、校范围内具有一定的影响力，具备超强的管理能力、非凡的核心凝聚力、较高的教学科研能力。以酒店服务与管理专业创新团队为例，专业部主任作为团队的带头人，她不仅是一名特级教师，而且还是北京市职教名师。她不仅具有较强的创新意识，同时还具备优秀的组织管理能力，知人善用。她所带的团队在“十一五”和“十二五”期间都被评为北京市酒店服务与管理专业创新团队。其团队取得了一项又一项佳绩。

(2)合理配置成员，实现优势互补。打造“雁式团队”，团队成员的选拔以创新型教师标准为依据，各具所长，“雁式团队”的左翼成员，要求具有良好的专业背景，具备扎实的专业知识和较高的专业技能；“雁式团队”的右翼成员，要求具备较强的科研能力、信息技术能力。因此高素质、高效能的“雁式团队”除了优秀的带头人之外，合理配置、优势互补的团队成员也当属标配。团队在建设过程中，首先需要目标一致，如若团队成员的思想不统一、意识跟不上，再好的工作方案也得不到好的执行。“思想统一”不仅是喊口号，更是提升执行力，遇到问题不退缩、不迟疑的保障。其次，团队成员的素质，包括其工作态度、工作能力、优势领域等，也是考察团队成员的必要内容。团队成员既各有所长，又有同样的创新目标，大家团结协作，相互支持、优势互补，才是一支配置合理的创新团队。

(3)激发团队热情，打造团队文化。任何一个团队都需要凝聚力和向心力，激发成员热情，营造适合团队发展的文化氛围，是学校层面在团队建设中必须要考虑的问题。为此，北京市外事学校在修订相关奖励和评优制度的基础上，对有突出表现的团队成员采取倾斜政策，优先为其提供各级各类培训机会，并在团队成员进行课题研究或参加企业实践过程中予以相应的经费支持。同时，学校以加强团队文化建设为突破口，凝聚团队成员，为实现团队建设发展规划奠定基础。这里所讲的“团队文化”，是指为所有成员认同和遵循的价值观、精神、行为准则及其规章制度、行为方式、物质设施等的一种结晶。其本质意义和最高价值在于促进团队成员的创新与发展。“团队文化”影响甚至决定着团队成员的思维方式和工作态度，决定着团队的团风、学风和教风。北京市外事学校所倡导的团队文化包括：

树立团队的核心价值观。核心价值观是一个团队的灵魂，团队将“积极进取、勇于创新、追求卓越”作为核心价值观融入团队成员的思想中。

让团队成员清楚自己的角色和职责。引导团队成员为实现目标而共同努力，相互尊重和重视彼此的知识与技能，在团队中能够相互肯定他人为实现项目目标所付出的劳动，让团队成员乐于为团队的成功做出贡献。

倡导团队成员之间要高度合作与互助。要使他们乐于给予其他成员以帮助，能相互提供并彼此接受各种反馈及建设性的批评和意见。团队成员之间要高度互信。项目团队成员相互关心，并承认彼此存在的差异，每个成员就会感到自我的存在，同时又构成一个合作互助的团队。

（三）制定、完善创新型师资队伍建设的保障制度

如果说创新型师资队伍的培养模式是适宜创新型师资队伍成长的土壤，保障制度则为其生长保驾护航。北京市外事学校在调研基础上逐渐完善了以学习制度、奖励制度、科研制度为核心的创新型人才培养制度体系。学习制度包括：《北京市外事学校“十二五”教师继续教育五年规划》《北京市外事学校学历进修及继续教育管理办法》《关于教师参加各级培训、外出考察、交流活动的管理规定》《北京市外事学校教师企业实践制度》《北京市外事学校青年教师培养方案》等。在制度保障下，学校教师外出学习和企业实践的机会和待遇得以保障。奖励和评价是建立优化的创新型师资队伍运行机制体系中不可或缺的重要组成部分。

首先，学校每一位教师都要接受常规的教学工作学期考核和学年考核，《北京市外事学校教师评价方案》突出教师在评价中的主体地位，评价标准和个性评价相结合，建立网络评课平台。教师评价方案出台后，老师们对评价非常重视，学校及时将评价结果对老师进行反馈，促进教师教学反思与教学改进。

其次，建立创新成果奖励制度，按照教师取得的创新成果及时做出反馈，并进行相应的精神和物质奖励，具体是将国内外出国研修与各项教学评比结果相结合，采取竞赛激励，评比制度化，学校每年进行一次教学设计比赛、两年一次教学成果评比、评优课，对于获奖教师给予奖励，并优先安排参加各种培训。

三是建立创新奖励基金，支持有创见的教育思想、教学方法等多方面的创新研究和实践。由于部分专业萎缩，学校鼓励教师开创新专业，为此设立了专业开发项目资金，极大地调动了各专业部门的积极性。为鼓励全体教师参与科研，学校制定了《北京市外事学校教科研资助经费管理与使用办法》《北京市外事学校专业部精品课程建设方案》。教师按照学校提供的校级课题指南，结合自己的教育教学实践选择课题，开展课题研究。以课题研究、精品课程开发为载体提升教师研究性学习能力和科研能力。

四、研究成果的影响

师资队伍建设是推进教育教学工作的根本，拥有一支高素质的教师队伍，是学校办学目

标得以实现的重要保证。创新型师资队伍的建设在提升学校办学质量、促进教师专业发展和服务社会等方面均发挥了重要作用。

（一）教师专业素养提升，科研成果显著

当教师具备了创新意识和创新能力，教育教学的思路会更加开阔，参与课程改革和企业实践活动的热情会更加高涨，将课堂搬进企业，将企业专家请进课堂，在企业专家和课改专家的引领下，教师的实践能力和教改能力得到了提升。与企业的交流不断激发了专业教师的创新灵感，进而推动专业特色课程和校本教材的开发动力，如“酒店花艺设计”“雪茄服务”“巧克力制作”“香道”等专业课程，拓展了学生的专业技能，为学生开拓了广阔的就业岗位。本课题在研究过程中，由本校教师主编的教材共计 73 本(种)，其中《西餐与服务》教材由清华大学出版社出版，被教育部评为“中等职业教育改革创新示范教材”。教而不研则浅，研而不教则空，科研能力是教师素养的一个重要组成部分，教师要在教学中发现问题，在研究中解决问题。本课题在研期间，我校有市规划课题 1 项、区规划课题 6 项、职教学会课题 3 项、职教中心立项课题 11 项，校级课题 50 多项，覆盖了全体教师，论文获奖百余篇。“十二五”时期较之于“十一五”，教师科研成果数量和质量均有很大提高。

（二）提高人才培养质量，为区域经济发展服务

实践创新是创新能力的最高境界，学校酒店、烹饪等专业成功进行课程改革，是对创新型师资队伍的有效检验。课程改革是在教师理念创新的基础上实现的，改变以往的以教师为中心、以书本为中心、以课堂为中心的教学模式，建立起以学生为中心、以情景构建为中心、以学生活动为中心的教学模式，需要针对教学实际开展教学模式、教学内容、教学方法的创新，体现了教师专业教学能力与专业实践能力的提升。在以工作过程为导向的课程改革理念指导下，教师成为课堂的设计者，学生通过观察、操作、评价、思考、解释、合作与交流等方式，在学习过程中充分发挥主体作用，做中学、学中做，不仅在操作中学习了专业知识与技能，还掌握了解决问题的途径，体会到了合作学习的乐趣和成功的喜悦。学生的行动学习代替了教师的知识传授，激发了学生的学习积极性和创造性，培养了学生从多渠道获取知识、整理知识的能力及综合动手能力。仅以近两年学生参加技能(技术)比赛为例，2014 年共有 25 名学生获得市级一、二、三等奖，其中 9 名学生获得一等奖，5 名学生参加国赛，1 名学生获得一等奖，2 个二等奖、2 个三等奖。2015 年有 27 名学生获市赛一、二、三等奖，其中 8 名学生荣获比赛一等奖，3 名参加国赛，获得 1 个一等奖、2 个二等奖；除了技能展示，在德育方面，第八届至第十届全国文明风采大赛中，本校学生获得一等奖 91 人次、二等奖 215 人次、三等奖 317 人次、优秀奖 192 人次。

立足本职、校内学历教育取得骄人成绩之外，外事学校的教师团队开发出了适合提高生活情趣和质量的社会培训课程，如适合家庭应用的烹饪项目：西式面点类、西式烹调类、中式烹调类、中式面点类等；情趣类项目：葡萄酒培训、鸡尾酒培训、无酒精类饮料调制、咖啡培训、插花艺术、茶艺培训、陶艺培训、京剧脸谱手绘、手工制茶、微景观制作、手工巧克力、礼仪培训等。在社会培训量逐年上升的同时，非学历教育领域也获得了良好的口碑。在西城区教育系统、政府机关、街道社区间的影响力越来越大。以 2015 年为例，外事学校培训中心年培训 13 417 人。

由培训教师开发主编的校本教材《美酒风情之鸡尾酒篇》课程大纲，获北京市社区教育一等奖；《居家美味——私房菜》和《家庭新西餐之前菜》2015年在北京市社区教育特色课程教学大纲和教材评选中荣获二等奖。同年，学校被区人社局评为先进培训机构，并成功入选北京市人社局主办的“北京市职业技能培训机构等级评定”A级学校。

五、小结

纵向阶梯式培养和条块式培养相结合，形成了创新型教师“纵向阶梯+横向条块”网状培养模式。在这种模式下，基本能够实现学校教师的全员覆盖。教师个人虽因自身情况处在不同阶梯或者接受不同条块的培养，但每名教师又都是专业团队或学科团队中的一员。不同阶梯的教师在团队建设的氛围中互相学习和指导，每个人的收获都是团队的共享知识。因此，纵向阶梯式培养以阶梯的“线”和条块式培养中的“条”或“块”带动团队的“面”，以个体带动整个团队的学习，在团队建设的同时反哺于个人，最终实现的是整个师资队伍水平的提升。

师资队伍建设是推进教育教学工作的根本，拥有一支高素质的教师队伍，是学校办学目标得以实现的重要保证。当教师具备了创新意识，教育教学的思路会更加开阔，参与课程改革和企业实践活动的热情会更加高涨；当教师具备了创新能力，才有可能将课堂搬进企业，将企业专家请进课堂，教师的实践能力和教改能力才能得到切实提升。

（作者：北京外事学校校长　田雅莉，教师　林静、杨秀丽）

［参考文献］

［1］骆永成，赖石梅.中学创新型教师形成问题研究［M］.成都：四川科学技术出版社，2006.

［2］林崇德.教育为的是学生发展［M］.北京：北京师范大学出版社，2007：257.

［3］J.P.Guilford.Traits of Creativity［M］.NewYork：Harper&Publisher，1959：142-161.

［4］洪书源.中等师范学校思想政治课创新型教师培养［D］.福建师范大学，2003.

［5］金斌华.创新教育与创新型教师的培养［D］.福建师范大学，2001：10-13.

［6］陈从先.重构思维激活创新——创新型物理教师的专业成长［D］.福建师范大学，2003.

［7］王瑛.高校创新型教师培养及激励机制的研究［D］.南京农业大学，2002.

［8］谢放明.人性化管理理念下的创新型教师培养［D］.湖南师范大学，2009.

［9］夏芳.创新型教师的成长与发展研究［D］.沈阳师范大学，2012：11-12.

［10］林松访.中小学创新型教师及其成长若干问题的研究［D］.福建师范大学，2002：30-43.

［11］谢晓芬.论我国研究型大学创新型教师的培养［D］.华中师范大学，2006.

［12］王占军.创新型人才培养与教师教育改革——访北京师范大学校长钟秉林［J］.大

学(学术版),2009(12):4-9.

[13]周志平,尹丽娟,王升,曹雪梅,陈兰新.科研、创新型教师培养模式的研究与实践[J].石家庄学院学报,2006(3).

[14]马建生.比较教育视野中的中国创新教育[J].比较教育研究,2000(3).

[15]李福灼.创新型教师教育培养模式探索[J].广西师范学院学报,2007(10):137-138.

[16]贺慧敏.创新型教师培养瓶颈及破解路径[J].科教文汇,2013(6):26.

[17]颜廷财.创新型教师培养路径探析[J].职教通讯,2012(14):71.

[18]孙泽文.高校创新型教师的特征、成长路径及培养机制研究[J].高等教育研究,2014(3):48-49.

[19]董汀丰.创新型教师的培养与管理[J].浙江教育学院学报,2002(6):135;96-100.

[20]马勇.探索培育创新型教师队伍的路径[J].中国高等教育,2008(22):25-27.

[21]申彩芬,王滨,陈娜.高校创新型师资队伍结构特征与构建策略研究[J].石家庄经济学院学报,2011(5):135.

“创新创业+”的高职旅游人才培养研究与实践

一、研究背景

据国家人力资源和社会保障部的最新统计数据，2015 年全国高校毕业生总数将达到 749 万人，比被称为“史上最难就业季”的 2014 年再增加 22 万人。江苏省普通高校毕业生达 55.2 万人，比 2014 年增加了 1.1 万人，两者均达到历史新高，就业形式十分严峻。随着社会经济发展和时代进步，社会对高等教育提出了更高的要求，在毕业生就业中研究生已越来越“抢手”，本科生还能基本平衡，专科生则较明显地呈现供过于求的趋势，在此背景下，教育部早在 2010 年出台的《关于大力推进高等学校创新创业教育和大学生自主创业工作的意见》和《国家中长期教育改革和发展规划纲要(2010—2020 年)》，强调“提高自主创新能力，建设创新型国家，促进创业带动就业”和“促进高等教育改革”是重要的国家发展战略。2014 年 6 月 23 日，李克强总理在会见全国职业教育工作会议代表时强调，职业教育作为国家教育体系和人力资源开发的重要组成部分，是广大青年打开成功成才大门的重要途径，高等职业院校肩负着培养多样化人才、传承技术技能、促进就业创业的重要职责。2015 年 5 月 4 日，国务院办公厅下发的《关于深化高等学校创新创业教育改革的实施意见》中又明确指出，要进一步推动大众创业、万众创新，坚持创新引领创业、创业带动就业，已成为高职院校的一个重要研究课题，是社会经济发展的必然要求，也是培养创新创业人才、全面提高学生素质的需要。高职院校大学生，作为最具自主创新创业能力的社会群体之一，是国家提出“创新型国家”建设过程最为积极活跃因素的重要组成部分。因此，大力加强高职院校大学生创新创业教育，全面培养高职院校大学生这个群体的创新创业素质，既对缓解就业压力，构建和谐社会，还对促进经济增长，建设创新型国家起到积极而重要的作用。

我国高校毕业生体系已经由过去的“毕业分配”向“双向选择”，再逐步向“自主创业”过度。这是提出解决大学生就业的最佳途径。创新创业教育将会开创一个全新的世界，使得包括高职院校毕业的大学生，在面对社会竞争时能够充分发挥自己的创新意识和创业技能，既为自己解决就业岗位，还能创造机会博得大量财富，为社会发展注入强劲的动力。

作为旅游业重要组成部分的酒店业(烹饪工艺与营养专业)，据近两年统计数据显示，高等级酒店客源量呈现下降态势，烹饪工艺与营养专业毕业生就业存在不稳定、不就业现象。

南京旅游职业学院作为培养酒店人才的专门院校，审时度势，及时优化人才培养模式，把促进就业、服务社会放到首要职责，也是本课题研究的主要目标。

二、研究的核心观点

1."创新创业+"模式

"创新创业+"代表一种新的人才培养模式，即创新创业+(传统的人才培养模式，如国际交流、继续深造、就业等)的新型人才培养模式是将创新创业理念深度融入传统的人才培养模式之中的一种创新，引导学校师生不断更新和升华教育观念，强化对学生创新创业精神、创新创业意识和创新创业能力的培养，切实提高人才培养质量。

2.创新创业教育融合

专业教育和创新创业教育的有机深度融合，强调将创新创业教育融入专业教育的每项过程，从入学教育到活动组织、从理论教学到专业实践、从日常养成到就业指导，创新创业教育紧扣教育过程的每一环节，充分实现专业教育与创新创业教育的融合统一。

3.创新创业教育体系

以培养学生"创造、创新、创业、创优"素质与能力为核心，构建"各专业教育、教育全过程、某一个环节、某一项任务"四个教育层次，形成创新创业教育课程体系、实践体系和支撑体系为一体的创新创业教育体系，详见图 1。

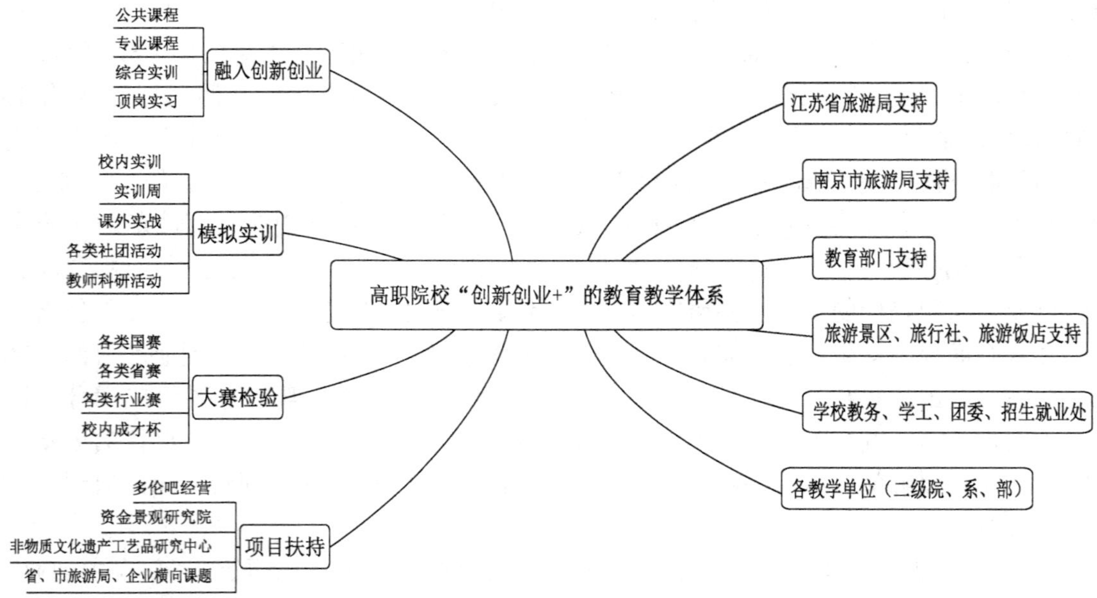

图 1　高职院"创新创业+"的教育教学体系

4.多方协同育人机制

在多中心理论治理模式下，政、行、校、企、教学单位和职能部门共同治理，凝聚集体智慧，摒弃高职院校创新创业的"孤岛效应"，共同将创新创业的理念和措施深入教育教学的各个环节、融入学校的各个方面。

三、研究的成果

旅游业是一个业态多元、多样、多变的行业，客观上要求从业人员要具有创新、创业、创优的精神。为了更好地适应这种要求，2012年以来，以我校办学历史悠久、专业影响力大、创业孵化率高的烹调工艺与营养专业作为创新创业教育的改革试点，认真学习教办[2010]3号文件，边学习、边研究，在学校领导高度重视及教学单位、各职能部门积极配合支持下，对烹调营养与工艺专业进行创新创业教育的全方位研究。通过研究学习，调研走访省内外有旅游类专业院校和旅游企业一线的领导和员工，获取培养创新创业改革的经验和教训，首次提出了“创新创业+”的教育理念，遵循“边学习、边研究、边培育、边推广”的“4边”行动逻辑，以点带线，以线串面，深耕易耨“+”理念的内涵和外延，将创新创业教育贯穿到高职旅游教育的各个环节。全方位统筹集聚校内外资源，以服务为宗旨，开发“创新创业服务指导平台”。以学生为中心，研制“创新创业+”高职旅游人才培养方案，构建“生态”“立体”“多模”“综合”“弹性”“动态”“多维”“有效”的8维创新创业支持体系，形成不同专业、不同生源(普招、对口单招、3+3等)，各具特色的“创新创业+”旅游人才培养模式，打破了校内创新创业教育与专业教育各自为政、条块独立管理的局面，实现了创新创业教育与专业教育的有机融合。项目在研究的同时获得2015年省教学改革重点课题立项及省级以上系列创新创业课题立项，形成了完整的“创新创业+”人才培养模式，并进行了实践检验，有效彰显出旅游类专业创新创业教育的特色。

“4边8维1平台”的高职旅游类专业创新创业人才培养初见成效；2012—2016年以来，学生获全国职业院校技能大赛(中餐烹饪、中餐宴会主题设计、西餐宴会服务、导游服务)一等奖27项、二等奖7项、三等奖5项，江苏省大学生职业规划大赛“十佳职业规划之星”7人次，江苏“互联网+”创新创业大赛三等奖5人次，学生获得外观设计专利46项，学生以独资、参股形式成功创办企业12家，培育孵化创业项目20余个。

四、成果主要解决的教学问题及解决教学问题的方法

1.田野调查，顶层设计，先行解决了创新创业教育理念滞后的问题

围绕旅游业多元、多样、多变等业态特点，要求从业人员要具备创新、创业、创优的“三创精神”，本成果开展顶层设计，深入旅游行业、企业、院校广泛调研，厘清高职旅游人才的素质结构和能力要求，深度剖析“创新创业教育”内涵本质，首次提出“创新创业+”的理念，并深耕易耨“+”理念的内涵和外延，以创新精神、创业意识的品质要求赋予高职旅游人才培养新的目标规格，促进以创新创业为导向的旅游教育教学改革。

2.整合资源，纵深推进，切实解决了创新创业教育与高职旅游专业教育“两张皮”“互为孤岛”的问题

成果遵循“边学习、边研究、边培育、边推广”的“4边”行动逻辑，以点带线，以线串面，全方位统筹集聚校内外资源，在校内构建了教务、学工、团委和所有院系部联动的创新创业教育体系，校外搭建校、政、企、行协同育人的培养平台，将创新创业教育理念写入高职旅游人

才培养方案，创新创业教育内容纳入专业课程和通识课程，形成“创新创业+”的高职旅游类专业课程体系；将创新创业教育考核固化到学籍管理中去，推进了创新创业学分转换，缝合了创新创业教育与专业教育，实现了创新创业教育与专业教育由“两张皮”向有机融合的转变。

3.面向全体，分类施教，合理解决创新创业教育受众对象有限的问题

着眼于创新创业教育的广泛性和普及性，在以烹调工艺与营养专业为试点的基础上，面向旅游类全体学生厚植创新创业文化基因；针对我校6类生源的需求差异，分层次、分阶段、分群体推进创新创业教育，解决了创新创业教育“一锅煮”的问题，形成了独特的“创新创业+”高职旅游人才培养模式，实现创新创业教育广度与深度并举，破解“全覆盖”与“个性化”之间的矛盾。

4.构筑机制，系统管理，有效解决创新创业旅游教育体系散乱的问题

统筹集聚要素资源，深化产教融合、校企合作，构建涵盖“生态”的人才培养机制、“立体”的课程体系、“多模”教学考核方式、“综合”的实践实训路径、“弹性”的学籍管理制度、“动态”的师资能力建设、“多维”的创业指导、“有效”的保障支撑等8个维度、1个“创新创业服务指导平台”的“创新创业+”旅游人才培养体系。

5.纵横联合，理实一体，着力解决了“创新创业+”教育实践体系单一的问题

以校内综合生产型实训基地（御冠酒店）为载体，创新创业孵化基地为平台，打造“众创空间”，创办了“中国好厨师网”、微店“柚丁”“面包工艺坊”“研磨时光”咖啡生活馆；校外建立百家实习实训基地。立足第一课堂，在课堂里加强对学生创新创业意识进行引导、对创新创业想法进行转化；立足第二课堂，进行创新创业实践体验，让学生在具体项目（科研、大赛、活动等）中获得组织协调等综合能力；立足第三课堂，开展创业项目实践培育。

6.多方协同，完善体制，创新解决了创新创业教育保障体系不完善的问题

开办旅游创新创业学院，协同政、行、校、企，优化校内外人、财、物资源，成立就业与创业教育指导委员会，建立大学生创业指导服务中心，为学生免费提供工商注册、税务登记、银行贷款、政策咨询等一站式服务。出台创业孵化基地管理办法、创业基金管理办法等相关管理制度，构建成果动态评价体系和成果展示、表彰机制，及时反馈指导高职旅游院校创新创业教育教学和管理服务，确保创新创业教育的有效开展。

五、成果的创新点

1.理念创新

首次提出了“创新创业+”教育理念。改变传统创新创业教育理念，根据旅游人才需求的特点，提出“创新创业+”教育理念，深耕易耨“创新创业+”的内涵与外延，突出高职旅游人才素质要求，有效地将创新创业教育融入高职旅游专业人才培养全过程，激发学生创新创业潜质。

2.模式创新

构建了“创新创业+”高职旅游人才培养模式。以创新创业教育为导向，建立起理论与实践、显性与隐性、情景与实战相融合，以专业实践为主阵地，课程本位、课堂主体，科研项

目、技能竞赛、校园氛围、社会实践等为熔炉的“创新创业+”高职旅游人才培养模式。

3.实践创新

形成了高职旅游类专业“创新创业+”人才培养体系。遵循“边学习、边研究、边培育、边推广”的“4边”行动逻辑，以学生为中心，以培养创新创业人才为目标，构建了“4边8维1平台”的高职旅游类专业“创新创业+”旅游人才培养体系，缝合了创新创业教育与专业教育，实现了创新创业教育与专业教育由“两张皮”向有机融合的转变。

六、成果的推广应用效果

1.成果应用

2012年以来，毕业生初次就业率始终保持在93%以上，学校多次被省教育厅评为毕业生就业工作先进集体。据省教育厅高校招生就业服务中心、省人才服务中心联合发布的《江苏省2015届专科毕业生就业情况调查报告》《江苏省2015届用人单位招聘情况调查报告》显示，我校多项就业指标位居全省前列。其中就业质量指数综合得分80.64分，居全省第7位；毕业生对母校就业创业指导服务满意度97.92%，居全省第3位；用人单位对学校就业服务工作满意度92.86%，列全省第4位；用人单位对毕业生满意度91.07%，列全省第3位。得益于学校就业质量的提升，近年来生源质量持续提高，毕业生招聘单位愈来愈多，毕业生的数量逐年提高。师生的各类成果和创新创业人才培养质量、创业效果显著提高，专业影响力和知名度节节攀升，成果推广应用和辐射示范效果凸显。

2.成果推广

成果完成人在学校承办的国家级、省级各类学生技能大赛、组织召开的中国旅游论坛、省职业教育教科研旅游中心组年会、中国—东盟职业教育校长高峰会、第四届江苏省职业教育教科研旅游中心组年会、中国旅游院校“五星联盟”院（校）长论坛、第五届中国民族旅游论坛、2016江苏—南部非洲投资与发展高层论坛等多个场合，以及境（内）外43所高校460多人次来校交流考察活动中，向来宾们介绍我校“创新创业+”高职旅游人才培养改革的理念和创新举措，得到了境（内）外同行的认可。学校组织了150人次教师到国内32所高校学习，到境外台湾地区高雄餐旅大学、澳大利亚安格里斯学院、美国普渡大学等12所高校学习50人次。《新华日报》《中国旅游报》《交汇点》和《江苏教育新闻》等多家媒体进行了系列报道，产生了广泛影响。相关教育教学成果被新疆伊犁职业技术学院等3所兄弟院校借鉴使用。

3.领导视察

文化部副部长项兆伦、时任江苏省副省长傅自应、国家旅游局人事司副司长余昌国、省旅游局局长秦景安、省委组织部副部长胡金波、省教育厅副巡视员尹伟民、全国旅游职业教育教学指导委员会秘书长韩玉灵等领导来校调研创新创业成果，对我校创新创业教育所取得的成效给予了充分肯定。

（作者：南京旅游职业学院教授　方法林）

创新实践

旅游应用型人才核心素质与国际化培养方式创新

——以山东旅游职业学院为例

[摘　要] 应用型人才培养既是我国经济社会发展的客观需求和当务之急，也是国家中长期人才培养的重要战略目标。《国家中长期人才发展规划纲要(2010—2020年)》明确提出：要立足培养全面发展的人才，突出培养创新型人才，注重培养应用型人才。《国务院关于加快发展旅游业的意见》确立了“把旅游业培育成为国民经济的战略性支柱产业和人民群众更加满意的现代服务业”的发展目标，将发展旅游业提升为国家战略。新时期国家教育方针及国家赋予旅游业的战略定位和任务，对旅游应用型人才培养提出了更高的要求。旅游应用型人才的核心素质是职业精神、职业素养和职业技能。职业精神，是理想、态度、价值观层面的意识要求，职业素养，是行为规范层面的综合品质，职业技能，是专门技术层面的行为能力，三者构成了旅游应用型人才的核心素质。旅游业服务型、开放型、劳动密集型的产业特性，决定了在旅游应用型人才的培养上，必须创新人才培养模式，走国际化培养之路。本文结合山东旅游职业学院的探索和实践，探讨高素质旅游应用型人才培养的国际化方式和途径。

[关键词] 旅游、应用型人才、国际化、培养模式、创新

应用型人才培养既是我国经济社会发展的客观需求和当务之急，也是国家中长期人才培养的战略目标。《国家中长期人才发展规划纲要(2010—2020年)》明确提出：要立足培养全面发展的人才，突出培养创新型人才，注重培养应用型人才。要以高层次人才、高技能人才为重点统筹推进人才队伍建设。《纲要》明确提出：到2020年，高技能人才总量达到3900万人，占技能劳动者的比例达到28%；专业技术人才总量达到7500万人，占从业人员的10%左右。

从高等教育适应社会发展的角度看，培养应用型人才是高等教育在社会经济发展到一定阶段的必然产物，是世界各国高等教育发展的必然趋势。“二战”以后特别是20世纪60年代以来，科学技术迅猛发展并广泛进入生产领域，由此导致社会对应用型人才的需求不断增加和细化，要求层次更高、范围更广。高等教育作为人才培养的主要承担者，必须对应用

型人才的培养给予充分重视并进行深入探索。在应用型人才培养方面,有两大问题需要我们深入研究:一是人才规格问题,即我们要培养什么素质的人才;二是培养模式问题,即我们要通过什么方式培养应用型人才。二者分别对应于应用型人才的培养目标和培养模式。高等教育要实现为经济社会发展服务的功能,就必须首先解决以上两个根本问题。

一、应用型人才的内涵及特征

联合国教科文组织(UNESCO)于 1997 年修订的《国际教育标准分类》(International Standard Classification of Education,ISCED 1997)将人才分为两大类:学术型人才和应用型人才。应用型人才又分为三小类:工程型人才、技术型人才、技能型人才。因此,我们也可将人才划分为四种类型:学术型、工程型、技术型、技能型。学术型人才,是主要从事理论研究和规律研判工作,对实践中的现实问题进行深层次理论探讨的人才;工程型人才,即工作和生产活动之前进行预先考虑并做出设计、规划、决策等工作的人才;技术型人才,即在生产第一线工作,使学术型人才的研究成果和工程型人才的设计、规划、决策变成物质形态或对社会产生具体作用的人才;技能型人才,即在第一线或现场从事具体工作的人才,它和技术型人才的区别,在于其主要依靠操作技能进行工作。学术型人才和工程型人才主要从本科和研究生层次上培养;技能型人才主要从中等职业教育来实施;至于技术型人才,一般在专科和本科层次培养。

根据这些标准,我们可以赋予旅游应用型人才这样的定义:它是技术型和技能型人才的复合体,是熟练掌握旅游业一线基础知识和基本技能的专门人才。这类人才一般具有较强的专业知识和实践能力、较宽的知识面、较强的沟通交流能力、较好的灵活应用知识的能力等。旅游应用型人才具有四大显性特征:

1.应用性

旅游应用型人才重视知识和技术的实际应用,具有较强的应用意识、应用能力和实践能力。

2.务实性

旅游应用型人才的岗位是在企业一线、社会基层,主要从事实务性、技术性工作,具有很强的务实性。

3.适应性

旅游应用型人才的知识结构兼具理论和实践两个层面,既懂基础知识,又会实践操作。这种知识结构决定了应用型人才与学术型、工程型人才相比,上岗更快,更善于处理实际问题;与技能型人才相比,其可塑性更强,发展潜力更大,适应性更强。

4.创新性

旅游应用型人才工作在基层和一线,贴近市场,了解行情,敢于创新,创新性是其应有的素质。

总之,应用型人才主要是掌握和应用知识,而非科学发现和创造新知,培养应用型人才重在使之拥有丰富的职业技能,拥有合理的知识、能力结构,拥有终身学习、不断提高的潜力。

二、旅游应用型人才的核心素质

事实上，社会各行各业由于自身发展特点、运行规律的不同，对应用型人才的素质要求也不尽相同。就旅游业来讲，由于其自身的服务属性、开放属性和劳动密集属性等特点，决定了旅游业需要大批既懂管理又会服务的高素质应用型人才，特别是对人才的职业精神、职业素养、职业技能有着特殊的要求。改革开放以来，伴随着中国教育事业的蓬勃发展，旅游应用型人才培养工作取得了长足的进展，为旅游业培养了大批高素质的应用型人才。但由于受到体制机制、培养模式等因素的影响，无论是应用型人才的数量还是质量，都与旅游业的客观需求存在明显脱节，滞后于旅游业发展，与旅游教育发达国家和地区相比，也存在很大的差距。新时期国家"把旅游业培育成为国民经济的战略性支柱产业和人民群众更加满意的现代服务业"的产业定位，对旅游应用型人才培养提出了更高要求。这就要求我们必须将职业精神、职业素养、职业技能作为旅游应用型人才培养的核心素质来抓，致力于学生核心能力的培养。

1.职业精神

职业精神是理想、态度、价值观层面的意识要求，包括职业理想、职业态度、职业责任、职业作风等，如，爱岗敬业、恪尽职守、虔诚奉献及高度自觉的服务精神等。

2.职业素养

职业素养是行为规范层面的综合品质，包括职业道德、职业意识、职业行为习惯、职业礼仪、人文精神等，如，诚实守信、顾客至上、彬彬有礼、优雅得体、干净整洁等。

3.职业技能

职业技能是专门技术层面的行为能力，包括职业知识、职业动作、职业技艺等，如，动手能力、操作能力、外语能力等。

基于以上认识，在旅游应用型人才的培养过程中，我们又可将这三大核心素质进一步细化为娴熟的技能、流利的外语、优雅的气质、完备的知识、良好的职业素养、高度的敬业精神等六项基本素质，并以此作为我们的人才培养目标，以理念创新来引领，以课程创新来塑造，以文化创新来熏陶，以管理创新来养成。

三、旅游应用型人才的国际化培养模式

应用型人才培养的关键，是人才培养模式的创新。人才培养模式是为实现培养目标而采取的培养过程的构造样式和运行方式。其内容主要包括专业设置、课程体系、教学内容和教学方式等要素。培养模式决定着人才培养的方向和质量。目前比较成熟的旅游应用型人才的培养模式主要有：产学研结合模式、校企合作模式、订单培养模式、工学交替模式等。山东旅游职业学院作为具有鲜明特色的旅游高等院校，紧紧围绕旅游应用型人才的三大核心素质、六项基本素质，以"能力培养"为主线，以工学结合和校企合作为内核，致力于搭建国际化的人才培养平台，在发展目标、办学理念、专业建设、课程设置、教学模式、实习就业、师资队伍、学生管理、校园文化等各个环节，全面贯彻国际化的理念，形成了独具特色的旅游应用人才的国际化培养模式。这一模式的内容主要包括：

1.树立国际化的办学理念

理念是行动的先导。旅游应用型人才的培养需要按照国际标准,以全球化视野审视。只有将国际化理念确立为核心价值观,才能培养出具有国际意识和国际竞争力的高素质应用型人才。

(1)树立全球化观念。全球化观念的核心是面向全球谋求发展,以全球化视野审视办学行为。在当今全球化和大学国际化的新时代,应用型人才的培养也不能回避国际化的潮流。特别是旅游业具有跨地域、跨国界的产业特性,是先天的开放性、外向型、国际化产业,在国际化平台上培养国际化的高素质旅游应用型人才,就成为中国旅游教育的必然选择。因此,我们应确立教育要"面向世界,面向未来,面向现代化"的指导方针,确立"与市场接轨,与国际一流水准接轨"的办学方向,致力于培养学生健全人格、公民素养、国际化视野和终身学习的能力,致力于培养教职工国际化的意识、国际化的视野和国际化的眼光。

(2)树立人文教育观念。长期以来,中国传统教育过于偏重知识传授,缺乏人文精神的教化和培育,不符合科学发展观"以人为本"的基本要求。这正是目前旅游高等院校培养应用型人才方面比较突出的问题。在实践中,我们发现几乎所有的海外企业对学生首要的要求,都是合作精神及道德修养等人文要素。人文素养的高低已成为决定人才质量的重要因素。为此,必须将"人文化"确定为学校的中长期发展目标,加大校园文化建设力度,将人文理念贯穿于人才培养的全过程,致力于提高学生的人文素养。

(3)树立精英理念。人才,顾名思义就是有才能的人。一个人具有过人的才干和能力,或在某一方面独具专长、胜过别人,就可以称得上人才,或者说就是某一个方面的精英。正是基于这样的认识,必须以精英理念来教育引导每一位学生。精英理念包含三个层面:第一,精英思维方式。要求老师和学生要像精英那样思考,要有精英理想。第二,精英表达方式。要求老师和学生要善于学习、借鉴和总结人类文明的优秀成果,并以独有的符号表达出我们所尊崇和倡导的思想体系,要有精英智慧。第三,精英行为方式。要求老师和学生要修身养性,将精英智慧内化为自身的优秀品质,就是要有精英行动。

2.确立国际化的发展目标

国际化的发展目标是国际化理念的集中体现。办学理念只有转化为发展目标,才会对办学行为起到促进作用。国际化办学工程是一项系统工程,必须科学规划,以国际化目标来统领学校建设,凝聚师生员工的人心。早在 20 世纪 90 年代,山东旅游职业学院就提出了国际化的发展目标。2004 年,进一步明确了建设"人文化、生态化、数字化、国际化"校园的总体发展目标。在这一目标体系中,国际化是终极目标。2006 年,出台了《关于加速国际化进程的决定》,使国际化办学的发展蓝图更加清晰。2007 年,进一步明确了学院国际化发展的步骤,提出争取通过 10 年左右的努力,将学院建设成为国内一流、世界知名的旅游高等院校。正是在这些切实可行的发展目标的引领下,学院的国际化办学之路才能越走越快、越走越好。

3.打造国际化的专业体系

国际化需要旅游职业院校的专业设置、规划和建设必须坚持以国际旅游市场需求为导向,建立与国际接轨的专业体系。可考虑采取如下措施:

(1)做大做强优势专业。对于饭店管理、旅行社经营管理、旅游英语等品牌专业,应采取优化师资队伍、调整课程结构等措施,强化素质,扩大规模,提高市场占有率。可以通过引进强大的战略合作伙伴开展专业共建。如,山东旅游职业学院积极引进世界最大的饭店管理集团洲际饭店集团,建立英才培养学院,共同开发和建设饭店管理专业;与韩国波尔多葡萄酒学院合作,共同开发葡萄酒鉴赏课程,联合成立葡萄酒培训学院,都取得了很好的效果。

(2)大力发展新兴专业。根据国际市场需求和国际旅游教育发展趋势,不断开发高尔夫休闲管理、航空服务、西餐工艺等新专业,通过创新办学机制,加强中外合作,占领旅游业发展的制高点和前沿市场,培育新的效益增长点。通过开设符合市场需求的新专业,构建起涵盖旅游业各主要领域、富有生机和活力的专业体系。

(3)优化提升弱势专业。对于不符合市场需求的专业,应通过采取调整培养方向、突出专业复合性等措施,为弱势专业注入活力,再造发展新优势。对短期内确实无法达到一定规模的专业,缩减招生数量或停止招生,没有市场的专业坚决淘汰,使专业设置更加科学、合理、有效。

4.构建国际化的课程模式

课程是实现应用型人才培养目标的核心。旅游高等教育应围绕职业精神、职业素养和职业技能"三大"核心素质的培养,调整课程结构,突出应用能力培养。

(1)优化课程体系。按照应用型人才培养需求,动态调整基础课、专业基础课、专业课和操作技能课的比例和开课时间,适当加大专业课和操作技能课的比重,将专业课和技能课开课时间前移。加强行业调研,及时增设行业急需、富有特色的新课程,如,《客前烹制》《插花艺术》《茶艺表演》《葡萄酒鉴赏》《西餐制作》等,同时调整、压缩、合并与现实需要不符的过时课程。强化国际通识教育,开设外国政治、历史、地理等基础课程和国际时势、经济动态和中外文化比较等深层次的课程。

(2)强化学生外语交际应用能力。外语交际应用能力是国际化人才必备的重要能力之一。旅游院校必须将提高学生外语水平作为培养国际型人才的关键来抓,强调跨文化语言沟通能力的培养,使学生具备走向世界的语言交流能力。一是改革课堂教学体系和模式,将提高学生外语交际应用能力作为外语教学的首要任务。二是加大酒店管理、会展策划、航空服务、高尔夫等非外语类重点专业的外语课时量。三是分层次教学,通过新生入校分班、外语水平测试等方式,划分学生层次,因材施教,提高教学效率。对赴海外实习就业的学生进行阶段性的强化训练,帮助学生提高岗位适应能力。

(3)实行弹性学制。弹性学制,是指学习内容和年限有一定伸缩性的教育模式。弹性学制的最大优点,在于满足了学生的个性化要求,可以分阶段完成学习任务。在符合国家规定的前提下,试行"2+1""2+2""1+1+1"等各种弹性学制,保证应用型人才培养工作的连续性。目前,学院在加拿大、阿联酋、澳门项目上试行"2+2"的培养模式,在赴日本、美国项目上试行"2+1"的培养模式,均取得了较好的成效。

5.建设国际化的师资队伍

师资水平是学校整体竞争力的核心,是提高人才培养质量的根本保证。要培养高素质的旅游应用型人才,必须打造一支高素质的教师队伍。

（1）培养“双师型”师资，提高教师实践能力。实践能力是应用型人才的核心能力。要提高学生的实践能力，就必须培养一批“双师型”师资。要创新师资引进模式，实施“开放式办学”，吸收行业精英，吸引具有丰富从业和管理经验的人才来校任教。要采取实习带队、挂职锻炼、输出管理等各种措施，为教师提供机会参与企业经营管理。

（2）培养“国际型”师资，拓宽教师国际视野。首先，选派优秀骨干教师赴旅游业发达国家和地区进修和深造，把国外先进的教育理念和教学方法引入教学和管理。其次，鼓励教师通过到境外带队实习等方式，提高外语水平，提高国际阅历。第三，积极引进高水平外籍教师，吸引不同文化背景的优秀外籍教师来校执教。第四，吸收具有海外留学、研修、就业等国际化背景和国际化阅历的归国人员充实师资队伍，在赴海外实习就业的毕业生中选拔优秀学生留校从事教学或管理工作，提高教师队伍的国际化水平。

（3）加强国际合作。如，山东旅游职业学院先后与美国 MCC 大学、德国巴伐利亚宾馆管理学院、韩国信兴大学、金泉大学校、波尔多葡萄酒学院、阿联酋酒店管理学院、英国波恩茅斯和普尔学院、法国拉罗谢尔商学院、台湾高雄餐旅大学、台湾大仁科技大学等建立了稳定的合作关系，互派交流师生。2016 年，与澳大利亚南澳职业技术学院合作，引入师资开展澳洲职业教育教师资格证书（TAE 四级证书）培训，教师国际化水平获得大幅提升。适应国家“一带一路”发展战略需要，与蒙古财经大学合作，招收蒙古留学生，系国内专科院校首次为国外本科院校留学生提供学历教育。

6.拓展国际化的实训渠道

实践能力是国际公认的应用型人才必备的核心素质，对学生实践能力的培养是旅游应用型人才培养的生命线，主要是通过建设实践基地和校企合作来实现。

（1）加强校内实训基地建设。校内实训基地是进行实践教学的重要基地，对于培养学生的基本能力、基本技能和职业素质具有重大意义。必须重视和加强实训基地的建设，不断充实培训内容，改革培训方法。山东旅游职业学院优先建设模拟客房、模拟餐厅、导游室等实训场所，开工建设了占地 8 公顷的高尔夫练习场、10 公顷的拓展训练基地，投入巨资建设了校园景观绿化工程。按照四星级标准兴建了兼具校内实训中心功能的四星级百川花园酒店，是国内同类院校中最好的实训基地之一。出资兴办了具备出境旅游经营资格的全资质旅行社山东远航国际旅行社，出版发行了国内大型旅游休闲杂志《旅游世界》，校内实训基地能够满足所在专业的实训要求。以此为依托，开展实践课改革，老师在岗指导，学生直接参与服务和经营，实现了教学与经营的“无缝对接”。先后将职工餐厅、校园酒吧、学生事务服务中心、百川会展策划中心、旅行社营业部等实训场所交由学生经营，以提高学生的实践能力。

（2）建设校外实习基地。校外实习基地，是指具有一定实习规模并相对稳定的校外实习和社会实践活动场所，是校企合作、产学结合的联系纽带。山东旅游职业学院通过全面启动校企合作创新工程，积极探索校企联合的办学新路子，与世界最大的酒店管理集团——洲际酒店集团及文华东方、香格里拉、华美达、凯宾斯基、喜来登等世界著名酒店品牌，与北京长城饭店、上海花园饭店、华亭饭店、广州白天鹅宾馆、珠海度假村、厦门国际会展酒店等一批五星级饭店及深圳世界之窗、山东航空公司、东方航空公司、浪潮集团等知名企业和众多社会机构建立了长期、稳定的合作关系。洲际集团在我院建立了英才培养学院。2008 年,在北京奥运会和残奥会期间,选派 199 名师生赴北京、青岛和上海参加奥运服务,是全国所有院校中唯一同时为 3 个举办城市提供奥运服务的学校。2009 年,经十一届全运会组委会授权,我院成为全运会指定接待单位,负责运动员村全部 11 000 个床位中 3100 个床位的住宿接待工作,是所有签约单位中承担任务最多的单位。120 余名学生凭借出色的表现入选全运会礼仪志愿者,占全部名额的 1/3。十一届全运会还指定我院为唯一礼仪小姐培训基地,受到社会各界的极大关注和新闻媒体的广泛报道。2010 年,学院又与有关机构合作,派出大批学生参与到上海世博会和广州亚运会的服务接待工作中。

(3)拓展海外实习基地。将学生送到国外去实习、研修、学习,是培养高素质应用型人才的最直接、最有效、最快捷的方法,能够让学生在更广阔的舞台上接受锻炼。学院先后与日本、新加坡、美国、阿联酋、香港、澳门等地的著名旅游企业建立了稳固的合作关系。世界上唯一的七星级酒店——迪拜的阿拉伯塔,世界第二大酒店——澳门的威尼斯人酒店(六星级),天皇下榻过的酒店——日本银水庄饭店,美国佛罗里达州的迪士尼乐园等都有我们学生活跃的身影。金融危机前每年在海外实习研修的学生达 300 多人,约占实习学生总数的 15%左右。世界唯一的七星级酒店——迪拜的阿拉伯塔,世界第一高楼——阿联酋迪拜塔,美国佛罗里达州的迪士尼乐园、新加坡星梦游轮等都有我院学生活跃的身影。学院已成为全国所有旅游院校中海外实习研修渠道最多、数量最大的院校。每年都会为毕业生举办海外就业推介会,相当一部分学生通过这种渠道实现了海外就业。2014 年,143 名学生赴迪拜参与接待史上最大规模 16 000 人旅游团队,创造了我国大学生海外志愿服务活动的新纪录。

(4)深化校企合作内涵。一是组建山东旅游职业教育集团。整合优化全省旅游教育资源,建立与省内相关院校、品牌饭店、品牌旅行社、品牌景区点的战略联盟。二是定向培养,与潍坊东方大酒店、潍坊富华大酒店、山东新闻大厦、东营蓝海集团、济南国际机场等进行了卓有成效的合作,为他们定向培养了大批应用型人才。三是专业共建,对航空服务等符合市场化运作条件的专业,由企业或社会培训机构全程参与人才培养。学院与辽宁金通航空培训公司合作建设航空服务专业、与济南前卫歌舞团合作建设表演艺术专业、与苏州与同程网合办旅游电子商务专业、与静雅集团合建营养与烹饪专业等,都取得了良好的效果。四是输出管理,充分发挥学院师资优势,策划成立管理咨询公司,进一步丰富校企合作的内涵,增强校企合作的深度。

中国旅游业的迅猛发展需要大批高素质的应用型人才。旅游院校要完成时代赋予的历史使命,就必须适应行业发展需要,强化核心素质培养,加强对人才培养模式的探索。只有这样,才能不断提高旅游应用型人才培养的效率与质量,从而培养出更多具备良好职业精神、职业素养和职业技能的高素质人才。

(本文由山东旅游职业学院课题组完成,作者:马保烈)

[参考文献]

[1]卢铁城.经济全球化与高等教育国际化[J].中国高教研究,2001(11):17-18.

[2]陈学飞.高等教育国际化:跨世纪的大趋势[M].福州:福建教育出版社,2002.

[3]王晨光,狄保荣.旅游职业教育国际化研究综述[J].山东社会科学,2008,152(4):150-151.

[4]谢雨萍. 高职高专旅游院校国际化发展的战略思考[J]:桂林旅游高等专科学校学报,2008,19(3):439-442.

[5]杨旭辉.高职教育国际化:内涵、标准与策略[J].中国高教研究,2006(12):64-65.

[6]潘懋元.高等学校分类与定位问题[J].复旦教育论坛,2003(3).

[7]UNESCO.国际教育标准分类法[S].ISCED,1997.

[8] 汪明林,邱云志,于华友.旅游管理专业服务地方经济培养应用型人才的探索[J].乐山师范学院学报,2006(11).

高品质　强内涵　建"三精"品牌学校

——沈阳市旅游学校品牌学校建设的探索和实践

沈阳市旅游学校建于1986年，是我国成立最早的旅游职业院校之一。学校伴随着辽沈地区旅游业的兴起应运而生，顺应我国旅游业的快速发展稳步前行。如今，旅游业已成为我国国民经济重要的战略性支柱产业。沈阳市旅游学校也迈入了乘势腾飞的品牌学校建设的全新阶段。

一、学校概况

学校位于沈阳金廊繁华地带，背靠世界文化遗产清昭陵所在地北陵公园，占地面积3.9万平方米，建筑面积3.6万平方米。作为城市的窗口学校，区位优势明显。现有教职员工271人，在校生近3000人。学校立足产业发展进行专业建设，现已形成以旅游服务与管理为龙头专业，以高星级饭店运营与管理、学前教育为骨干专业，以航空服务、旅游电子商务等为特色专业的专业建设体系。学校办学特色鲜明，行业影响力日益显著。2014年牵头制定国家中职导游专业教学标准，2015年跻身为中国旅游中职教育七金联合体成员单位，2016年成为全国旅游职业教育教学指导委员会导游服务专业分委会主任单位。

学校以服务区域经济和现代旅游业发展为依托，坚持以文化治校为引领，确立了"做精、做特、做强"的发展定位，把创建"三精"品牌作为办学之魂、立校之本。"三精"品牌的内涵指向为"精致""精湛""精品"。"精致"，即管理精致化，突破粗放管理的局限，将质量管理提升到精致管理的更高境界；"精湛"，即以技能精湛作为师生共同追求的主体目标，创建目标体系、教学体系、训练体系、评价体系等四大技能体系；"精品"，即打造精品专业、精品课程、精品教师、精品学校，最终培养出更多的精品学生，为行业企业提供更高品质的人才支撑。

二、构建"三五"德育体系，积淀文化实施精致教育

精致是"三精"品牌建设之灵魂。学校大力倡导精致教育，并贯彻于"以人为本，立德树人"的德育工作之中，启动了"五全管理""五生教育"和"五心育人"的"三五"德育工程，建立了融管理模式、教育内容和工作方法于一体的德育体系。

（一）创新“五全管理”模式，实施精致管理

将素质教育的“全体性、全面性、基础性、发展性和创造性”与职业教育特点相结合，确立了“五全管理”德育模式。

1.践行“全员管理”，形成梯次化管理队伍

实施“全员管理”，树立“人人都是管理者”理念，从校长的领导责任，员工的“双职双责”，到学生的自我管理及企业的全程跟进，形成全员参与，分工明确，面对“全体学生”的德育管理团队。

2.践行“全局管理”，形成网络化管理体系

实施“全局管理”，建立学校、家庭、社会相结合的网络化管理体系，畅通家访、家长会等交流通道，并与 80 余个企业、社区、部队、馆园等社会教育基地汇成“全网覆盖”的管理网络。

3.践行“全面管理”，形成职业化管理内容

实施“全面管理”，将德、智、体、美、劳与现代职业素养教育融合一体，建立了与环境建设职场化相匹配的德育体系，使德育内容职业化成为学校的特色。

4.践行“全程管理”，形成持续化管理通道

实施“全程管理”，确立一年塑形，两年塑神，三年塑魂的德育目标，从时间上形成一套系统完整、循序渐进、相互衔接、特色鲜明的德育体系。

5.践行“全新管理”，形成智慧化管理体系

实施“全新管理”，德育管理理念与管理技术手段与时俱进。专门成立了课题小组，吸收现代管理思维和管理经验。除 QQ、微信、微博等网络手段外，学校自主研发了“智慧德育网络管理平台”，建立了学生自助提交系统、自动考勤系统和自我评价系统。

（二）创新“五生教育”内容，深化教育内涵

将传统的“生命教育”“生存教育”“生活教育”和“生态教育”加以升华，并与体现现代职业素养教育的“生涯教育”相融合，形成精致德育的创新内容，即“五生教育”。

1.组织“身心安全”感悟活动，为“生命教育”搭建平台

引导学生树立正确的生命观。学校将“身心安全”作为教育重点，组织十余项有针对性的培训教育活动，编写了《中职生积极心理健康教育手册》，将安全教育与管理贯彻到教育教学全过程，使学生充分意识到安全是生命的基础，是身心成长的保障。

2.组织“生存价值”感悟活动，为“生存教育”搭建平台

学校着力培养积极健康的生存价值观。不断推出道德讲堂、模范事迹展等新内容。“沈旅映山红”志愿队为敬老院、社区等提供志愿服务，礼仪社团积极参与全运会、奥运会义务奉献活动。学生在“生存价值”的感悟中不断成长，每年都有数十名学生荣获省市“优秀志愿者”“金牌志愿者”等称号。

3.组织“规范养成”感悟活动，为“生活教育”搭建平台

通过日常规范评比竞赛、文明风采大赛、为学生做“成长纪实”及公寓内务“天天晒”等系列活动，激励学生养成健康的生活习惯，培养学生乐观向上、彬彬有礼的文明生活观，为学生的“规范养成”提供了有力保障。

4.组织“爱护资源”感悟活动，为“生态教育”搭建平台

开展“爱家乡山水，做环保卫士”导游比赛、“文明旅游从我做起”征文比赛等系列活动，组织学生参与创建“生态学校”、文明景区及文明城市建设活动。丰富多彩的生态教育活动，使学生的科学生态意识渐已形成。

5.组织“职业素养”感悟活动，为“生涯教育”搭建平台

将企业文化与校园文化相融合，实现了校园的景区化建设与管理，专业建设与企业文化得到全面对接，使学生完全融入职场环境。帮助学生确立符合职业理想的生涯规划，编写了《中职生职业生涯规划辅导手册》，为学生量身定制成长方案。组织“导游实践周”“求职模拟系列赛”等大量别具特色的活动，强化生涯教育。

（三）创新“五心育人”方法，提高教育品质

创造性地提出了“五心育人”的德育方法，即“真心育人”“爱心育人”“关心育人”“耐心育人”“细心育人”。实施按律奖惩刚性手段的同时，更注重情感疏导的人本手段。

“五心育人”实施后，“失亲生”因为有了新“家”不再缺爱，贫困生因为有了“旅游爱心基金会”不再缺钱，后进生因为有了一对一的“监护人”不再缺少鼓励。“王叔”“李妈”等感恩称呼也声声不断。这是学生对老师的回报。他们的笑容每天都写在脸上。

三、推进教学质量“三提升”工程，搭建平台铸就精湛技能

精湛是“三精”品牌建设之筋骨。学校大力宣扬精益求精的工匠精神，以培养精湛技能作为精致教育和教学质量提升的主体目标，实施了教学质量“三提升”工程，即“专业建设质量提升工程”、“信息化教学质量提升工程”和“教学管理质量提升工程”，搭建铸就精湛技能的平台，全力培养符合行业企业需求的精湛技能型人才。

（一）实施专业建设质量提升工程，全面培育高素质技能型人才

1.构建“三位一体”校内实训基地，探索多元化实践育人模式

“三位一体”校内实训基地主要包括技能教室、创新型实训基地和校内生产性实训基地。技能教室强化了学生基本技能的训练；创新型实训基地是以“辽宁旅游文化展示馆”和“辽宁食文化研究中心”为载体，集数字化、智能化设计与专业教学、文化传播、创意体验等功能于一身的全新型基地；生产性实训基地包括学校附属的兰亭宾馆、艺博幼儿园等，它们具有独立的对外经营功能，又有教学功能，给学生创造了真实的职场环境，将学习与工作融为一体。

近几年，学校投入近4000万元，对“三位一体”校内实训基地进行全面升级改造，将多功能、专业性、开放性融为一体，完全满足了学生实训教学、技能鉴定及社会职业培训的要求。“三位一体”校内实训基地建设，为培养精湛技能提供了强有力的硬件支撑。

2.建设精良的“三支队伍”，为专业建设提供人才保障

学校高度重视专业师资队伍建设，实施“青蓝工程”，以“传帮带”培养青年教师队伍；实施教师进企业、专家进课堂的“双进”工程，培养“双师型”教师队伍；实施“名师培养工程”，打造名师团队。

学校有 6 人入选国家“万名旅游英才”工程，有全国优秀教师、省级专业带头人 1 人，市级劳模 2 人，市级教育专家 1 人，市级首席教师 2 人，市级名师 9 人，市级骨干教师 31 人。高水平的师资队伍，为培养精湛技能提供了有力的人才保障。

3.深化“四模块”课程体系改革，全力打造精品课程

构建了以职业能力为核心，以真实服务项目为载体的工学结合“四模块”课程体系。各专业在职业素养课程、专业核心课程、专门化方向课程和职业拓展课程“四模块”课程体系构建中又各具特色，旅游服务与管理专业构建了“职业能力递进式”课程体系，高星级饭店运营与管理专业构建了“双证融通”课程体系，学前教育专业构建了“幼儿园‘五大领域’教育活动情境化”课程体系。

结合“四模块”课程体系改革，推进精品课程建设工作，现已推出的 8 门精品课程，为全校专业课程建设起到了积极的引领示范作用。课程体系改革和精品课程建设使教学更贴近行业企业需求，为培养精湛技能提供了有力的教学内容保障。

4.开展专业技能大比武，提升师生技能水平

学校广泛开展全体师生参与的“专业技能大比武”活动，构建目标、教学、训练及考核等技能培养的机制体系，形成人人参赛，层层选拔的机制，通过专业技能大比武活动，促进师生专业技能水平的提升。近几年，有 30 余名教师在国家、省、市大赛中获得奖项，有 200 多名学生在各级各类专业技能大赛中获得奖牌 95 枚。

5.推行“全员化”教科研机制，拓展专业建设发展空间

注重建设学习型、研究型团队，领导带头承担各级各类科研课题，全校约 85%的教师有教科研项目。同时，积极承担沈阳市旅游委和行业、企业相关科研项目，解决技术性难题，不断提升技术服务能力。

近 3 年，已完成及正在研究中的国家、省市课题 58 项，获省、市科研成果一等奖 2 项；《创新旅游人才培养模式改革研究》课题在全国旅游教育教学指导委员会成功立项。卓有成效的教科研工作不仅对省、市同类学校起到良好的示范作用，更为精湛技能的培养提供了有力的科研先行保障。

（二）实施信息化教学质量提升工程，全面提升教学效能

按照“服务全局、融合创新、深化应用、完善机制”的原则，构建了网络化、数字化、个性化的信息化教学体系，全面提升了现代化教学水平，为精湛技能的培养打造了高效、快捷的通道。

1.搭建信息化教学平台，实现教学手段全面升级

率先应用高效的 OA 自动化办公系统平台和教务管理系统，实现了教学和办公管理的自动化；率先普及了学生管理信息化系统，实现了学生校内学习和校外顶岗实习网络化管理；69 个多媒体教室、虚拟导游实训中心、3D 导游情景实训室、智慧旅游概念店等实现了全课程多媒体网络教学。

2.深化信息资源库建设，打造“双融互动”的教学特色

学校高度重视教学资源库建设，旅游服务与管理专业牵头完成了《导游业务教学资源库建设》国家项目，并获得“优秀课题组”荣誉。同时与企业联合开发《辽宁景点导游实训》《导

游语言技巧》和《导游业务》三大教学资源库，实现了信息化教学的标准化、结构化和动态化。

（三）实施教学管理质量提升工程，全力打造精品学校

坚持以项目管理、过程管理、评价管理统领教学工作，促进教学质量全面提升。

1.以“三大建设项目”为引领，实现教学管理水平提升

学校以“示范校”“标志校”“数字化校园”三大项目为引领，应用项目管理的理念和技术，对日常的教学与管理起到规范、指导和带动作用，并以此为契机，将教学管理改革作为中心工作，集中各方面资源，重点推进，促进教学管理水平的全面提升。

2.以教学过程“四规范”为标准，实现管理精致化

实施教学过程管理“四规范”，即规范计划、规范制度、规范流程、规范监测。将管理责任具体化、精确化，促进教学工作的“规范、高效、良性”运转。狠抓教学过程管理，完善教学管理架构，做到质量管理有章可循，质量监控有法可依，确保各项工作高效运行。在2016年全市中等职业学校教学质量综合评估中名列前茅。

3.以“三方”考核为基础，实现质量评价多元化

建立了社会、企业、学校三方共同参与的多元化质量评价和监控体系。学校评价以教师评价、同学互评、自我评价为主要方式；企业评价则采用实习鉴定手册和毕业生满意度调查等形式；社会评价就是组织学生参加国家统一的职业技能鉴定考核，按照国家职业标准进行评价。近3年，学生学习成绩、“双证率”、实习质量和就业满意率均取得了可喜的进步。

四、优化“124”特色人才培养模式，校企融合共育精品学生

精品，是“三精”品牌建设之神韵。精品学生的培养离不开人才培养模式的改革与创新，学校根据校企“一体化”办学定位，以高素质技能型人才为培养目标，构建了“124”（“一个嵌入”，将企业文化嵌入教育教学之中；“两个结合”，即馆校结合、园校结合；“四个对接”，即“专业与岗位对接、专业课程与职业标准对接、教学过程与工作过程对接、学历证书与职业资格证书对接”）特色人才培养模式。

（一）校企共融，构建各专业特色化人才培养模式

学校将企业的“7S管理”应用到教育教学管理全过程之中，将AAAAA级景区、五星级酒店和五星级幼儿园的管理模式应用于旅游服务与管理专业、高星级饭店运营与管理专业和学前教育专业建设与管理，实现校企管理的全面融合。

各专业对应企业需求和岗位标准，构建精细化的专业人才培养模式。旅游服务与管理专业强化“职场演练、岗位对接”，将课堂搬到景区；高星级饭店运营与管理专业突出“前店后校、全程产学研交叉”，实现“馆校结合”，无缝对接；学前教育专业通过“园校结合，交互成长”的人才培养模式，有效利用两所附属幼儿园独有的生产性实训基地，运用“走园式”管理，使学生得到完全的职场体验，创新技能型人才培养模式。

（二）校企共建，推进集团化办学

学校先后成立了沈阳旅游职教集团和沈阳地铁服务职教集团。两大集团共计60余家成员单位全面参与学校办学。依托集团建设平台，加快校企深度融合步伐，推进校企“六共”

模式，即共组教育教学委员会，每学期至少组织一次专题研讨会；共订培养方案和教学计划，注入企业文化和职业要求；共建实训基地，实施企业化管理；共编特色教材，结合企业特点，共同使用；共享资源，校企相互开放；共担育人使命，教师进企业，培训企业员工，专家进课堂，进行专业教学。集团化办学真正实现了开放包容、资源共享、优势互补、共同发展。

（三）多元化办学，搭建人才培养立交桥

学校实施多元化办学和多层次人才培养。“就业班”注重精湛技能和复合型人才培养，毕业生一直呈现供不应求态势；“升学班”，全力打造学历提升直通车，多年来，“3+2”高职对口直升班和高职高考升学班一直保持稳定规模，旅游服务与管理专业二本升学率保持在90%以上，在全省遥遥领先。同时积极开展国际教育交流与合作项目，与多个国家进行留学、研修，选派赴马来西亚和日本等国研修生（境外实习生）共 19 期 339 人，派遣多名教师到美国、德国、日本等国家学习职业教育办学经验。

“三精”品牌学校建设，使学校人才培养更贴近行业发展，更符合企业需求，极大地提高了学校的核心竞争力，学校示范引领作用突出。办学 30 多年来，学校为社会培养了数万名素质高、能力强、技能精湛的技能型人才。他们大多已成为业务骨干、行业精英、技能标兵和领军人物。随着旅游业的快速发展，“三精”品牌学校建设将不断被赋予新的内涵，学校将砥砺奋进，担大任而不怠，顺大势而作为，为区域经济和旅游业的发展发挥更积极的作用。

（本报告由沈阳市旅游学校课题组完成，作者：梁悦秋、姜庆辉、刘伟、姚建中、王宁、王阳兴、金贞姬、高阳、刘彧、马萍、白晶、海莺）

“开拓创新、特色立校”建设现代化旅游中职学校

——记青岛旅游学校

青岛旅游学校1958年建校，占地面积约2.67公顷。1980年学校开始招收职业高中学生，1986年开办旅游职业教育，1993年正式命名为青岛旅游学校。学校先后获得全国教育先进集体、全国中等职业学校德育工作实验基地、山东省职业教育先进集体、山东省教育教学示范校、山东省教育国际交流与合作先进单位等多项荣誉称号，是国家级重点职业学校。

学校现有49个教学班，在校生1800余人，开办旅游、航空、商务等3个大类专业，10个专门化方向，开设英语、日语、韩语3门外语课程，其中高星级饭店运营与管理专业是国家骨干示范专业；旅游服务与管理、高星级饭店运营与管理专业是山东省品牌专业；旅游服务与管理、高星级饭店运营与管理专业也是青岛市骨干专业。

学校有教职工171人，专任教师125人，专业课教师占专任教师的比例为56%，双师型教师比例达90%。师资力量雄厚，有正高级教师1名、国家级名师1名、省特级教师1名、省市级教学能手及学科带头人20余名，有高级技师2名、技师7名。

学校以“尊重人、关心人、依靠人、发展人”的“人本立校”思想为办学理念，以打造优质特色学校为发展目标，不断开拓进取，在办学模式改革、外向型特色办学、全国职业技能大赛、全国文明风采大赛、精品课程建设、品牌专业建设、国家德育课题研究、现代学校制度建设等多方面取得了丰硕成果。

一、开拓创新，贯通发展职业教育

（一）构建职业教育“立交桥”

学校办学模式丰富，现有“3+4”分段培养（与山东师范大学合作）、五年制贯通培养（与青岛职业技术学院、青岛酒店管理学院合作）、“三二连读”（与山东外贸职业学院合作）、普职融通实验班（与青岛实验高中合作）、职业中专5种办学模式。

1.学校自2002年起以“三二连读”方式与高职院校合作，开办中高职贯通的国际商务、商务日语、民航商务、旅游管理等专业。

2.2014年5月，与山东师范大学达成合作协议，以职业经理人为培养目标，共同举办“3+4”对口贯通分段培养旅游管理专业，开始“中本贯通”的培养探索，首批学生已全部顺利转段，升入高校继续深造。此举彻底改变了以往中职学校只能招收普高淘汰学生的状况，对进

一步改善生源，提升师资水平意义重大。目前，累计招收 189 名学生，学校将努力探索实践新的职业培养模式，使更多的学生成为理论扎实、技能过硬、有实践能力的受企业欢迎的应用型人才。

3.2016 年起，学校与青岛职业技术学院，就旅游管理、旅游日语专业；与青岛酒店管理职业学院，就酒店管理、商务韩语专业先后达成合作开办五年一贯制培养模式试点工作。使中高职实现无缝贯通，解决由于不同学校、不同校园文化造成的培养差异。

4.为全面贯彻落实国家、省、市中长期教育改革和发展规划纲要，促进学生全面而有个性的发展，学校积极探索普职融通培养模式。通过与青岛实验高中合作，在课程建设、师资培养、设施设备等方面开展交流。两所学校定期开展联合教研，结合实际，研究确定普职融通的方式方法。普通高中学校开放公共基础课程、师资与资源，中职学校开放专业课程、师资及功能实验室，实现资源共享，着力提高学生的学习能力、实践能力和创新能力，促进学生主动适应社会，培养创新型、实用型、复合型人才。

（二）生源结构主体由中职转向高职

青岛是国家重要的区域服务中心，在“十三五”规划中，青岛市提出要建成东北亚国际航运枢纽、国家区域性航空枢纽、国家沿海高铁枢纽，打造欧亚大通道多式联运中心和转口贸易枢纽。实施国际城市战略，成为国家“一带一路”倡议节点支点城市。要实现这些目标，必须实施人才优先发展战略。学校主动适应城市发展战略，调整生源结构，由以往以中职学生为主体，逐步调整为以“中本贯通”培养、“中高职贯通”培养为主体的生源结构，五年制以上培养模式的学生占到在校生 80%以上的规模。为提升城市品质和能级储备专业人才。

二、开放办学，走国际化发展之路

作为一座沿海开放城市，青岛经济直面日、韩，辐射欧美，地缘优势得天独厚，国际经济、文化交流日趋频繁，居民开放意识浓厚。开展国际合作，引领学生到境外发展的内外因素均相当成熟。

结合城市定位，学校以打造旅游教育特色学校为办学目标，以培养全面发展、一专多能、具有责任心的学生为培养目标，以“面向国际，引领学生境外发展；面向市场，实现学生高质量就业”为指导思想进行开放性和外向型办学，为境内外企业和高校输送了大批合格学生。迄今，已累计输送 4000 余名学生赴境外实习、工作、留学，规模和质量均居全国职校的前列。

为与国际化办学目标相适应，学校在校园文化、机构设置、教育管理、教学安排等方面进行相应的调整，形成了从文化到制度，再从制度到操作的配套改革，保证了外向型办学特色的确立。

（一）机构设置方面

学校在实习处的基础上，按照项目负责制的要求，根据不同的外派项目，专门设置了英语项目工作室和日韩语项目工作室，为学生的境外发展提供项目咨询、院校推荐、文件制作等有针对性的服务。

（二）教育管理方面

学校高度重视德育工作，是全国德育实践基地。研发了“学生综合素质发展与评价系统网络平台”;责任教育体系建设科研课题被教育部职教中心研究所和职教学会德工委共同立项为国家A级重点课题。在2016、2017年全国文明风采大赛中取得8个一等奖,13个二等奖,6个三等奖,学校获得优秀组织奖,是青岛市中职获奖最多的学校。王子然同学作为青岛市唯一一名学生代表参加了全国颁奖典礼。

成熟、公正的制度能够引导学生正确做事,走向成功。学校将办学实践中总结的经验教训,以鲜活生动的案例对学生开展教育,使德育教育不再流于说教,更富有针对性和说服力。如,我校根据赴日研修的经验教训总结了《研修生十条准则》,罗列了研修生活中常见的问题和思想认识上的误区,让每个研修生熟稔于心,张口能诵,从而在思想深处形成认同感。

学校将学生的综合素质发展和评价结果与推荐优质毕业出路挂钩,直接决定个人的利益,真正使学生把命运掌握在自己手里。

(三)教学安排方面

国际化办学要求学生具有较高的外语水平,学校实施了一系列提高外语学习积极性的措施。如,保证外语课时,每班每周保证开设4节基础外语和4节专业外语课程;开展每周5句外语学习活动,生生互查互学蔚成外语学习风气;实施外语达标证书制度,将外语学习与参加学校境外项目及就业、升学机会相结合;与国内高端外语培训机构联合设立奖学金,鼓励优秀学生考取高等级外语资格证书;派遣优秀青年教师赴境外深造,强化语言,学习发达国家和地区的先进教育理念和方法。目前已有几十位教师先后被派往日本、英国、德国、澳大利亚等国家及香港和台湾地区,提高了学校的师资水平,提升了学生的外语能力。

三、多元评价,促进专业能力提升

学校工作的主体离不开学生和教师,如何协调二者的关系,激发教师的工作热情和学生的学习积极性,是每所学校要研究的永恒主题。

(一)大力开展评价制度改革

1.教师评价突出专业化

学校成立由校外专家、家长代表、教育教学管理人员、教师代表构成的学术评价委员会。每学期针对教师的课堂教学、师德师风、教育科研、专项竞赛、教学常规等工作进行综合评价,以此作为教师考核的依据。

2.学生评价突出多元化

学校改革以教师评价为主的一元评价方式,将所有学科从评价构成上分为过程性评价、基础性评价、应用性评价三部分;从评价主体上分为教师评价、学生自评、学生互评。从而能够立体、全面地评价学生的成长。

通过几年来的实施,评价制度起到了导向作用,对引导教师关注学生成长、课堂教学等关键问题起到了很好的作用;对引导学生参与到学习的全过程,而非仅仅是关注一两次考试也有很好的促进作用。

(二)采用第三方考核提升专业技能

在专业技能培养方面,我们主动向高标准看齐,自我加压。在旅游专业技能培养方面,我校突出全国普通话导游员资格证书考试,每年的通过率高达90%以上,既为企业进行了岗前培训，又保证学生能够从事一项心仪的工作。为突出我校外向型办学特色，我校引进英语的 PETS 考试、日本语能力等级考试、韩国语能力等级考试，学生经过培训，通过高等级的测试，能够顺利实现其境外发展的理想。

第三方考核难度较大，对教学管理和教师要求更高，但过程客观、公正、含金量高，企业认可度也高，对学生的长远发展和学校的可持续发展是有利的。2012 年以来，学校参加全国职业院校技能大赛，累计取得 9 金 7 银 3 铜，列全国旅游类职校首位。在第一届 ocale 跨境电商创新创业能力大赛总决赛中获得全国第一名；第九届全国外贸技能竞赛中获中职组团体第一名等优异成绩。

四、修身立人，努力提高育人质量

自 2010 年起，学校努力打造“修身 · 立人”德育品牌。修身，即陶冶身心，涵养德行；立人，指立德立志，成人成才。“修身 · 立人”的目标，就是培养“具有国际视野和责任心的旅游人才”。

（一）观念引领，树立“旅游人”的国际意识

“旅游人”要走入国际职场，参与国际合作与竞争，必须树立以“尊重”为基础，以“责任”为核心的价值观。学校通过专家讲座、教师撰写责任教育案例、建立师生交流的新闻发布会、组织“职业素质大讲堂”、进行毕业学生进行跟踪调查和个案分析等活动，帮助学生树立高端发展，参与国际竞争的信心。增强学生对自己的言行负责，对国家前途命运负责的意识。

（二）树立榜样，激发“旅游人”的进取精神

健全人格最核心的是进取心和自信心，这也恰恰是中职学生所欠缺的。学校建立嘉奖制度，鼓励教师在日常工作中，发现和表扬学生的闪光事迹。

2014 年在爱心企业的赞助下，学校成立了“修身 · 立人”奖励基金，设立四大奖项，每年奖励的金额合计拾万元。风云奖——奖励在专业技能、才艺特长、学生社团等活动中的校园精英；风尚奖——奖励在自立自强、孝老爱亲、助人为乐等方面的道德标兵；风采奖——奖励在专业课、外语、礼仪等方面的学生榜样；风范奖——奖励在提升学校社会美誉度方面有突出贡献的爱校模范。在“修身 · 立人”奖励基金的激励下，学校涌现出一批全国技能大赛金牌、特长明星和爱校模范，充分发挥了典型示范的带动作用，树立了校园正能量。

（三）活动促进，增强“旅游人”的体验感悟

实践活动是陶冶身心的有效形式。为促进学生发展特长，学校设有礼仪队、行进鼓乐队、合唱团、田径队、日语俱乐部等近 30 个社团，让学生真正体验到社团活动的乐趣和收获。学校礼仪队先后为“青岛奥帆赛”和“青岛世界园艺博览会”等大型活动承担礼仪服务，多次受到市领导的好评。

（四）制度规范，增强“旅游人”的责任意识

“成才四要素”“诚信公德档案”“热点项目选拔”是学生耳熟能详的制度。它像高压线，时刻提醒着学生为自己的言行负责。全体教职工人人参与监督纠察，每月反馈，每学期评价一次，毕业时综合评定学生的品德等级。只有诚信档案达 A 级以上、修满规定的学分、没有

校纪处分,外语和体育水平达标的学生才能获得参加外派项目、优质就业岗位的推荐机会,德育学分不合格将不能毕业。由于将品德修养、个人利益和毕业直接挂钩,对学生形成了强大的约束力,学生遵守纪律的自觉性明显提高。

(五)环境育人,陶冶"旅游人"的儒雅气质

学校归纳梳理办学理念,投资建设校园文化墙,包含6个板块,315个版面,涵盖了学校的办学方向、教育理念、发展历程、优秀学生、名人名言、故事道理等。古朴美观的旅游标志马踏飞燕、相映成趣的假山喷泉,海外校友的异域风姿、航空小姐的制服倩影,儒家文化与比尔盖茨等成功者的箴言……每一面墙壁都成为育人的阵地,营造了润物无声的育人氛围。

学校加强卫生和礼仪的督查整改,三轻一静、右行礼让、见面问好等已蔚然成风,干净整洁的校园、亲切问候的氛围成为最优质的教育资源,"严谨、优雅"的礼仪风格也已成为学校的一张名片。

学校将实践过程中的实效方法固化成学校的德育品牌和育人模式,2013年"修身·立人"被评为青岛市中等职业学校首批德育品牌。

五、专业引领,加强精品课程建设

学校专业建设示范、引领作用突出。旅游服务与管理专业、高星级酒店运营与管理专业、国际商务专业等先后被评为全国教学改革试点专业、山东省品牌专业、青岛市骨干专业。

2014年,学校牵头制定了《山东省中职学校旅游服务与管理专业教学指导方案》《青岛市旅游服务与管理专业实践教学方案》和《青岛市高星级饭店运营与管理专业实践教学方案》,并在全省、全市推广实施。我校是青岛市旅游服务产业教育集团、青岛市旅游服务类专业建设指导委员会的牵头学校。

我校课程建设工作成果显著。《现场导游》《旅游日语视听说》《青岛文化名人故居》《女子形体》等6门课程入选青岛市精品(网络)课程。2016年,我校教师主持或参与了高等教育出版社组织的《导游实务》《数学基础模块》等学科的慕课建设,课程现已上线投入使用。学校牵头制定的《山东省中等职业教育文明礼仪课程标准》通过山东省教育厅专家组评审,在全省推广。

职业教育的发展已经走上内涵发展的道路,学校将本着办人民满意教育,为学生一生负责的态度,加强管理,不断创新,为构建现代职教体系努力探索,为学生的生存和发展奠基。

(本文由青岛旅游学校课题组完成,作者:刘宇虹、李艳芳)

“万礼豪程”项目架设酒店产学研互通桥梁

“万礼豪程”项目，是由万豪家族基金会资助的慈善项目。该基金会属家族私人性质，成立于1965年，其宗旨是回馈社会。目前，在JW Marriott Jr. 和Richard E. Marriott的指导下，万豪家族基金会致力于帮助青年拥有美好的未来，特别是通过提供给他们受教育的机会，其中包括中高等教育、相应指导及培养其领导能力。基金会也与其他机构合作，救济饥饿和灾难、帮助残疾人士；为弱势群体的青年和成年人提供就业机会。

秉承万豪家族基金会的使命，“万礼豪程”项目旨在提高中国旅游服务业教育水平，让青年人在中国旅游服务行业一展抱负。通过与全球学术界和业界精英们的紧密合作，致力于开发具有中国特色的多元化合作，从而使得中国教育者和学生们能够获得业界知识、掌握实际操作技巧。该项目使命是通过优化教学资源、提供业界操作经验、激励启迪一批教师帮助中国年轻人在行业创造似锦前程。

根据世界旅游理事会报道指出，预计到2023年全球旅游业将会新增7000万就业岗位，其中4700百万的岗位产生在亚洲。人力资源的短缺成为制约旅游业发展的一大瓶颈。缺失原因有三：一是学生和家长们对于服务业中发展机会的认知度不足，不够深入理解职业发展、工资增长阶段、流动性和发展挑战等。第二则是专业课教师与学生们有限的行业体验，甚至缺乏作为顾客的体验，以及对于相关案例与活动的缺乏认知。第三，教师们与行业人士、学术同行及专家们的互动交流接触机会有限，这也造成了学生疏远旅游业与酒店业的现象。归根结底，人才缺乏的原因是产业与学业之间的脱节。

基于以上原因，万豪基金力促“万礼豪程”项目在中国的落地发展。本着“产学结合”的理念提供了酒店参观、教师挂职、产学研讨会等项目，让学生，家长与老师充分接触一线行业，客观地了解旅游业的发展与动向。自2013年暑期“万礼豪程”项目启动以来，已有来自67所合作院校近450名教师参与。这批教师将影响超过54 000名酒店旅游专业的学生。

一、“万礼豪程”项目现状

“万礼豪程”项目立足于“师”。《礼记》如是说：“师也者，教之以事而喻诸德也。”老师不应该只教学生读书，还应教学生处世之道与为人之德。为了让高校培养出更多应用型和专项型人才，基金会将其“德”改为了精其“业”，力图把老师们培养成业内行家，让他们充分暴露在酒店业的一线工作领域，创造机会让他们与国外高校的教授进行讨论与分享。更重要的是，基金会免费分享业内最新的教学资源，引入国外最实用的课堂活动模式，全方位给老师们提供教学大餐。具体项目如下：

（一）教师挂职培训建立产学沟通桥梁

基金会每年举行两期挂职培训项目，时长分别为寒假 2 周与暑假 4 周。这是让教师们在“水里学会游泳”的最佳途径。培训期间教师们可以按照自己的教学领域与个人所需来选择挂职岗位，以获得酒店服务行业实践操作经验和知识技巧。例如，挂职培训中，教师们可以与前台、餐饮、客房及人力资源部门的员工并肩工作。不论是叠被铺床还是端茶倒水都让老师们亲力亲为。其震撼与收获绝非课本上的文字所能等同。回到课堂上，老师们将亲身体验作为案例分享给学生，不但客观真实，还能引起强烈的共鸣。学生会从老师的体验中感受到，这个行业的酸甜苦辣是真实的，但收获与前景也是真实的。

（二）业内精英讲座传递行业前沿信息

挂职训练的时间有限，为了及时补充新的行业知识，基金会每学期都会邀请业界嘉宾在校园举办专题讲座。这些业内精英会将行业动向和一线工作情况毫无保留地介绍给学生，面对面，心贴心的交流，让学生与老师们都觉得踏实可靠。在安排嘉宾时，基金会并非“乱点鸳鸯谱”。基金会会将嘉宾与学校配对，让其内容配合课程教学。学生们听讲座的时候会有熟悉的课堂知识，也会听到新鲜的行业故事。这种搭配坚定了学生们在课堂上好好学的态度，更激励了他们在行业中奋斗的决心。

（三）酒店参观铸造学生职业素养

与嘉宾讲座相辅相成的是酒店参观活动。在老师的带领下，学生们走进万豪集团旗下的五星级酒店进行实地考察。员工们光鲜的制服，温暖的笑容与细致的服务都给学生们以极大的冲击。考察期间学生与教师们可以身临其境地体验到后台参观，学习了解职业发展机会、酒店服务实际操作及各部门之间如何协作为顾客提供卓越服务。另外项目也会安排嘉宾和员工们分享自己每日工作的小故事。这个项目的成功之处，在于“眼见为实”。老师讲的、嘉宾说的，都会在这样的实景参观中得到真实的反馈，这也让学生们与行业实况联系得更为紧密。

（四）教学资源整合助力教师精彩课堂

“万礼豪程”项目致力于为大学与大专院校开发现有专业教材的辅助教学工具与资源。项目与来自中美两国的教授们合作，开发了独一无二的酒店情景英语教材，合作院校可在学习中心登录网站并下载使用。教师们可以订阅微信公众平台的推送，加入微信讨论群组与其他院校的教师及项目团队成员相互交流，以及阅读专为使用该教材教师们撰写的每周贴士。微信公众平台也每周更新由教师和行业专家发布的项目相关信息。区域研讨会向教师们展示先进教学方法、邀请酒店行业精英分享行业趋势及职业发展故事。项目持续与学术界、业界及行业培训专家们共同研究开发能够帮助教师们培养学生酒店英语技能、了解外国客人、餐饮、前台及行业职业发展规划的相关教学资源。

（五）国际教师项目引进国际先进教育理念

国际教师项目，是基金会最创新且投资最大的项目。中国的酒店业发展虽然迅速，确实方兴未艾，但由于历史积淀不丰厚，与酒店和旅游相关的专业教育在国内也相对年轻，为了做到真正的资源共享与推陈出新，基金会选拔中国优秀的专业课教师赴美国大学深造一个学期。典型的学者都是研究型，然而“万礼豪程”项目选拔的是一线授课教师赴美进修，可以有机会丰富专业课教育体系、学习西方酒店专业授课方法、接受跨文化体验、与其他专业课教师团队深入交流、传播引人入胜的中国文化。在美挂靠的院校可以深层了解“万礼豪程”教材和其他项目，并也借此加强其国际合作交流关系。更重要的是，这样鲜有的机会吸引了成千上万的教师们。他们从原本安逸的教学生活中醒悟过来，发奋改善自身，以获得这样难得的进修机会。即使是落选的老师们也都表示，通过竞争国际教师的项目，他们认识到了自己的不足，加强了学习外语更新知识的愿望。

（六）教学研讨会和区域研讨会搭建全国产学研交流平台

任何辛苦的工作都需要一个踏实的总结。“万礼豪程”教学研讨会每年暑期在中国大陆召开，届时教师、院校领导们、行业精英及政府工作人员均应邀出席。研讨会旨在展示行业最新发展、互动教学小型讲座、公布最新研发工具与资源、参观主办酒店后台区域、表彰合作院校教师们的项目成果，并为志同道合的教育者们搭建一个沟通交流的社区平台。研讨会的地址一般都选在万豪集团旗下的高端酒店，丰富的食物与精致的服务也是会议的亮点。许多老师们在真实的“万豪”环境下感受到了一个行业巨头的风范，从而更愿意让学生们加入这样一个优秀的集体里创造未来。而每个学期在不同区域举行的区域研讨会旨在让更多一线教师参与，也可以进行教学课堂的演示，有更多的教学理念、先进的教学方法和资源工具，可以和专业课老师、系主任、院长们进行分享和演示。

二、项目的学术顾问与行业专家

“万礼豪程”为了从多方面打造成功的教学项目，特邀美国圣地亚哥州立大学（SDSU）作为“万礼豪程”项目的学术顾问。他们专注于研发教学工具与资源，例如，酒店情景英语教材。通过其下属的 L. Robert Payne 酒店和旅游管理学院，圣地亚哥州立大学与中国院校及酒店行业合作多年，推出的项目具有国际视野，更加符合中国国情。圣地亚哥州立大学长期与中国院校、行业专家及政府领导们保持良好关系。圣地亚哥州立大学的酒店管理专业教育，一直以其极高的行业相关性与创新性著称。

万豪国际集团作为“万礼豪程”行业顾问帮助确保开展的项目与行业需求紧密相关。万豪集团旗下酒店举办接待“万礼豪程”挂职培训与酒店参观项目，并向院校选派讲座嘉宾及与行业交流的机会。对于“万礼豪程”项目的大力支持完全彰显了万豪致力于为年轻人发展教育事业的承诺。

三、总结

“万礼豪程”始于脚下，恒于意志。万豪家族基金会带着热情与诚恳来到中国，无私地培养新一代酒店人，也希望将中国大陆打造成一个服务型人才的孵化器。在基金会的努力下，“万礼豪程”的队伍越来越壮大，与高校之间的友谊也日益坚实。基金会欢迎老师们的到访，期待基金会教学资源的更新也关注着基金会各个项目的进展。基金会影响到的 54 000 名学生是万豪基金会踏下的坚实脚印，为了让年轻人们热爱旅游业，选择酒店业，基金会会继续毫无保留地行走于教育慈善的万里征途上！

（本文由万豪家族基金会“万礼豪程”项目部提供，作者：董佳）